2004
2024

一廿之间

文津图书20周年
纪念文集

国家图书馆文津图书组委会 编

国家图书馆出版社

图书在版编目（CIP）数据

一廿之间：文津图书20周年纪念文集 / 国家图书馆
文津图书组委会编. -- 北京：国家图书馆出版社，2025.
6.--ISBN 978 - 7 - 5013 - 8169 - 2

Ⅰ. G236

中国国家版本馆CIP数据核字第20249875WK号

书　　名　一廿之间：文津图书20周年纪念文集

著　　者　　国家图书馆文津图书组委会 编

责任编辑　许海燕　潘云侠

封面设计　　文化·邱特聪

出版发行　国家图书馆出版社（北京市西城区文津街7号　100034）

　　　　　（原书目文献出版社 北京图书馆出版社）

　　　　　010 - 66114536　63802249　nlcpress@ nlc. cn（邮购）

网　　址　http://www.nlcpress.com

印　　装　北京科信印刷有限公司

版次印次　2025年6月第1版　2025年6月第1次印刷

开　　本　710 × 1000　1/16

印　　张　26.5

书　　号　ISBN 978 - 7 - 5013 - 8169 - 2

定　　价　128.00元

编纂委员会

主　任：陈　樱

副主任：霍瑞娟

委　员：廖永霞　李　楠

　　　　陈慧娜　田　苗

主　编：廖永霞　李　楠

副主编：曹丽萍　岳梦圆　高丽婕

编　辑：潘常青　杜亚丽　宁秋丹

　　　　刘文睿　杨　楠　张慧玉

寄语（一）

任继愈

我国唐以前，一个博学的学者，可以读尽天下的书。宋代有了印刷，再博学的学者，穷毕生之力也读不完所有的书。出版便捷，普及面广，中国科学、文化在宋以后，有了极大的飞跃。古人说"开卷有益"，这话有它的道理。

近代有了机器印刷，近来有了激光照排，电子出版物普及到全世界。出版条件方便了，出版物多了，有时同样内容的书可以同时出现许多种，好书坏书鱼龙混杂，内容重复，抄袭、盗版及毒害社会的出版物与日俱增，有时会出现坏书畅行挤占好书的园地。

古人说"开卷有益"，今天要有选择地对待了。青少年辨别力不强，读了一本坏书，可能对他不但无益，反而受害。

图书馆是一个面向广大社会服务的公益场所，我们有责任向读者推荐好书。尽量使益于社会的书得到推广，才能造福社会，有益于读者。这是大家共同的目的。我们希望举办图书奖能够对我国文化建设尽一份绵薄力量。

（任继愈，时任国家图书馆名誉馆长，文津图书奖评委会主任。本文写于2005年。）

寄语（二）

王　蒙

　　"国家图书馆文津图书奖"在写书人、出书人、读书人之间架起了沟通的桥梁。

　　好书最美。有价值的思想是美丽的，学习着是美丽的，思想着是美丽的，认识着的实践是美丽的。提倡写好书读好书就是提倡思想，提倡智慧和光明，消除愚昧和黑暗。

　　人生还会有许多困惑、许多悖论、许多一时看不清说不明左右为难进退失据之处。有时候一个成熟的人无法但又必须立即做出决定或立即表示臧否。当你面临选择的痛苦的时候，你可以更有把握地去学习，用读书、实践和思想抚慰你的焦虑，缓解你的痛苦，启迪你的智慧，寻找你的答案。学习归根结蒂是通向真理，通向知识，通向光明，通向正确的抉择。它同时通向快乐，通向胜利，通向精神的家园、精神的天国。

　　（王蒙，时任文津图书奖评委会主任。本文写于2005年。）

前　言

陈　樱

　　《礼记·中庸》有云："博学之，审问之，慎思之，明辨之，笃行之。"而阅读是人们获取知识、增长学问、最终实现"知行合一"的重要途径。对于整个人类文明传承发展和文化交流互鉴而言，阅读更是具有不可替代的深远意义。

　　2004 年，国家图书馆与中国图书馆学会首次开展了"倡导全民读书，共建阅读社会"世界读书日主题活动，把"全民阅读"理念传遍中华大地。自 2014 年起，"全民阅读"已经连续 12 次被写入政府工作报告，近年来，全民阅读工作不断走深走实。图书馆作为人类文明成果的荟萃之地，是公民终身学习的殿堂，更是全民阅读当仁不让的主阵地。

　　国家图书馆秉承"文化津梁"之志，始终走在推动全民阅读的道路上，与之相随的还有公益性阅读推广活动——文津图书评选与推广（自 2025 年第 20 届起，文津图书奖正式更名为文津图书）。自 2004 年该项活动设立以来，便承载着国家图书馆及全国图书馆界对推广阅读、传承文化的共同使命，以开放的姿态和包容的理念，通过每年一度的评选活动，精心挑选出一批能够传播知识、陶冶情操、提高公众思想道德素质与科学人文素养的普及性图书，为广大读者提供了丰富的精神食粮。

　　二十年间，文津图书成功搭建起一座连接作者、出版者与读者之间的桥梁，促进了知识的传播与文化的交流。文津图书以其独特的魅力与影响力，成为我国全民阅读活动中的重要品牌，引领着图书馆界倡导读书、组织读书、服务读书的新风尚。

而文津图书评选推广活动在全民阅读工作中的意义，不仅在于其评选出的优秀图书，更在于其背后所蕴含的文化价值与社会责任。作为国家总书库、国家书目中心、国家古籍保护中心和国家典籍博物馆，国家图书馆始终秉持着"传承文明、服务社会"的初心使命。文津图书的评选与推广活动，正是我们履行这一使命的具体体现。

2019年，在国家图书馆建馆110周年之际，习近平总书记给国图8位老专家回信，希望国图坚持正确政治方向，弘扬优秀传统文化，创新服务方式，推动全民阅读，更好满足人民精神文化需求。近些年来，通过举办文津读书沙龙、国图讲坛、国图公开课、四季童读、文津阅新等形式多样的阅读推广活动，国家图书馆为社会各界读者搭建了一个交流思想、分享感悟的平台，激发了广大读者的阅读和学习热情。

我们深知，推动全民阅读需要全社会的共同努力。因此，在文津图书的评选与推广过程中，我们积极寻求与社会各界的合作机会。通过引入图书馆界、媒体界等联合评审单位参与机制，确保评选过程的全面性和公正性；通过与学校、社区、公园等单位的深度合作，将优质阅读资源辐射到了更广泛的读者群体之中。

回顾过去，文津图书已经走过了二十年的光辉历程。在这二十年里，我们见证了全民阅读活动的蓬勃发展，也见证了国家图书馆在推动文化传承与创新方面所取得的显著成就。展望未来，我们将以更加开放的姿态和更加务实的行动，推动文津图书在全民阅读工作中发挥更大的作用。我们将继续深化与社会各界的合作与交流，不断创新阅读推广的形式和内容，努力将文津图书打造成为更具影响力、更具特色的文化品牌。同时，我们也将继续加强国家图书馆自身建设，提升服务能力和水平，为广大读者提供更加优质的服务。

最后，我谨代表国家图书馆衷心感谢所有为文津图书付出辛勤努力的人们。正是有了你们的支持与参与，文津图书才能取得今天的成就。让我们携手并进，共同推动全民阅读活动的深入开展。

在书香中前行，在文化中成长。愿《一廿之间——文津图书 20 周年纪念文集》的出版，能够激发更多人的阅读兴趣，引领更多人走进知识的殿堂，感受文化的魅力。

让我们共同期待文津图书下一个二十年！

陈樱

2025 年 4 月

目　录

第四章　硕果

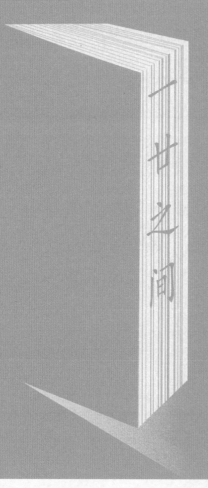

20

文津图书
20周年纪念文集

廿卄之间

第一章

记忆

锦上添花　精益求精

——祝贺文津图书奖创办 20 周年

刘嘉麒

文津图书奖是国家图书馆 2004 年创办的。图书馆是书籍的殿堂，书籍是知识的海洋。图书馆创办图书奖，基础雄厚，顺理成章。奖名冠以"文津"更有其深刻寓意。避暑山庄的文津阁与紫禁城的文渊阁、圆明园的文源阁、盛京（今沈阳）皇宫的文溯阁，合为藏书北四阁。当年乾隆皇帝赞扬文津阁是保存和继承文化遗产的渊源，曰："渊源如欲问，应自此寻津。""山庄建阁，以文津名之，御园之文源，大内之文溯，皆由此津逮也。"文津即是在文化长河上由此岸达彼岸的济渡处。

即使在电子技术和信息社会发达的今天，书籍仍然是不可替代的精神财富，"学富五车，书通二酉"，仍然有现实意义。要使图书馆成为新型的"二酉"，新型的"文津阁"，酉中藏大作，阁中存宝典，为促进作者、出版者和读者之间的良性互动发挥重要作用。让传统与现实融合，经典与通俗并存；不断提高民众的科学素养和文化素养，这是一个国家、一个民族软实力的重要体现。

文津奖创办的目的就是要促进图书事业的发展，让图书更好地服务于人民大众。

20 年来，我国的文学创作和科学普及队伍不断壮大，作品数量和质量明显提高，涌现出一批高水平的作家和作者，特别令人欣喜的是一些老科学家、教授和院士，也积极行动起来，创作出许多高水平的原创作品，既有内容丰富高雅的文史论述，也有现代前沿的科技创作，还有生动活泼的儿童读物，大大丰富了图书宝库。

评选过程中，公平公正，认真筛选，宁缺毋滥，优中选优，充分保证了获奖作品的质量和水平。各类读者几乎都可以从中找到自己喜欢的作品，这也正应了文津奖的设立初衷。文津奖为推动文学创作和科学普及发挥了重要作用。

我在参加文津奖的评审过程中，青睐许多优秀作品，从中学到许多东西。希望有更多的作家、科学家，投身于文化交流和科学普及的活动中，锦上添花，精益求精，创作出更多、更好的精品和杰作，使中华民族悠久灿烂的历史文化不断发扬光大！

祝文津阁楼台高筑，文津奖越办越好！

文津图书奖 20 年来二三事

王渝生

从呱呱的孩提，而童年，少年，青年，文津图书奖已经是 20 岁弱冠之年了。左思《咏史》曰"弱冠弄柔翰，卓荦观群书"，正当舞文弄墨、博览群书之时。

20 年间，文津图书奖搭建起了写书人、出书人、读书人这三者之间沟通的桥梁，建立了联系读者、作者、出版社与图书馆相互间的交流互动平台，为学术津梁，做文化使者，功莫大焉，真是可喜可贺！

我和国家图书馆的渊源甚早甚深。40 多年前，1978 年我考上中国科学院研究生院，专攻科技史，为了写论文，天天往国图（当时叫"北图"）跑，一壶水，两个馍，查善本书，录写卡片，日积月累，完成了硕士、博士学业，发表了论文和专著，才有了今天！

20 年前，国家图书馆设立了文津图书奖，我被聘为评委，当时，手捧聘书，虽已是花甲之年，却像孩子一样高兴得蹦了起来，不禁手之舞之足之蹈之。

文津图书奖的评委会由任继愈、王蒙领衔的社科界、科学界、少儿界著名学者担任，干净、靠谱、负责任、讲效率，评出来的获奖图书，含金量高，具有权威性，经得起时间的考验。记得有一次评委会毕，午餐时任继愈老在主桌坐一坐，起身给大家拱拱手，说："七十不留宿，八十不留饭。我已九十，要回家吃了。文津奖终评的事，拜托大家，和而不同，秉公而定。"然后，他抓起一把油炸花生米，放进西服口袋，然后擦了擦手，拄着拐杖，一步一摇走出了餐厅。那潇洒的背影，高大伟岸，至今还留存在我的记忆中，难以忘怀。

我在首届文津图书奖颁奖仪式举行后不久，就在文津大讲堂连续主讲了"科学的昨天、今天和明天""中华科技灿烂辉煌"两场讲座。

20年来，我每年都企盼着文津图书奖的选评活动。一则是提前好几个月，国图就派人送来一大箱初评选出来的几十种图书，让我每天晚上都有一顿丰盛的精神夜宵，徜徉在书海里的感觉是何等的美妙！二则是参加终评会议可以同国图的馆长和各位评委一起交流切磋，讨论甚至争论对参选书籍的看法，这大大提高了我读书的品位！三则是出席颁奖典礼，与那些熟悉的或者初次谋面的获奖书籍的作者和出版人济济一堂，交谈中获益匪浅，甚至可以说是净化了心灵！

文津图书奖鼓励原创性的作品，同时也鼓励科学普及性的作品，重视提高公众的人文素养和科学素质。获奖图书和推荐图书，既有大部头的名家名著，也有独具特色和优势的"小品"，严肃的，活泼的，亦庄亦谐，老少咸宜。例如，有一次，大概是第五届评选出来的获奖图书，既有以全球史观把全球历史化、历史学全球化的《简明新全球史》，又有聆听季羡林娓娓道来的《风风雨雨一百年：一位世纪老人的记忆与珍藏》和将文与画巧配姻缘的《吴冠中画作诞生记》；既有政论文式的《继承与叛逆：现代科学为何出现于西方》，又有诙谐的《当彩色的声音尝起来是甜的》——居然把视觉、听觉和味觉联系在一起，极富趣味性和吸引力，这不禁使我想到诺贝尔物理学奖获得者李政道的一句名言："科学和艺术是一枚硬币的两面。"

2014年，路甬祥副委员长以《创新的启示：关于百年科技创新的若干思考》荣膺第九届文津图书奖。路甬祥本人亲临颁奖活动现场，接受作为评委的我向他颁奖。有人说"下级向上级颁奖"，因为我是中国科学院理学博士，而路甬祥是中国科学院院士、院长。他发表获奖感言说：《十万个为什么》《知识就是力量》等书刊从小激起自己对科学的热爱、对科技创新的探求；而'倡导全民阅读'今年首次写入《政府工作报告》，是对全民读书的有力推动。"

这个故事成了"下级向上级颁奖"的一段佳话。

一个安静的奖项

周国平

国家图书馆自 2005 年设立文津图书奖，每年评奖一次，将迎来 20 周年。作为资深评委，我连续 19 年参加评审工作，心中感慨万分。

公共图书馆的本质特征是公益性，其职能是向公众提供图书阅读方面的服务。作为我国最高级别的公共图书馆，国家图书馆不辱使命，勇于担当，不但拥有举国最丰富的藏书，向最广泛的公众开放，而且主动开展群众性的阅读活动，积极引导全民阅读。设立文津图书奖，围绕该奖举办阅读推广系列活动，就是国家图书馆引导公众阅读的重要举措。

当今中国大陆地区每年新出版的汉文图书以数十万计，文津图书奖致力于从中评选出适合公众阅读的好书，如同一座桥梁，把公众与好书连接起来。获奖和提名图书包括社科、科普、少儿三类，在注重知识性和思想性的同时，兼顾可读性和普及性，这是该奖面向广大公众的题中应有之义。

我对这个奖怀有很深的感情，曾经撰文表示，我之所以看重这个奖，是因为它有两个特点，一是纯粹，二是干净。它是纯粹的，以图书为本位，看重图书本身的品质，旨在向那些到图书馆来寻求精神食粮的普通读者推荐真正值得一读的好书。这样的价值取向，体现了国家图书馆应有的独立立场。它又是干净的，杜绝任何幕后活动和暗箱操作。事实上，所有获奖者几乎都是在收到通知时才知道自己获奖了，并且有一个共同感觉，就是觉得很意外。每当看见获奖者脸上的疑惑和惊喜，我心中不禁生出小小的得意。

对于我来说，担任评委的既漫长又似乎短促的19年的经历是颇为难忘的。忘不了每年到了评审季节，入围的几十种社科图书送到，我兴奋地过目和阅读，这是一年中我读新版图书量最大的时段。忘不了每次开评审会，评委们唇枪舌剑，各抒己见，而投票结果揭晓后，有时皆大欢喜，有时则心存遗憾。忘不了每见我所看重的书获奖，我心里多么高兴，我曾经给许多种很具思想深度的获奖社科著作写推荐语，为此感到自豪。忘不了因为这个奖而与诸位评委结缘，平时各自忙碌，见面相谈甚洽，而在资深评委之中，我要特别提及一个人，就是文学评论家雷达。2018年3月27日，第13届文津奖开终评会，他在赶赴会场途中突然感到不适，转去医院，仅仅四天后就与世长辞。此时此刻，我十分怀念这位正直而忠厚的学者。

文津图书奖是一个安静的奖项，远离媒体的喧闹和热点的炒作。这符合它的本性，因为它是国家图书馆设立的，而图书馆是知识的圣殿，精神的家园，原本就是安静的。愿文津图书奖继续在安静中履行引导全民阅读的使命。

把童书星空最美的星星摘给孩子

——写在文津图书奖 20 周年之际

海 飞

在国家图书馆文津图书奖创建 20 周年的大喜日子里，作为一名老出版人和文津图书奖的评委，向国家图书馆、向文津图书奖致以崇高的敬意。

我从小就喜欢书，喜欢图书馆。到北京从事出版工作后，更是喜欢书，喜欢图书馆，特别是喜欢国家图书馆。原因很简单，正如阿根廷著名作家博尔赫斯说过的一句话，"如果世界上有天堂，那一定是图书馆的模样"。天堂，是人们心中幸福美满的理想之地，是人们精神寄托的完美之所。国家图书馆，是一个国家最神圣的文化殿堂，是人类知识的海洋、书籍的天堂。国家图书馆联合全国图书馆界，以"文化津梁"为寓意，以《籀扬图》为标识，设立文津图书奖，更使这座书籍的天堂星光灿烂。

中国是图书出版大国，也是童书出版大国。目前，我国每年出版 40 多万种图书，含 4 万多种童书。"天上星亮晶晶，数来数去数不清。"在浩如烟海的图书星空中，为读者推荐最优秀的图书，正是文津图书奖的初心和本意。20 年来，我深切地感受到文津图书奖在少儿类图书的评选中有 4 个鲜明的特色。

一是高度重视少儿类图书。文津图书奖优中选优，好中选好，精益求精，设社科、科普、少儿三大类别，前 14 届每届获奖图书共 10 种，是获奖标准极高、含金量极高的奖项。文津奖高度重视少儿类图书，在 10 种获奖图书中，少儿类 2 种，占 20%。第 15 届，文津奖"扩容"，获奖图书增加到 15 种，少儿类 4 种，占 26.6%。后来，文津奖再次"扩容"，获奖图书增加到 20 种，少儿类 6 种，占 30%。少年儿童是祖国的未来，是民族的希望，少年强则国强，少年强则民族强。全民阅读，少年儿童优先，把童书星空最美的星星摘给孩子，极大地彰显了文津奖目光远大、面向未来、功德无量的神圣使命。

二是从读者中来，到读者中去。图书的生命力在于读者的阅读及文化的传播传承，而图书馆正是图书与读者之间最重要的桥梁和通道。文津奖依托国家图书馆和全国近百家省、区、市、县、大学的图书馆，以开放、包容、共享的理念，动员和引导社会力量，从读者中来，到读者中去，使奖项与生俱来地具有了坚实的阅读支撑和强大的读者基础，具有了与众不同的生命力和影响力。文津奖的这一鲜明特色，集中体现在初评阶段。初评推荐书目，除了出版机构的渠道推荐外，是遍布全国的图书馆渠道推荐。图书馆与千千万万的读者面对面，使文津奖充满着读者气息。文津奖评选出来的《爸爸的画》《别让太阳掉下来》《鄂温克的驼鹿》《纽扣士兵》《脚印》《有什么东西我买不来》《雪山上的达娃》《树孩》《雄狮少女》等，都是小读者喜闻乐见的畅销图书，具有广大的群众基础和阅读面。

三是厚重的文化底蕴。文津奖是国家图书馆的奖项，与生俱来具有一股"国图味"，具有厚重的文化底蕴。获奖的书，不能是光追逐时尚、迎合读者、追逐市场、追逐利润的应时应景的图书，而应该是真真正正的好书，应该是真真正正的精品图书，应该是与国家图书馆相匹配的能传之后世的文津奖图书，经得起时间的考验，更经得起历史的检验。如文津奖获奖少儿类图书《中国传统童谣书系》《写给儿童的中国历史》《这就是二十四节气》《盘中餐》《五千年良渚王国》《汉字就是这么来的》《天工开物：给孩子的故事》《长江！长江！》等，都从骨子里透着中国文化的浓重气息，是广大少年儿童学习中华传统文化的优秀读本。

四是注重引进版图书。文津奖是一个具有国际视野的国家级图书馆大奖，20 年来，评选优秀的引进版图书，一直是文津奖的重要的坚定不移的选择。获奖的引进版图书，最高占比达 40%，最低也有 20%，这在国内诸多图书奖项的评选中是为数不多的。以文津奖少儿类获奖图书为例，首届的两种少儿图书都是引进版。一是法国的《我的野生动物朋友》，一是德国的《游戏中的科学》。在以后的各届中，先后有日本、美国、葡萄牙、挪威、荷兰、加拿大、奥地利、西班牙、法国等众多国家的优秀少儿图书入选。文津奖的这种坚持，是改革开放精神的体现，在一定程度上，为我国的少年儿童读者与国外的少年儿童读者站在同一条阅读起跑线上作出了努力。

岁月如歌，文津似火。20 年过去，当年阅读文津奖图书的小读者，已经长大成人，已经成为新时代的新主人。当初文津奖在小读者心中种下的星星、播下的火种，已经星空灿烂、烈火熊熊。衷心祝愿文津图书奖越办越好，把童书星空最美的星星摘给孩子，让一代又一代的少年儿童茁壮成长。

寄望文津

　　文津图书奖已经走过二十个春秋。二十年于人类，一代人长成；二十年于一项事业，可以只是起步。将二十年生命倾注于一项事业，伴她起步，慢慢前行，乃人生幸事。

　　为文津图书奖二十华诞祝，我最想做的是重温她诞生时关于她的那些文字。

　　我国唐以前，一个博学的学者，可以读尽天下的书。宋代有了印刷，再博学的学者，穷毕生之力也读不完所有的书。出版便捷，普及面广，中国科学、文化在宋以后，有了极大的飞跃。古人说"开卷有益"，这话有它的道理。

　　近代有了机器印刷，近来有了激光照排，电子出版物普及到全世界。出版条件方便了，出版物多了，有时同样内容的书可以同时出现许多种，好书坏书鱼龙混杂，内容重复，抄袭，盗版及毒害社会的出版物与日俱增，有时会出现坏书畅行挤占好书的园地。

　　古人说"开卷有益"，今天要有选择地对待了。青少年辨别力不强，读了一本坏书，可能对他不但无益，反而受害。

　　图书馆是一个面向广大社会服务的公益场所，我们有责任向读者推荐好书。尽量使益于社会的书得到推广，才能造

福社会，有益于读者。这是大家共同的目的。我们希望举办
图书奖能够对我国文化建设尽一份绵薄力量。

说这话的，是时任国家图书馆名誉馆长的任继愈先生。那一年，
文津奖设立，八十九岁的任先生出任文津图书奖评委会主任。先生的
话，言简意赅地阐明了文津奖设立的初衷：面向广大社会读者，推荐
好书。

二十年了，先生已经离去。二十年来，我们责任在肩，不敢懈
怠，在实践中不断加深着对"文津奖"的理解："文津奖"推荐的图
书，强调公众视角，摈弃小众读物，努力选择更有公众阅读意义的图
书，力推大众精品。好书，内容一定是深刻的，思想一定是美丽的！
但要成为"文津奖"的好书，还必须是更有公众阅读价值的，即应该
是公众关注的社会热点及潜在热点。因此，不少在某一学术、文化领
域颇受推崇的好书，没有进入"文津奖"。同时，论述要深入浅出，
文字优美且通俗，即"好读"。这两点，是"文津奖"评选与目前其
他图书评选不同的地方。通过在实践中不断完善，"文津奖"图书的
推荐，已经形成了以全国图书馆系统借阅量为基础的推荐机制，从而
使"文津奖"的特色得以更好地坚持。

二十年来，尽管我们孜孜矻矻，守护着"文津奖"的理想与追
求，但仍体味了理想与现实之间的距离，时时感到惶恐。我们时时反
省：不要因为走得太远，忘记了当初为什么出发；告诫自己：推荐好
书，服务全民阅读，我们的努力永远在路上。

文津长青

——写在国家图书馆文津图书奖创设 20 年之际

夏　欣

2004 年的冬天很冷，但那天午后的国图文津厅春和景明，"国家图书馆文津图书奖启动仪式暨文津图书沙龙座谈会"的热烈进行，标志着文津图书奖的书香大幕正式开启。

记得会后合影时，我们这些受邀评委由衷地向站在身旁的文化大家任继愈先生等文津图书奖发起人致敬——他们不负图书"国家队"的众望，创设国家图书馆文津图书奖，并迅速向各地各层级图书馆、出版社发出邀约。

从那个时刻——2004 年 12 月 22 日起，国家图书馆文津图书奖的评选已经持续了 20 年。20 年时光足以让一棵树成材、一个人成年，国图文津奖也在探索中成熟，逐渐成为大众心目中的一个响亮的好书发现、推介的品牌。

也是在那年早些时候，国家最高科学技术奖获得者王选先生抱病来到国图文津广场，亲手为"全民阅读"的徽标揭牌，文津图书奖也是在这一理念、视角上，为推动全民阅读选书、评书，引导出书、读书而设立的。其基本征集渠道有全国各类出版社、图书馆、媒体、评审专家和线上公众；严谨的公开、公正、公益性，远离哄吵的喧嚣，不受利益干扰，是这个奖品牌价值的基础。初评阶段繁琐的汇总、遴选、审读、复核，以及终评环节对入围图书严谨审读、激烈的现场讨论，共同保障这个奖在思想性、科学性、普及性上的纯度和高标准。

年复一年，随着推评机构和候选书目的不断扩增，获奖书单和推荐书单（年度原创社科、科普、儿童读物、译著）的种类、体量都在加大，参评书目达到了每年一两千种，相关出书、写书、读书平台的交流互动有了更多的辐射效应。每到颁奖季，文津读书沙龙、阅读主题讲座及展览十分活跃，与庄重且不重样的颁奖礼彼此呼应，浓浓的阅读氛围和美妙的品读体验聚集起来，发散开去，吸引越来越多的国图文津奖的拥趸。获奖作者也许名冠天下或者完全不知名，但获奖和推荐的书都会对读者思考和思想产生深度影响。

每做这样的回顾，我们都会缅怀那些已经故去的国图文津奖的发起人、获奖作者、评审专家，如获奖图书著者、文化大家季羡林、庞朴，还有曾赞誉文津奖"讲求学术品位、信息含量、人文精神、创新价值的"终评委、评论家雷达。同时也要致敬国家图书馆这20年来的历任掌门人，他们在各个时期，特别是最初瓶颈期的默默开拓和坚守，让国家图书馆文津图书奖的责任和使命得以延续和光大。

"读书如稼穑，勤耕致丰饶"，国图文津奖标识图那个扬簸筛粮的农夫，总会让人联想书山勤耕和去粗存精的意义，联想到国图文津奖对于推动大众阅读和提升公众阅读品味的意义：人的读书习惯不仅需要熏染和培养，也是需要引导的。

尤其是这20年，恰逢中国互联网高速发展的蝶变时期，人们对网络的依赖，常常让纸质图书处境尴尬。特别是青少年，极易长时间沉迷于网络五花八门的图文视听世界。在纸质阅读与网络阅读的激烈碰撞中，国家图书馆文津图书奖存在、发展的意义更加异乎寻常。

获取和筛选信息的能力是人们在信息时代的基本能力，是思辨能力的基础，决定知识的横向联系和深度积累，决定人们吸纳知识的速度和效率。而这一切取决于人的阅读能力，取决于你读过多少书，这在对下一代的教育中尤其重要。

读书是和外部世界的对话，同时也是和自己内心的对话，它不单单是一种接受，而是个人经验的积累和内化过程，甚至可以说是和作者一起再创作的过程，这就是为什么"一千个人有一千个哈姆雷特"。在一本好书的逻辑和系统性面前，网络阅读的碎片化、浅表化立显，刷视频的视觉冲击代替不了系统读书思考的心路。这一点聪明的父母都应该明白。

也是基于这一点，近年来阅读经典已经进入国家的课程要求，读整本书、读经典的倡导，甚至逼迫着高考命题这个指挥大棒，也在做"多文本阅读"的引导，考查信息收集整合能力，在现实语境中倒逼学生阅读能力、语文基础能力的培养。

与此同时，近年人们对纸质图书的热情颇有回归之势，这一点特别令人欣慰。倡导读书其实并不为什么，甚至不是为了让下一代人知书达理，开启智慧，更谈不上为考学，而是让读书、享受阅读成为他们的一种生活方式，使之内心充盈，富于情趣，从而拥有开阔的视野、丰富的人性和生命。

仅此而言，无数人付出 20 年心血浇灌的国家图书馆文津图书奖就人间值得，何况人这辈子从幼年到老年，又怎么离得开不断发现和阅读好书呢？

文津——文化之津梁必须长青。

文化津梁　品味悠长
——畅谈文津图书奖背后的那些故事

陈　力

文化月刊：陈馆长，非常感谢您接受我们的采访。其实我们都知道文津图书奖已经连续成功举办了多届，在全国影响力广泛，您能否给我们介绍一下文津图书奖的设立背景以及您对文津图书奖的期待？

陈力：设立文津图书奖的创意最早是 2004 年由詹福瑞馆长提出的，当时全民阅读的概念还没什么影响，詹馆长提出应由国家图书馆设立一个专门服务于大众阅读的奖项，于是我们召集相关部门研究，对奖项的细节进行了初步的研究，最后报馆班子研究，决定设立文津图书奖。关于奖项的名称，当时我建议为"文津"并得到了馆领导的认可。"文津"取"文化津梁"之意，希望这个奖项能够在图书馆与读者、作者与读者、出版社与读者之间发挥连接、沟通、引导的作用。同时，"文津"一词也最具国家图书馆特色，譬如"文津阁《四库全书》"堪称国图镇馆之宝，国图古籍馆门前大街也因此定名"文津街"，国图总馆南区主大厅取名"文津厅"。

在设立文津图书奖之初，我们就确定了几个原则：第一，要体现公益性。这个奖是非营利的，也不收取评审费等等，所有费用由国家图书馆想办法解决。第二，要体现公正性。鉴于一些社会评奖项目太滥，并且以营利为目的，要保证这个奖真正是为读者阅读而设，就必须保证它的高水准，而保证高水准，就必须是公正的、干干净净的。因此，这个奖欢迎社会各界包括读者、作者、出版社和专家向我们推荐图书，但是不接受跟此奖项有关的利益方的赞助。第三，要实现公正。相关的程序必须公开，文津奖的整个评选办法、程序完全是公开的。甚至为了保证评审的结果足够公正，都是到最后才会通知获奖人和获奖单位。一般是提前两三天通知他们来参会，他们才知道获奖了，所以获奖者都觉得很惊喜。我可以自豪地说，国家图书馆正是因为公益、公正，才使文津奖赢得了读者的信任。

其实当时在设立文津图书奖的时候还有一个更棘手的问题，就是关于奖项的定位。经过专家团队的反复研究，最后形成了一致意见：总的定位是为大众阅读服务，因此在内容上要针对老百姓的阅读需求来确定。这样就和一般思想教育、专业图书的评奖有所区别。至于读者阅读比较多的文学类图书，文津奖评委里有好几位就是文学评论家和作家，像雷达老师、梁晓声老师、周国平老师等，大家一致认为，一件好的文学作品必须经过时间的检验，而且文学方面已经有很多权威奖项，如鲁迅文学奖、茅盾文学奖等，文津图书奖评选范围就不包括文学作品了，而应该以人文社科类、科普类和少儿类图书为主。文津图书奖虽然与思想教育类的奖项不同，但我们也一再强调，文津图书奖一定要体现我们的价值观，评选的标准可以参考社会公众的反映，但绝不应该是畅销书的排行榜。文津图书奖评选时要关注社会重大问题，同时还应该体现百花齐放、百家争鸣的原则。例如，每一届文津图书奖获奖图书都有一些是关乎社会热点问题，如经济与社会发展问题、农民工问题、社会公平与公正问题、教育问题、历史问题，即便评委们可能对书中表述的观点不完全赞同，但只要是该书提出的问题能够引起读者思考并且有较高的阅读价值，也不会影响该书的获奖。

文津图书奖在评审中还特别重视对社会特殊群众的关注。无论是图书的内容还是阅读对象，我们都特别重视，尤其是少儿类图书，一直是文津图书奖关注的重点。少儿类图书是从第七届开始才单独分出来的，之前都是放在一起评选的，但每一届都有少儿类的图书获奖，甚至有一些适合低幼儿童的。总的来说，文津图书奖评选的指导思想和具体办法是在不断地摸索中形成的。

文化月刊：原来文津图书奖的设立过程还如此曲折，完全可以当成一个故事来听了。陈馆长，第九届文津图书奖刚刚圆满结束，在这个过程中，国家图书馆的每一个成员都付出了巨大的努力，尤其是您参与了文津图书奖的草创和运作，还在第九届文津奖社科类图书评审分委会担任主任，那么您参与这个活动的过程中有什么感受，请您谈谈。

陈力：能参与这个事情我当然感觉很荣幸。国家图书馆是全民阅读的主战场，但如何更好地服务全民阅读、推动全民阅读，如果仅仅局限于一般的阵地服务，那恐怕算不上履行好了国家图书馆的职责。因此，我们一直在思考：如何利用国家图书馆的地位和影响力来引领全社会的阅读。关于这一点，我们主要是通过两方面的工作来实现的：一方面是通过中国图书馆学会来开展工作，2004年4月23日中图学会和国家图书馆在文津广场举办了一场声势浩大的活动，在这次活动中，第一次提出了"全民阅读"这个口号，并由王选院士为我们在全国范围内征集的"全民阅读"徽标揭牌。从此以后，推动全民阅读成为中国图书馆学会一项最重要的工作，为此我们还得到了由中宣部、全国精神文明办和国家新闻出版署的表彰。另一方面就是国家图书馆开展的几种阅读推广活动，其中最重要的就是好书评选和推荐。目前我国每年出版的新书已达数十万种，由于图书的质量参差不齐，一些适合大众阅读的好书往往会被淹没在图书的汪洋中，一般的读者根本无法选择到适合自己的书籍。我们提倡要多读书，但读什么书需要把握，对于一般大众来说，如果读了不好的书，不仅浪费时间，也许还有害。在这种情况下，国家图书馆就应当承担起为读者推荐书籍的责任。同时，我们国家基层图书馆很多，一些基层图书馆经费有限，人员水平参差不齐，只有很少一点经费，他们常常也不知道如何选到好书，所以我们一直也在推动向基层图书馆推荐图书的工作。因此，国家图书馆在全民阅读方面，图书推荐始终是一项最重要的工作。除了文津图书奖外，国图少儿馆还专门推出了儿童类图书的推荐书目。所以说文津图书奖虽然是一项具体的工作，但实际上是整个国家图书馆推动全民阅读当中的重要一环。我能够参与其中是非常幸运的，当然也是我作为一名图书馆工作者的职责。

文化月刊：原来如此，我们深深感到国图爱护优秀图书的责任感和为国为民的服务心态，那么您在工作过程中有什么遗憾吗？

陈力：遗憾肯定是有的。因为评奖这种工作是很有难度的，推荐的图书能够得到社会的认可当然会很高兴，但如果推荐的书引起了争议或者批评其实心里也是很难受的。每次评奖之后，我们都会关注社会的舆论，包括报纸、微博、微信、博客等媒体平台。虽然每次评选的社会反响总的来说都是很不错的，但其实我们也是非常紧张的，因为好书很多，文津图书奖肯定也有一些好书遗漏了。

举例说，好书需要经过时间检验。不仅是文学类，还有人文、科普、教育方面的，它的优点我们当时并未认识到。等我们认识到的时候，它可能已经过了评选时间了。要说绝对好，我认为不能说只有我们评出来的书才是最好的书。比如我们每年评出的获奖图书是十种，其中有一届是九种，为什么是九种？因为我们的原则是宁缺毋滥。当时评委一致认为其他的书籍不足以进入获奖名单，那么就宁愿少一种。当然还有一些好书，由于评委的知识面和我们的读书量，我们在评选时没有发现，没有认识到，自然就会有遗漏。怎么来弥补这种遗憾，也是我们一直在思考的问题。

文化月刊：遗憾是难免的，国图文津图书奖到如今，已经是非常权威的奖项了。我们也知道文津图书奖的评委都是文化圈的大名人，他们的默默付出肯定很多，您谈一谈评委的故事吧？

陈力：首先要感谢这些评委，在文津图书奖的评选过程中，大部分评委是从第一届就加入了，他们真的是见证了文津图书奖的成长历程。我非常敬佩这些评委，因为他们都是名人，都非常忙，但是大家都非常热心。每次讨论大家都是抱着社会责任感来做的，即便真的参与不了讨论，他们也会通过其他方式来发表自己的意见。这九年，我参加了七次评选，我每一次都能感受到这些评委无私的奉献精神和社会责任感。

有一次周国平代表评委发言的时候说文津图书奖是一个干净的奖，它没有请托，没有黑幕，即便是很高级的人来请托也不会作为考虑的对象。我们也确实评了领导的书，李瑞环同志的《学哲学 用哲学》就选上了。但专家、学者都没有特殊看待，就把他当成普通作者。他可以把复杂的哲学问题用老百姓看得懂的语言写出来，专家评的时候就一致通过。有些领导人的书籍也没有评上奖，或许他在其他方面有指导意义，但我们这是大众阅读，评选的唯一标准是适合大众阅读。

文津图书奖设立以来，有许多在幕后工作的工作人员，他们其实是最辛苦的，没有任何名分，除了组织工作外，常常还要承担初阅的工作，发现问题和值得注意的地方，记下来提供给评委们参考。所以说他们是最辛苦的。

文化月刊：一个优秀的奖项背后必然有一个优秀的团队，一群无私奉献的热心人，再次为你们感到骄傲。那除了工作人员和专家评委，普通群众可以参加到我们这个奖项吗？

陈力：当然可以，正如我之前说的，文津图书奖的一切都是公开的。我们设立了读者推荐和读者评选环节，在我们将初选名单公布之后，如果读者也有好书推荐，评委也觉得不错，那么也可以加入初选名单。同时我们还开展了读者书评，读者可以把自己的感受、批评和意见都写出来，总之我们整个过程都是完全开放的，在读者的参与、监督、支持下开展，读者参与程度是很高的。

当然文津图书奖也有我们要坚持的东西。国家图书馆文津图书奖不是畅销书奖，它会吸收读者的意见，但是不能做成畅销书榜。所以你看我们的推荐书籍，有些书没上过排行榜，有些根本不是畅销书，是很小众的书。能把一些有价值的、值得大众阅读的不那么热销的书推荐出来，也是文津图书奖的另外一个责任。因为畅销书太多了，不用我们去宣传，并且有不少畅销书未必就是好书。我们始终坚持的一点，就是充分听取公众的意见，但只能把它作为一个重要参考，而不能把它当成唯一的依据。

文化月刊：是的，文津图书奖的目标永远不变。陈馆长，如今国家大力发展文化产业，从国图的地位来说，从文津图书奖的影响力来说，您觉得对于文化产业有什么建议？

陈力：文化产业方面我只能说通过全民阅读工作，还有设立国家图书馆文津图书奖，发出一个倡议和呼吁，能够让出版社在抓经济效益的同时更要关注社会效益。作为一个出版人、出版家应该有他的社会责任，他的责任其实和我们图书馆是一样的。如果说这些获奖图书能够给出版社提供一个参考的话，能够为未来出版的选题和定位提供一点参考，也算是为保证文化产业健康发展所做的一点工作。

（根据 2014 年《文化月刊》记者刘磊采访稿整理）

文津图书奖 20 周年贺

王余光

近 20 年是手机普及的 20 年，以我的感觉，也是人们读书热情消减的 20 年。传统的书业与报刊业受到了巨大的挑战。我们身边的书店、报亭，悄悄地消失了。对一些年岁较大的读书人，周末逛逛书店，每天傍晚去报刊亭买张报纸看看的生活也结束了。这一变化的形成，是因为人们把一些空闲的时间都放在手机上了。但仔细想来，传统书报刊，甚至包括电视，读者或观众的远离，一方面是手机的原因；另一方面，往往被人忽略的是，这些传统媒介，包括电视，其内容不好看，不能吸引人。然而，手机上的东西，包括新闻、文章、短视频等，就很好看吗？也不是。手机上的东西大多质量粗劣、内容低俗，只是获取方便，于是就成了人们打发时间与消遣的工具。目前我们还不知道，这一现象对青少年的成长会有怎样的影响。但有一点是可以确定的，如同注重食品卫生一样，我们也应当注重精神食粮的卫生与质量，让国人更好地提升认知水平、人文素养与创造能力。

差不多与手机普及的同时，20 年前的 2005 年，中国图书馆学会设立阅读推广委员会，国家图书馆发布首届文津图书奖。这或许是一个巧合，但这反映了中国图书馆人对时势变化的应对与思考。让人们亲近书籍、热爱阅读，让读书成为一种习惯，成为我们生活的一部分，正是图书馆人的责任。

阅读推广委员会在促进各类图书馆开展阅读推广活动与研究、阅读推广经验交流、培育阅读推广人等方面，做了大量的工作，取得了相当丰硕的成果。而文津图书奖，在二十年间，向读者推出一批又一批好书，其成效是难以计量的。

经典是时间积淀下来的优秀作品，而文津图书奖则着眼于新出版的优秀作品。我想，读书人用经典筑牢自己的知识基础，构建文化背景，架设一种价值判断的标准。而新出版的优秀作品，则能更好地帮助读者面对这个变化的世界。

我有幸成为文津图书奖的评委，与其他评委一道，每年向读者推荐好看的书。文津图书奖不是一个专业图书的奖项，它是面向广大读者的。有些书，是迎合读者趣味谋求畅销而出版的；有些书，是引领读者提升认知水平而出版的。在我看来，文津图书奖着眼于后者。记得 2017 年，王澍的《造房子》一书获奖，我在推荐语中写道：该书作者不仅是一位建筑师，更是一位中国文人。他常从中国古代山水画中获取建筑的灵感。作者认为，在中国文化里，建筑更像是一种人造的自然物。人们不断地向自然学习，使人的生活恢复到某种非常接近自然的状态，一直是中国的人文理想。这就决定了中国建筑在每一处自然地形中总是喜爱选择一种谦卑的姿态。不能不说，《造房子》这本书又点燃了人们内心回归自然的希望，引导人们热爱自然。不得不说，文津图书奖一直在努力地引领着读者进入一个美好的阅读世界。

阅读之旅：文津图书奖 20 周年回想

汤更生

2004 年，暮春"4·23 世界读书日"之际，文津广场上，国家图书馆和中国图书馆学会首倡"全民阅读"；仲冬"全民读书月"之际，文津厅里，国家图书馆宣布创立"文津图书奖"。2005 年 12 月 22 日，第 1 届文津图书奖揭晓。

二十年往矣，物是人在，相守相望，感受的是文津奖独具的包容、纯净、坚韧、温暖和安详，收获的是文津奖赐予的荣幸、踏实、欣慰、自豪和幸福。

众里寻"她"。生活中的人，将其所见所触、所感所思、所想所悟变成文字，世界上便有了一本书。书诞生的同时，也开启了寻找她和寻找她的读者的发现之旅。寻找的这本书，是世界的真实、善良和美好；寻找的这个人，是书的读者、朋友，也是书的传人。作者在找，出版者在找，图书馆也在找。这种寻找是检验品质、评定价值、打造精品、锤炼经典的过程，注定是漫长而绵延不断的，一代、几代、世世代代。

作者一直在找。一本书不会因为作者肉体的消失而结束它的生命，它的精神和思想会被它的读者找到并传扬下去，作者在天有灵，必定会感到无比欣慰，哪怕是发生在自己身后的一年、十年、百年、千年，又有何妨？出版者一直在找。因为不断地找到，所以不停地再版、又再版，当然不仅仅是利益的驱动支撑这个行为的持续。图书馆一直在找。与其说是一直在找，不如说是一直在"边找边等"。"找"和"等"的不同在于主动与被动、快与慢、当下与永恒，图书馆的驱动力源于人类的繁衍与天性，源于她"为人找书"和"为书找人"的天职。

"彩雨"是诺贝尔物理学奖获得者丁肇中先生对于寻找"暗物质"的比喻：如果一百亿个雨滴中有一滴是彩色的，我们就要把它找出来。20年来，文津奖从三万种入围图书中，找到了千余种获奖图书和推荐/提名图书。每一次寻找，都是战战兢兢，如临深渊，如履薄冰，不敢懈怠、偏颇、草率，因为文津奖要面对公众、大众，面向全民、全龄，肩负着启智教化的使命，承担着文化传播、科学普及、社会教育的责任。彩雨润心，天雨流芳——千百个彩色的雨滴召唤着人们：去读书吧！

耕读相长。稼穑者冬天选种，春天播种，夏天培育，秋天收获，可谓四时相宜有节。"读书如稼穑，勤耕致丰饶"，文津奖也是四季有约——冬选书，春种书，夏阅书，秋晒书。冬日是举荐、初评、终评的"选书"；春日是榜单揭晓、开始"种书"（文津图书奖多在世界读书日前后揭晓）；夏日是通过丰富多彩的阅读推广活动为读者提供导读、领读、共读服务；秋日是读者把自己读书的收获拿出来晒一晒，分享成果，交流心得。就这样一年又一年，一届又一届。从标识征集、文津巡展，到"文津书架""文津听书""文津漂流"，再到"文津重读""种书计划""文津阅新"，文津奖从国图出发，走进家庭、校园、军营、企业，走进图书馆、书店、地铁、机场，始终走在大众身边，服务全民阅读、全民科普、全民美育、全民健康，服务人们的美好生活。

最让我念念不忘的，是2020年春天推荐文津好书的"种书计划"。一本书如一粒种子，读一本书，就是种下一粒种子。书的种子是人心田的精灵，一旦相遇，它们之间的心灵感应便会一触即发——书里的世界缓缓地伸展开来，大地的生机慢慢地焕发出来。《我的野生动物朋友》《未来世界的100种变化》《万古江河》《营国匠意》《汉字与中华文化十讲》《老子绎读》《仅此一生》《诗仙 酒神 孤独旅人：李白诗文中的生命意识》《中国人的音乐》《寻找缥缈：白居易〈缥缈〉诗与唐代丝绸》《长江！长江！》……读过的书，历经岁月的沉淀，注定会在后来的日子里结出它的果实，频频地呈献给世界，分享给他人——顷刻间，文字被唤醒，记忆被唤醒，思想被唤醒；精神家园的门被打开，快乐的源泉被找到；一棵心灵之树陪伴着你，跟你一起长大……书和它的读者，彼此唤醒了对方，成就了对方；而安排他们相遇的使者，确是做了一件多么美妙而神圣的事啊！文津奖就是这位使者，文津好书的种子定会在它的每一位读者的人生中，生根、发芽、开花、结果，成为他永远的财富。

在国图七任馆长的领导下，我参与了文津奖策划创立、组织、评选、宣传、推广的全过程，十年的"又见文津"与"国图公开课"珠联璧合，十五年的"文心依旧，天雨流芳"，乃至如今的廿龄之庆，于己而言可谓是荣幸之至。感恩命运的安排，让我赶上了全民阅读的好时代；感恩国家图书馆，让我有幸在职业生涯中写下一段最骄傲的履历；感恩文津图书奖，让我拥有了一块能够滋养一生的最富饶的土地，让我加入了一场没有终点的阅读之旅。

书是有生命的。书的诞生与存在是人类的自然记忆向社会记忆转化的过程。人类将自己的大脑记忆通过"脑外记忆工具"——文字制作成"脑外记忆的装置"——书籍，不同的书籍聚在一起，又组成了图书馆。图书馆实际上是"脑外记忆的社会大脑"，它将难以保持连续性和联系性的人的自然记忆转化成具有连续性、联系性和集合性、贯通性的社会记忆，而且，如果世界上图书馆不消失的话，那么书的存在就将是永恒的。

一本书需要它的读者去发现、去唤醒，否则将一直在存放它的一隅沉睡，躯体虽在，生命停滞，唯有等待读者来找它、读它、用它，它的生命才会被激活。读者成就了书的生命的延续，书的生命力取决于它被阅读的次数和频率，或者说取决于它的读者的人数和频率。只要有人读，书就活着；读的人越多，生命力就越旺盛，生命周期就越长久。书来到这个世界后，读者的阅读决定了书的生命状态和生命周期。

没有读者的书，就像种子离开土地，生无所依。于是，寻找书的读者，便成了作者、出版者和图书馆的要务。不同的是，前两者找到读者即可，唯有图书馆是既要为书找到读者，又要为读者找到书。图书馆的文化价值、社会责任和职业使命决定了文津奖是一个双向奔赴者：天堂模样的图书馆，一手牵着人，一手牵着书；一边发现了读者，一边开启了书的生命旅程。

与书打交道的人，写书人、出书人、藏书人、图书馆人，无论是谁，他的个体生命都是有限的，面对敬而远之的"永恒"，自然会是活在当下，自然会是希望立竿见影，即种即收，成就自我——完成一个周期，就收获这个周期的成果。这的确是一种理所应当且无可厚非的圆满，但若是站在职业、社会、民族、国家、人类的立场上，这支肩负使命的接力队，会通过人与人的传递把每个周期都串联起来，将这条生命线不断地延续下去，书的生命也随之被延长、再延长……在文津奖这里，每一个参与接力的人，无论是图书馆员，还是专家评委，都会为他人着想，为更大多数的人想多些、想大些、想远些。

阅读是有生命的。生活不息，阅读不止。图书馆的价值在于引导和帮助人们，让源自生活的书，通过人的阅读，再次回归生活、用于生活、反哺生活，完成"生活—书—阅读—生活"的轮回。

阅读行为包含读书时的资源输入和读书后的成果输出两个部分，两者共同构成一次完整的阅读行为，完成一个阅读周期。一个人的阅读生命活力就体现在读书时的"输入"与读书后的"输出"的循环之中，体现在循环往复的阅读周期的数量和频率上。

图书馆的阅读教育与服务应当覆盖阅读的全生命周期。图书馆一方面通过阅读资源的遴选与推荐，让公众成为书籍的读者，提供劝读、荐读、导读等"阅读输入"服务；另一方面，通过对书籍内容以及书与书之间关联的挖掘，引导深度阅读，为读者提供将其所感所知、所思所悟等阅读成果以他们喜欢的方式表达、分享出来的"阅读输出"服务。这两项服务缺一不可，且个人认为后者是阅读推广工作提质增效的突破点和着力点。如果只关注输入，忽视输出，相当于稼穑之人只播种，不收获，未免荒唐。当然是不仅要种好，还要收好。就图书馆保存与利用职能而言，切忌重"藏"轻"用"；就图书馆文化传播与社会教育职能而言，切忌重"读"轻"用"。"用"是读者利用图书馆的阅读资源付诸自身的学习、工作、生活的实践，属于"阅读输出"范畴，是阅读生命周期的重要组成部分，只有完成这个环节，才能完成阅读的生命循环，才能呼唤、孕育一本新书，开启又一场书的生命之旅，让阅读生生不息。

如著名的图书馆学家杜定友先生所言，图书馆，为学问之导源，为智识之府库，为灵魂修养所；为图书馆员者，为最多数人求最大之幸福。图书馆员既是文化工作者，也是教育工作者，还是阅读活动的策划创意者。他们关注着读者阅读输入端和输出端的需求，并主动、灵活地为读者提供有创意、有魅力、有价值的高品质的活动和项目；他们在读者"心里"播下的种子，会让阅读的生命之树元气满满、生机勃勃——这就是文津奖工作团队的自信：来自他们搜集、挖掘、整合、活化阅读资源的掌控能力、公关合作能力，来自他们的审美力、想象力和创造力，更来自他们的初心与使命、大爱与担当、智慧与勇气、坚韧与奉献。

文津奖诞生以来，历经了许多艰难困苦的考验，但正因为有了曲折、磨砺和淬炼，方能彰显其英雄本色，成就其使命担当。常言道"七年之痒"，说的是人体的细胞更新不是同时进行的，而是逐一完成的，累计下来，平均七年会完成一次整体的新陈代谢。文津奖的长青之道，也在于不断地完成自身周期性的新陈代谢，让这棵生命之树历久弥新，健康成长。

图书馆让书成为永恒，所以它有责任、有理由、有能力以此为己任，让阅读的每一个生命周期保持不断地重启、再重启，循环、再循环，让书的生命、让阅读的生命延续、再延续。文津奖在第一个 20 年，搭建了一个公众阅读资源的输入平台，在人世间播撒下千粒种子，为书找到读者，让公众成为读者，履行了发现与唤醒的职责。或许可以期待，在第二个 20 年，搭建一个读者阅读成果的输出平台，让读者的阅读收获得以表达、呈现、分享、交流，传导阅读力，激发创造力，履行其传承与创新的职责；同时，构建并完善一个阅读全生命周期的服务体系，实现阅读生命体输入与输出的无限循环，为营造阅读社会生态圈尽献图书馆人的一份心力。

人在旅途，心在阅读。祈愿再廿之时，一念回响。

结缘文津奖　喜促童心扬

——文津图书奖十三载评委的心路历程

阿　甲

我是从第 7 届开始担任文津奖评委的。

其实，从第 1 届我就开始深度关注了。一来是因为一位好友翻译的《基因组：人种自传 23 章》获奖了；二来是因为首届文津奖获奖书中有两种就是童书，这对于我这样的童书发烧友兼研究者来说是必须关注的。但在接下来的几届里，童书在获奖图书中时有时无，即使有也往往只是科普图书的向下延伸。好在我是一个杂食的大书虫，所以历届获奖图书我都很乐意追踪阅读。

不过，颇为神奇的事情就那么毫无征兆地发生了。2012 年 2 月 2 日，我的邮箱里突然出现了一封长达 1500 字的邀请函，告诉我文津奖从第 7 届开始新增专门的少儿图书评审，主办方希望我能加入，参与推荐和终评，"评选出一批有品质、值得阅读的新书"。如果你恰好也是一位有点相信魔法的童书爱好者，会不会感觉这有点像是来自霍格沃兹的召唤？这样的召唤，怎么可能拒绝？

直到今天，我仍然偏爱使用电子邮件交流，所以在撰写此文之前，我得以查阅这些年来与主办方交流的一百多封 Email：每年郑重的邀请函，客气的催稿信（尽管催作业的"课代表"有时真的很焦急），评审表，推荐书评，颁奖词，评委合影照片……从那些值得回味的温暖瞬间，我看到了岁月的流逝，看到自己从不惑之年跨过知天命之年，也看到了其间的成长与丰足的收获。在一幅十年前的合影中我看到了"年轻"的自己，与众多德高望重的学者、资深读书人站在一起，作为童书评委的我似乎多年雄踞于最年轻的评委行列。

我特别高兴地看到，从第 7 届开始，童书在文津奖获奖图书中终于有了稳定的席位，而且从第十五届开始，席位渐渐扩展到接近三分之一。这不但代表了在公共文化层面上对少年儿童真正的重视，而且也是对全民阅读现状颇为实事求是的呼应。当下，使用公共图书馆的人群中，未成年人实际上占据了至少半壁江山。阅读不仅要"从娃娃抓起"，而且要提供最有价值的公共服务。

仔细看历年获奖童书的变化，还会发现其中的儿童趣味越来越浓了。由学者合议评审的文津奖图书，从整体上带有颇为"庄重"的气质，获奖童书也不例外。但随着更多童书评委的加盟，也随着其他评委读到越来越多有趣的童书，那些张扬着童心童趣的作品开始被看到。当成年人更多接纳自己的童年状态时，那种发自内心的愉悦是可以互相传染的，而且一点儿也不减损智慧的光芒。可以骄傲地说，文津奖在越来越深情地拥抱着童年。

最让我欣喜的是，文津奖也以自己的方式见证了中国原创童书飞跃式的发展。这些年来，我们明显感受到获奖原创童书的质量和数量在快速提升，尤其是原创图画书，有的作品还获得了国际知名大奖。可见童心没有国界。

非常感恩曾经历了如此美好的召唤，也有幸成为愉快的见证者。

奔赴一场阅读的盛宴

舒晋瑜

和图书馆的缘分由来已久。中学时期，我最爱去的地方就是图书馆，县城的图书馆那时候还比较简陋，但已经让我大开眼界。当我趴在斑驳的书桌上抄下一份份报刊上的地址投稿时，怎么会预料到和图书馆的缘分有可能伴随一生？后来到北京读书，国家图书馆更成了最亲切温暖的去处。几乎每个周末，走出国图时天色已晚，挤上332路公交车，在晃晃悠悠的颠簸中回味一天的收获，幸福而满足。

真正和国图的交往起源是在1999年夏天。我所供职的《中华读书报》接到一位读者来电，反映带孩子去国图时不能入馆。16岁以下少年儿童不允许进入图书馆是长期以来的规定，并非针对个人。作为《读书报》的记者，自然应该本着客观公正的立场采访双方当事人答疑释惑，文章发表后读者得到了满意的解释，也对国图增加了更多的理解。自此，我也和国图结下不解之缘，不论国图的重要新闻发布还是展览，都少不了《中华读书报》的报道。而我作为媒体人，又是国图的忠实读者，在一次次跟踪报道中比旁人更多了一份热诚。

2004年前后，我接到国图文津奖组委会电话，邀请我担任首届文津奖的初评委，我深感荣幸，也觉得责任重大。尽管职业的缘故平时天天与书打交道，但当真正进入评审工作，徜徉在书的海洋中却是如此醋畅，交流中的碰撞火花四射，每一个评委似乎重新对国图、对文津有了新的认识。"文津"的意义是什么？既是国家图书馆的传统象征，更意味着"文化津梁"，国图是沟通文化的桥梁，而我们，正在为这桥梁增砖添瓦，为促进作者、出版者和读者的互动尽绵薄之力。

评选的过程，是沉浸的、纯粹的美好。每次推开阅览室的门，集中了全国各大出版社的好书像等待检阅的士兵整齐排列着，未及翻阅，士气就鼓舞了、振奋了。站在书架前浏览一番，选择有文津奖品相的图书细读，常常是翻几页，就被吸引着看下去了，忘了自己是读者还是评委。

是的，多年来，文津奖逐渐形成了自身独特的气质和品相，那就是既有传统文化的渗透，也富有知识含量、大众传播和人文关怀的特点。当然评审也不仅仅止于阅读。讨论的时候，常会为自己心仪的图书无法入选感到百般无奈，或据理以争。所有评奖，除了图书本身的品质之外，有时候难免附带机会或运气。从初评到终评，评委需要有很高的鉴赏力和判断力，还要有高度准确的概括能力。对于同一本书，不同的评委阐释高下立见。而解读的分寸，则是对评审制度、标准和评委姿态的多重考量。有些大家有共识的好书，已经在其他榜单上反复出现。文津奖是锦上添花还是雪中送炭？如果评委视野和其他奖项过于集中，文津奖的辨识度何在？高度重合是英雄所见还是我们的视野仍不够开阔？

前行中的文津奖在不断走向成熟，完善规则和制度、不断听取读者和评委的反馈和意见。前几年，文津奖评审规定了阅读时长，使评委们有更充足的时间集中阅读、充分展开讨论，评选效果得到更有效的保障。

每年"4·23世界读书日"是读书人的节日，也是文津奖的盛会。这一天，国家图书馆会邀请文津奖获奖作者代表、出版社、图书馆和读者参加，颁奖仪式线上线下同步进行，向社会公众宣布获奖及推荐图书，并设立"国家图书馆文津图书奖专架"展览，开展读者征文、"换书大集"、"M地铁·图书馆"、"文津听书"等丰富多样的活动，最重要的则是推出"文津读书沙龙"，邀请获奖作者、出版社及评审专家作为主讲嘉宾，围绕获奖图书和推荐图书举行公益讲座活动。每次参加活动看到人头攒动，大家共同奔赴一场关于图书的盛宴，我总是莫名涌起一种感动：国图正以实际行动提高国民素质、践行推动学习型社会的构建，文津奖的颁奖竟带动起如此高涨的读书热情！而最难忘的是 2009 年"4·23 世界读书日"，中共中央政治局常委、国务院总理温家宝在文津读书沙龙现场与文津图书奖专家周国平及在场读者进行交流，充分肯定了文津读书沙龙对于全民族养成读书的良好习惯起到推动作用。

对于我个人来说，也有深刻的生命印记。2010 年 5 月 31 日，国家图书馆开设少年儿童图书馆，面向未成年人开放（6 岁到 15 岁少年儿童）。也是这一年，我带七岁的女儿参加文津奖评选活动。从两岁就开始阅读的女儿一下就爱上了国图，在旁边安静地看书，甚至像模像样地向我推荐她读到的好书。那时候起，我对于文津奖的少儿类图书评选有了一点"私心"。什么是真正的好书？评委推选是一方面、倡导阅读是一方面，好书应该由读者说了算，才是真正有生命力的好书。以此类推，无论是文津奖的社科类还是科普、少儿类图书评选，评委是不是应该考虑自己首先是读者，其次才是评委？我们面向的最终是大众读者，如果评出的是深奥的、专业的、冷僻的书，水平再高，大概也只能被小众读者接纳。文津奖获奖图书的品牌之所以能够叫响，不能仅仅是因为获奖，而要靠它自身的生命力，读者喜欢才能够达到有效阅读，才能真正提升民族的阅读力，这才是文津奖的应有之义。

二十年了，长长的获奖名单，背后凝聚了多少评委的心血，它是厚重大气的，也是轻巧有趣的。既有任继愈的《老子绎读》、许倬云的《万古江河：中国历史文化的转折与开展》等学术著作，也有特里斯坦·古利的《天气的秘密》和英国女性天文学家乔·邓克利的《群星的法则：普林斯顿天文学家的宇宙通识课》等科普读物，风趣而严谨地为我们展现前沿领域的奥秘；更有小朋友最爱的《动物去哪里》《我说话像河流》引人入胜的童书。从一开始，文津奖评出的图书就体现了贴近读者、服务大众的特点，有着大处着眼、小处着手的良苦用心，也有着对大众引领阅读、普及科学知识的担当和使命。走过二十年的文津奖，早已在社会上产生了深远的文化影响，参与的出版社越来越多，图书数量和规模也不断扩大，2024 年的 20 种获奖图书则是从近 2500 种入围图书中脱颖而出的。

二十了，文津奖已成长为窈窕淑女，文津奖已然在社会上形成了一面旗帜，引领着读书的风尚，每年评选前后，众人期盼之、欣赏之、评论之、传播之。作为图书行业内报人，周围的朋友常常向我打探好书，我总是不无自豪地推荐文津奖的获奖图书。因为，陪伴文津奖走过二十年，我最深切地知道，这个奖的参与者是怀着多么无私的热爱和赤诚，他们的评选是多么的透明和纯净。氤氲着书卷气的国家图书馆，涵养着民族的阅读风尚，让我们可以从中探寻阅读带给人生的多重经验和力量。

文津图书奖寄语

李晓明

文津图书奖自 2004 年 12 月 22 日启动，即将迎来第 20 届。二十一年来，文津图书奖这一品牌与全民阅读的理念彼此滋养，相互支持，用优秀作品引领公众的阅读方向，使"阅读"深深扎根于公众心灵。儿童是国家的未来，民族的希望，是全民阅读的重要参与群体，是图书馆的主要服务对象。国家图书馆少年儿童馆始终肩负着示范引领未成年人读者服务指导的责任。作为少年儿童馆从业者，我很荣幸能以评委的身份参与文津图书奖少儿类图书的评审，以优质的童书作品提升未成年人阅读推广工作。

文津，以丰沛的文化资源滋润儿童读者的心灵。纵观过去十九届的获奖作品，童书占比有明显提升，对儿童阅读的体察也越来越深入准确。入选作品的形态从图画书、桥梁书到纯文字图书，适读年龄从幼儿到初高中生，作品主题从幻想故事、科学实验到传统文化、人生哲学，包罗万象，不胜枚举。阅读是儿童感知世界之窗，亦是维持儿童好奇心与创造力、铸造价值观与人生观的重要基石。文津图书奖以其严格中立的评审过程，由不同学术与实践背景的专家团队层层甄选，从当年出版的童书中撷取中外最具儿童趣味、符合儿童认知特点、满足儿童成长需求的优秀作品。这些入选图书代表了所有评委的殷殷期待，希望每一位读者都能体会阅读的快乐，体会生命与世界的美，积极从阅读中寻求思想与智慧。

文津，以文化筑桥梁，建设以图书馆为中介，连接读者、创作者、出版者的文化平台。文津图书奖作为图书馆界的公益性图书奖项，积极向创作界和出版界发出图书馆的声音，传递儿童读者的喜好与希望。文津图书奖是世界读书日活动的亮点，国家图书馆联合全国图书馆通过线上线下多种媒介、多色活动共同推广，激发全社会对阅读的关注，点燃公众的阅读热情。近年来，文津图书奖更是以获奖图书为基础开发了多样的视听资源，通过更符合现代人偏好的形式，将作者的思想、阅读的魅力传递给广大读者。当今公共图书馆未成年人阅读服务的对象已不仅限于未成年读者本身，还包括对他们身边成年人的指导与支持，以及对阅读氛围的塑造。文津图书奖以"开放、包容、共享"的理念沟通了涉及"阅读"的多种主体，打通了多层媒介渠道，打造了围绕青少年读者的优质阅读循环圈，有力地促进了未成年人阅读推广的可持续发展。

习近平总书记指出："一个民族的复兴需要强大的物质力量，也需要强大的精神力量。"文化是一个国家、一个民族的灵魂。文津图书奖是文化传播的重要组成部分，是少儿阅读领域的风向标。愿文津图书奖继续增强链接社会各界的凝聚力，倾心聆听更多儿童的声音，挖掘推广更多优秀童书，以阅读为广大少年儿童点亮中华民族现代文明的灯火。

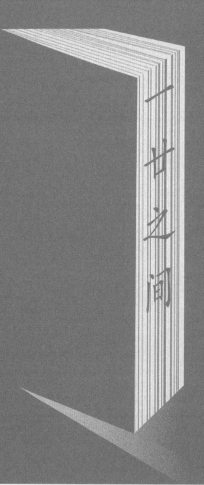

20

文津图书
20周年纪念文集

廿廿之间

第二章

成长

第1届

国家图书馆原馆长任继愈为第1届评委颁发聘书

2004年12月22日，在国家图书馆文津厅举行了国家图书馆文津图书评选推广活动、文津读书沙龙启动仪式及座谈会，国家图书馆文津图书组委会及专家评审委员会成立。"国图为造读书气氛启动'文津图书'"成为当时的新闻热点。

"文津图书所指的公众，是一个宽泛的概念，它要求图书评选摒弃小众读物，力推大众精品。"这是当时评委对文津图书受众的定位。可见，文津图书伴随着全民阅读概念而诞生，为服务大众阅读而设立。评选结束后，国家图书馆专门派人奔赴广州、长沙、上海、武汉等城市，与出版社面谈候选图书参评与签订版权使用许可协议事宜。根据授权情况，对图书全文或部分文本进行电子化，方便读者在线阅读。

第2届

围绕首届文津图书举办文津读书沙龙活动

第2届文津图书组委会讨论

时任国家图书馆馆长詹福瑞为文津图书作者颁发证书

　　第 2 届文津图书评选于 2006 年 7 月 1 日正式拉开帷幕。启动前，组委会修订了《文津图书评选办法》，细化了图书评选范围。

　　文津读书沙龙和评选相结合，前呼后应，扩大了文津图书影响力。

第 3 届

评委在终评会上就参评图书举手投票

第 3 届发布仪式现场嘉宾

修订并制作《国家图书馆关于评选第三届"国家图书馆文津图书"的函》《第三届"国家图书馆文津图书"评选办法》《"国家图书馆文津图书"参评图书著作权许可使用合同》和《"国家图书馆文津图书"参评图书著作权许可使用三方协议》，使报送文档更加规范。

文津图书官网上，从本届开始新增集中检索功能，成功实现历届参评图书的集中检索。截至 2007 年 12 月 14 日，网站总访问量达到 1254829 人次，注册人数为 42217 人。

第 4 届

第 4 届发布仪式上任继愈馆长（右）和王蒙先生

读者在线浏览文津图书、文津提名图书介绍页面

　　针对参评图书的网络使用权，组委会派人转赴杭州、长沙、武汉、南京、上海、成都、天津等地，与出版社协商网络使用权的方案，共解决 60 家出版社 165 种推荐图书的版权问题。

第 5 届

国家图书馆获评全民阅读活动先进单位，文津图书被评为"全民阅读活动优秀项目"

在国家图书馆北区设立文津图书专架

在广西壮族自治区图书馆开展宣传推广活动

2009年11月2日，由中宣部、中央文明办、新闻出版总署在深圳召开的"全民阅读活动经验交流会"上，表彰了全国64家全民阅读活动先进单位和36个优秀项目，"国家图书馆文津图书及其文津读书沙龙"荣膺"全民阅读活动优秀项目奖"。

本届评选活动，组委会特邀首都图书馆、广东省立中山图书馆、湖北省图书馆、吉林省图书馆、四川省图书馆、苏州图书馆、东莞图书馆七家图书馆参与初评工作，联合全国图书馆界共同参与好书评选。

第6届

东莞图书馆举办文津图书奖展览

福建省图书馆举办文津图书宣传推广活动

深圳图书馆举办文津图书宣传推广活动

　　为扩大文津图书社会影响力，国家图书馆组织了一系列的相关宣传推广活动，分别在深圳图书馆、湖南大学图书馆、黑龙江省图书馆、福建省图书馆、安徽省图书馆五家图书馆以巡展、巡讲、播放宣传片、问卷调研和征文等方式在当地进行宣传推广活动，使文津图书深入人心，增强了社会公众的关注度。

　　在国家图书馆总馆北区大楼三层的经典图书区设立了"国家图书馆文津图书专架"，展示历届文津图书和文津提名图书，供阅览室的读者阅览。从 2008 年 9 月 9 日起到馆读者可以在虚拟阅读体验站浏览历届被全文授权发布的参评图书，进一步提升了读者阅读文津图书的可达性。

第7届

第 7 届初评图书阅览室

读者在广西壮族自治区图书馆参观文津图书展

本届开始，评选程序和办法上开始优化升级，修订了评选方案，将原先的大评委会分为社科、科普、少儿三个评审分委会，最终合并后再开评选结果讨论会。这一变化使得评委的评选工作更加深细和专注。经过七年的积累，文津图书影响力不断扩大，参评图书数量也大为增加，三类总计 897 种，比上一届增加了 19%。

本届开始，中国图书馆学会承担了文津图书奖的宣传推广工作。在前两年成功实施的基础上，选取长期以来开展阅读活动基础较好、各方面条件过硬、积极参与文津图书宣传推广的图书馆作为承办单位。通过遴选，最终确定北京师范大学图书馆、天津财经大学图书馆、宁波鄞州区图书馆、陕西神木图书馆、深圳罗湖区图书馆等图书馆作为承办单位，他们对发布仪式给予了大力支持。

第 8 届

第 8 届文津图书发布仪式

本届评选继续扩大与图书馆界的合作，共有 46 家图书馆参与了推荐和初评工作；4 月 23 日发布仪式当天，文津图书展在全国 24 家图书馆同时开幕。

截至 2013 年 4 月 23 日，文津读书沙龙已经举办活动 300 多场，参加人数 8 万余人。沙龙不仅培养广大读者的读书兴趣，也引导读者对书中观点进行深入的思考和讨论，构建读者与作者、学者沟通的渠道。这些讲座以历史文化题材为主，兼顾其他门类，优先选择社会上强烈关注和讨论的话题，反映了当时读者的精神层面的需求。

第9届

发布仪式上领导为"文津听书"揭幕

学校学生吟唱"四季读书歌"

为"文津听书"项目捐赠版权的文津图书作者

2014 年,"倡导全民阅读"首次写入《政府工作报告》,文津图书也迈入第十年。多年来,文津图书一直认真听取各方面的意见和建议,不断改进完善评选方法。本届文津图书参评图书由专家评审、图书馆评审、媒体评审、出版社及广大读者共同推荐图书 1300 余种,较第八届增加了 200 余种。为了更多地吸引读者参与,采用了读者微博推荐等新媒体方式,增强了与广大读者的互动。

国家图书馆、中国盲文图书馆、中国狮子联会、中央人民广播电台中国广播联盟联合推出第一届至第八届文津图书专家书评集萃有声读物,取名"文津听书",为广大盲人和渴望以听书途径感受阅读的朋友送去一份温暖。

第 10 届

第 10 届终评会评委举手投票

十年来，文津图书始终保持"干净、纯粹"的特点，在各种图书评选活动和图书排行榜争抢眼球的年代，仍然保持着其自身的品格和价值。这份坚持，也为文津图书迎来了社会公众和业界同仁的认可，本届文津图书的推荐书目达到了 1400 余种，创历史之最。

为回顾十年工作成就，组委会举办了系列纪念活动，编辑整理《又见文津——历届"文津图书奖"获奖图书书评集萃》，2015 年 4 月由国家图书馆出版社出版。发布仪式上，特别设置了一个"致敬礼"环节，通过制作的视频，所有嘉宾一起追忆已故的文津图书作者，包括徐中约、季羡林、汤一介、吴冠中、安东尼·刘易斯、范用、许燕吉、庞朴、迈克尔·苏立文以及文津图书创立者任继愈。

第11届

第11届发布仪式科普类文津图书作者上台领证书

读者在发布仪式现场签名

文津图书参加"天津书展"

鼓励原创是文津图书创立时就确定的原则之一。本届文津图书中原创图书占了绝大部分，10种中有9种是原创图书。今年，还设置了特别推荐——《老子绎读》，作者为文津图书创办人之一、国家图书馆老馆长任继愈先生。在他百年诞辰之际，这项推荐表达了评委团队、工作人员的致敬，肯定了中国学者和作家严谨治学的风格，传递了传统经典研究既能具有学术性，又能走向大众的观念。

2016年4月16日至30日，举办了"第十一届文津图书最受读者喜爱的入围图书投票活动"，全国各地近8万读者积极参与，《密码的奥秘》等10种图书榜上有名。

第 12 届

第 12 届发布仪式启动"文化行走 悦读海淀"系列活动

　　文津图书的推荐渠道越来越广，包括出版社、各界专家、媒体评委、联合评审单位、作者、读者等各方，今年还加入多家高校图书馆如北京工商大学图书馆、北京舞蹈学院图书馆等。本届共有 96 家公共图书馆同步举办文津图书展，部分图书馆还组织了巡展、文津图书沙龙巡讲、征文等活动。这些图书馆亦是之后文津图书推荐、评审和推广工作的重要伙伴。

　　本届文津图书与北京市海淀区政府合作，启动了"文化行走 悦读海淀"全民阅读主题系列活动，选取历届文津图书以及《红楼梦植物大观》等 5 本代表海淀特色的书籍，采用线上线下同步推送的形式，提供纸质书漂流和电子书免费阅读服务。这是图书馆、政府、媒体通力合作的起点。

　　同年国家图书馆还联合图书馆界、出版界、新世相等策划推出"文津图书漂流活动"，以书为媒，阅读接力，通过长期广泛的图书接力，创新阅读推广形式。

第 13 届

捐赠文津书架到军区

向北京外国语大学、北京中学等学校捐赠文津书架

时代在转变，新媒体日新月异，"短平快"逐渐成为知识传播的"新时尚"。然而，"创作仍是传播的根，书籍是不可替代的"，文津图书科普类评委刘嘉麒院士如是说。为这个时代传播真正经典、隽永的图书作品，是文津图书坚守的原则。这一届，少儿类文津图书两种均为科普类，让人眼前一亮。为本届评选撰写总序的梁晓声先生说：重视少儿类图书的意义，不是认为其意义在"教化"，知识元素的给予也是优秀少儿图书的重要意义之一。组委会特别关注青少年的阅读需求，向北京外国语大学中国语言文学学院、北京中学等多所学校赠送了文津书架。

回顾过去，组委会精选历届文津图书作者的讲座文稿，集结成书——《文津重读：历届"文津图书奖"获奖作者讲座集萃》，2018年12月由国家图书馆出版社正式出版。

第 14 届

终评评委阅读、讨论图书情况

文津图书在各地学校、图书馆举办巡展活动

发布仪式上丰富多彩的文化类节目

    本届文津图书共计收到社会各界推荐的有效参评图书1562种，参评图书总量再创新高。224家出版社和78家图书馆联合评审单位参与推荐，其中参与的出版社数量较去年增加40%。

第 15 届

北京市顺义区牛山第二中学组织学生阅读文津图书

文津图书与书店合作开辟专区

广东省立中山图书馆举办文津图书展

文津读书沙龙特别活动：重新发现中国之美

黑龙江省富锦市图书馆走入校园组织学生观看文津图书讲座视频

　　受疫情影响，本届评选工作略有延迟，但文津图书着力开展线上推广活动。2020 年 4 月 23 日，以"全民战'疫'知识共享"为主题，开展了文津图书十五周年系列纪念活动；在官方网站上线"文津重读"栏目；开启"种书计划"微博专栏，和读者分享文津好书；在北京广播电视台故事广播《读书俱乐部》举办"文心依旧　天雨流芳"特别活动，邀请专家共同盘点历届文津图书。精选 10 种文津图书和文津提名图书，邀请图书作者、译者等担任嘉宾，对话国家图书馆馆员。2020 年 9 月，文津图书联合书店、学校、社区等社会力量，通过设置专架、播放视频、张贴海报等方式开启文津图书的宣传活动。参加推广的书店达 24 家，遍布北京、新疆、陕西、福建等 9 省区，并有 38 个社区和学校参与了巡展、巡讲活动。

第 16 届

在颐和园举办发布仪式

文津图书在中国科幻大会设立展台

　　2021 年，在颐和园举办"行走在阅读的时空里——第十六届文津图书发布暨北京公园阅读文化季启动活动"，让阅读走出传统书斋和图书馆，让读者既感受园林的书香韵味，又体味历史之美、思辨之美、阅读之美。本次活动由新华社客户端、央视新闻客户端等 13 家平台同步直播，相关视频、音频的线上播放量达 760 余万次。

第 17 届

与出版社建立联系，组织提升工作交流活动

文津图书重视和出版社的合作，邀请生活·读书·新知三联书店、中信出版社、人民文学出版社等30家出版机构，就评选和推广工作的提升进行了交流，出版社代表就报送程序、版权征集、联合推广等工作提出了切实有效的建议，共创更大的合作发展空间。

文津图书有稳定的媒体矩阵，同时也积极拥抱新媒体。除传统媒体单位如新华社、光明日报、上海广播电视台等以外，还积极与新浪、搜狐、腾讯等网络平台合作，推出主题网页及首屏推介。在世界读书日，与阅文集团合作在"QQ阅读"平台上建立免费阅读专区，给读者提供更便捷的电子阅读渠道。本届进一步扩大推广单位合作，共有全国18个省份324家单位参与推广，线下专题展览观众151余万人次，线上专题展览浏览量90余万人次，设立文津书架418架。

成长

69

第 18 届

邀请知名主持人春妮、海霞等主持发布仪式

文津图书在国家图书馆北区举办展览

邀请文津图书作者录制读书推荐视频，

此图为《人文地球：人类认识地球的历史》作者张九辰

　　在稳定的参评渠道建设下，文津图书的参评图书数量逐年增加，本届收到参评图书 1990 种，参与推荐的出版机构 223 家。越来越多的优质图书选择参与文津图书的评选，文津图书的社会声誉不断提高。为更好地服务全民阅读，引领公众看见阅读的力量，本届文津图书发布了首批"国家图书馆文津领读人"名单，他们将发挥自己的专业优势和领域影响力，带动全国更多读者参与阅读、爱上阅读。相应的，深度、持续的图书推介内容的制作和网络发布的优势也逐渐展现。通过抖音、今日头条等平台转播发布仪式，以及邀请评委、文津图书作者参与录制推荐短视频，相关视频播放量超过 1450 万次。

第 19 届

在全国超过 500 家图书馆进行联合推广，设立文津书架

评选过程更加科学化、规范化

文津系列阅读推广活动在中央民族大学启动   文津图书与南京图书馆等合作举办
"南京行"文津图书推广活动

　　在智能报送系统的平稳运行下，出版社、图书馆的推荐渠道更加便利。第19届共收到参评图书2495种，参与推荐的出版机构314家，较上一届增长41%。此外，全国640家各级各类图书馆参与联合推广，业界影响力不断扩大。文津图书的发布渠道、推广渠道逐渐趋于成熟，范围遍及全国各地。策划推出"文津系列阅读推广活动进校园"，与中央民族大学、中国传媒大学、中央戏剧学院等高校合作，举办系列阅读推广活动，丰富校园阅读生活。

阅读的力量

——文津图书奖二十年回顾

秘书处

今年，文津图书奖迎来了其意义非凡的第二十年，这二十年的历程，是文化坚守的见证，是知识传播的旅程。多年来，奖项重视专家的学术眼光，因为他们能洞察书籍背后的知识体系和学术价值；重视公众的声音，因为大众的阅读体验是衡量一本书是否具有普及性的重要标准。涵盖社科、科普、少儿等领域的 231 种获奖图书、827 种提名图书陪伴无数读者成长与蜕变。未来，文津图书奖将继续发挥其独特的作用，让更多的人在阅读中找到自我，在文字中感悟生命的真谛，让阅读的力量在岁月的流转中愈发熠熠生辉。

一、文津图书奖基本情况

1995 年，国际出版商协会提出"世界图书与版权日"的创意，联合国教科文组织将 4 月 23 日确定为"世界读书日"。此后每年有很多国家和地区的文化机构，包括图书馆在内，会在这一天前后开展形态多样的阅读活动。1997 年 1 月，中央宣传部、原文化部、国家教委、国家科委、广播影视部、新闻出版署、全国总工会、共青团中央、全国妇联九个部委共同发出了《关于在全国组织实施"知识工程"的通知》，提出了实施"倡导全民读书，建设阅读社会"的"知识工程"。这是以发展图书馆事业为手段，以倡导读书、传播知识、推动社会文明与进步为目的的一项社会文化系统工程。2004 年，"全国知识工程领导小组"将每年的"全民读书月"活动交由中国图书馆学会承办。同年 4 月 23 日上午 10 时，在国家图书馆前的文津广场，举行了"全民阅读"徽标揭牌暨经典美文百人接力朗读会活动，全国政协副主席、中国科协副主席王选，原文化部有关领导、联合国教科文组织北京办事处文化官员、著名作家、艺术家和知名人士及 800 余名各界群众参加了本次活动。中国图书馆学会在接下来的一年中，陆续举办了朗读会、评选"我最喜爱的一本书"、"中国文化风"系列讲座等活动，全面落实"全民阅读"系统工程。

在此背景下，国家图书馆开始策划文津图书奖的相关工作，同年 8 月份起草修订评奖办法、参评图书著作权许可使用协议等。11 月份致函各出版社，接受推荐图书。同年 12 月 22 日，在国家图书馆文津厅举行了"国家图书馆文津图书奖""文津读书沙龙"启动仪式及座谈会，国家图书馆文津图书奖组委会及专家评审委员会正式成立。时任国家图书馆馆长詹福瑞担任组委会主任，国家图书馆名誉馆长任继愈、中国作协副主席王蒙担任评委会主任。《人民日报》《光明日报》《北京日报》等各大媒体以"国图为营造读书气氛启动'文津图书奖'""国图启动'文津图书奖'意在打造'书香社会'"等为题进行了报道。

至此文津图书奖正式创立并启动评选工作，于 2005 年 12 月评选并公布第 1 届获奖及推荐图书名单。文津图书奖的创办始于更好地履行图书馆文化传播和社会教育的职能，体现了一代又一代知识分子的担当与责任。任继愈先生为文津图书奖题字，并和王蒙先生一起为其编写寄语，表达了对文津图书奖引导大众阅读、传递正能量、弘扬优秀文化、推动全民阅读的期望。

文津图书奖采用《簸扬图》为标识，有"读书如稼穑，勤耕致丰饶"之意。奖项命名为"文津"，不仅缘起于国家图书馆四大专藏之一的"文津阁《四库全书》"，也寓意"文化津梁"，彰显了图书馆作为传承文化的桥梁，为促进作者、出版者和读者之间的良性互动发挥积极作用的使命。

不同于国内其他图书奖项，文津图书奖的评选范围基本定位在非虚构类图书（少儿类除外）。参评图书分为社科类、科普类和少儿类三类，侧重于能够传播知识、陶冶情操，提高公众人文与科学素养的非虚构类（少儿类除外）普及性图书。评选范围是上一年度 1 月 1 日至 12 月 31 日（以版权页记载时间为准），由国家出版行政管理部门批准成立的出版机构在国内正式出版、公开发行（包括限国内发行）的中文版图书，不包括重印本和已获过文津图书奖的再版图书。每家出版机构可推荐 1—5 种，并需要寄送每种 1 册（套）样书。获奖和提名图书样书在评选后用于发布和推广，其他样书按照缴存原则纳入馆藏。

目前，文津图书奖评委会由国家图书馆聘请馆内外专家、学者组成，各级各类图书馆作为联合评审单位参与评审工作。从第 5 届评选开始实施联合评审制度，全国各级各类图书馆登录文津图书奖官网（wenjin.nlc.cn）注册后，即可参与图书推荐和初评工作。对于个别推荐图书质量高、提交的初评结果与最终评选结果重合度高的联合评审单位，组委会秘书处也会通过国家图书馆官方渠道进行通报表彰。随着文津图书奖在图书馆界影响力的逐年扩大，联合评审单位数量也呈逐年上升趋势。

从第 1 届成立评委会开始，评委共计 13 人，其中不乏知名作家与书评人。从第 7 届评选开始分为三个类别进行评选，同时分为初评和终评两个阶段进行，评委也随之进行专业分类，并在人数上有了大幅度增长。从第 17 届评选开始，组建专家委员会，以动态抽签和轮值的方式选择评委。目前每一届评选过程中，大约有初评评委 25 人，终评评委 25 人，评委专业类别几乎涵盖绝大多数学科领域。评选相关工作办法等文件的出台，使得整个评选过程严谨规范，能够对图书质量做出定量和定性的评价，经过出版界和行业协会的同行评价后，再通过图书馆的实际使用数据和网络评价数据进行社会评价，尽可能保证了所评选出的图书质量。

文津图书奖的评选需要经过报送（每年的 11—12 月份）、初评（次年 1 月份）、审读（次年 2 月份）、终评（次年 3 月份）、发布（次年 4 月份）五个阶段。

评委们坚持以习近平新时代中国特色社会主义思想为指导，从参评图书的主题内容、价值导向、阅读感受、写作体例、业界评价、出版质量、艺术装帧、市场定价等角度出发，严格按照原则、标准和程序客观公正来开展工作。其中，审读阶段由来自全国各级各类图书馆的专业学科审读员参与，并结合本馆的借阅数据和读者评价形成审读报告，提交评委会作为评选参考。

入围终评阶段的图书总共 100 种左右。通过社会投票与专家评审相结合的方式，选出获奖图书 20 种和推荐（提名）图书 60 种（均可空缺），确保评选出的图书能够真正地走进大众的阅读生活，成为人们精神世界的宝贵财富。奖项在世界读书日前后揭晓评选结果。

随着我国出版行业的不断发展，文津图书奖的评选工作也在时代的变化中不断进行调整和完善，章程的内容随之改变。从第 1 届至今，前后共有七次调整和变化，总体来说体现在两个方面：一是不断规范和明确了参评图书的范围；二是获奖图书和提名图书的数量随着每年出版物的数量和报送参评图书数量逐渐增加，这也反映了我国出版市场的蓬勃发展之势。组委会秘书处在近几年也加强了和出版社的交流与沟通，每年进行走访和调研，并举办座谈会，以此不断完善评选相关的章程和规定，夯实阅读引领作用。

二、文津图书奖发展历程

（一）起步阶段：第 1 届至第 6 届（2004—2010 年）

第一阶段是文津图书奖的建立初期，各方面的工作发展都处于磨合与新生阶段，评选流程和标准在不断探索和完善中，比如在第 1、2、3、6 届都针对章程内容做出了调整。国家图书馆业务管理处（现为国家图书馆研究院）负责相关评选和发布工作，评委会成员固定在 11—13 人之间，评选过程分为初评与终评。除第 2 届文津图书奖在 2007 年 4 月 23 日世界读书日发布以外，其他均在每年年底进行发布（12 月 22 日—12 月 28 日之间）。从第 5 届开始，评选启用联合评审制度，首都图书馆、广东省立中山图书馆、湖北省图书馆、吉林省图书馆、四川省图书馆、苏州图书馆和东莞图书馆成为第一批 7 家联合评审单位。参评图书总量呈逐年上升趋势。

值得一提的是，在第 5 届评选工作启动前，国家图书馆于 2009 年 4 月 23 日举办了第 138 期文津读书沙龙活动，时任国务院总理温家宝参加活动并谈了自己的读书体会，他说："今天是'世界读书日'，大家通过读书和举办讲座等形式开展活动，这对于推动全民族养成读书的良好习惯，提倡读书好、好读书、读好书将起到促进作用。""书籍是不能改变世界的，但读书可以改变人，人是可以改变世界的。读书可以给人智慧，可以使人勇敢，可以让人温暖。"

同年 11 月 2 日，由中宣部、中央文明办、新闻出版总署在深圳召开"全民阅读活动经验交流会"，此次活动是中央宣传部和新闻出版总署贯彻落实党的十六大关于建设学习型社会要求，也是认真学习贯彻党的十七届四中全会精神的重要措施。会上表彰了全国 64 家全民阅读活动先进单位和 36 个优秀项目，"国家图书馆文津图书奖及其文津读书沙龙"荣膺"全民阅读活动优秀项目奖"。

（二）发展阶段：第 7 届至第 14 届（2011—2019 年）

第二阶段是文津图书奖发展期。随着时间的推移，文津图书奖的评选流程和标准日益完善，知名度和影响力逐渐扩大，社会公众的参与度不断提高。这一阶段，文津图书奖评选出了许多优秀的图书，更加注重图书的思想性、知识性和普及性，这些图书在社会上引起了广泛的关注和好评。

从第 7 届评选开始，对章程进行了较大调整：《文津图书奖评选办法》正式更名为《文津图书奖章程》，分为社会科学类、科普类和少儿类三大类别进行评选，评委会人员增加至 17 人，推荐图书数量提升至 60 种（可空缺）。少儿类图书作为单独一类在第 7 届评选中出现，也凸显了国家图书馆希望在青少年阅读方面进行引领并加强指导的初衷。

从第 10 届评选开始，对初评环节进行了较大调整：增补了媒体评审和阅读推广人进入初评团队，如《新京报书评周刊》、豆瓣读书、中国教育报刊社全媒体中心等；新设了初评讨论会环节，提高了评审质量。

从第 14 届评选开始，将初评评委纳入评委会，评委会人数增至
40 人左右。在这一时期，参评图书逐年稳步增长，至第 14 届已经达
到 1874 种。

（三）提升阶段：第 15 届至今（2020 年至今）

第三阶段是文津图书奖的提升期。在这一阶段，评选更加科学、
公正、严格，评选结果的权威性和影响力不断提高。文津图书奖调整
评审和推广模式，通过数字化技术，高效率收集、整理相关评审信
息，搭建智能报送平台。组委会在第 15 届和第 19 届评选工作中对章
程进行了调整，获奖图书数量提升至 20 种（可空缺），推荐图书更名
为提名图书，进一步扩大了推荐阅读的图书数量，并在奖项命名上更
为突出荣誉感；在评选环节上，进一步扩大了评委队伍，采用轮值制
进行评审，参与评选的初评、终评评委数量增至 50 多人；初、终评阶
段都分为三大类别进行，工作更为科学细致；制定了《文津图书奖评
审细则》和《文津图书奖评委工作办法》，为评委科学决策提供了可
靠的依据，避免了评审过程中的主观性和随意性；同时组建专业的审
读员队伍，采取交叉审读的方式，为图书评审做好审读保障，招募了
一大批来自不同单位、拥有专业学科背景的审读员，并定期举办审读
员培训，为评委决策提供有益支持。

这一阶段中，第 17 届文津图书奖共有 252 家出版社参与评选，
实现连续十六年正增长。征集有效参评图书 2212 种，较上一年度增
长 16%，较第 15 届增长近 30%。2023 年，全国各地参与文津图书奖
的联合推广单位已达 566 家，线下专题展览观众人次超 409 万，线上
专题浏览量超 198 万，在各级各类图书馆设立文津书架 1134 架。至
2024 年第 19 届文津图书奖的评选，参与评选的出版社数量已达到
314 家，参评图书已达 2495 种，相较第 1 届扩充了近 7 倍。借助中国
图书馆学会平台开展推广，截至 2024 年 10 月底，全国共有 600 家图
书馆参与第 19 届文津图书奖的推广，较上届增加 14.7%，品牌影响
力进一步扩大。

此外，第 19 届设计并注册文津图书奖专属标识、商标，授权出
版机构在获奖和提名图书上加印带有文津图书奖标识的图案，保护知

识产权的同时，提升专业形象，增强品牌识别度和市场竞争力。同时，依托奖项举办的阅读推广活动也更加丰富多彩，不仅在图书馆内举办，还走进了学校、社区、书店等场所，进一步扩大了奖项的社会影响力。组委会还加强与新媒体的合作，通过网络直播、短视频等形式，将优秀的图书推荐给更多的读者。

三、文津图书奖二十年来发挥的作用

（一）引导力：提高公众阅读素养，培育阅读风尚

在文津图书奖的影响下，越来越多的人开始重视阅读，将阅读作为一种生活方式和精神追求，全社会形成了"爱读书、读好书、善读书"的良好氛围。这种全民阅读的氛围对于提高国民素质、促进社会和谐发展具有重要的意义。

引导读者阅读选择，提高阅读素养。在信息爆炸、书籍琳琅满目的当下，读者往往面临着选择困难。而文津图书奖每年评选出的获奖图书和推荐图书，犹如一盏盏明灯，为读者照亮了阅读的道路。通过文津图书奖的推荐，读者能更高效地筛选优质图书，避免在海量的书籍中盲目摸索，节省了时间和精力，同时也提高了阅读的质量。经过专家评审和社会投票共同筛选出来的图书，涵盖了社科、科普、少儿等领域，无论是关注学术前沿的专业人士，还是渴望获取知识的普通大众，抑或处于成长期的少年儿童，都能从中找到适合自己的精神食粮。

引领社会价值观，培育阅读风尚。文津图书奖所评选出的图书，不仅具有较高的学术价值和艺术价值，还蕴含着积极向上的社会价值观。这些图书通过生动的故事、深刻的理论和丰富的知识，传递着正确的世界观、人生观和价值观，对读者的思想观念和行为方式产生着潜移默化的影响。例如，一些关注社会现实、探讨人性善恶的图书，能够引导读者关注社会问题，培养读者的社会责任感和正义感；一些讲述奋斗历程、励志成长的图书，能够激励读者积极进取、勇于拼搏，追求自己的梦想和人生价值。文津图书奖通过对这些优秀图书的推荐和传播，在全社会范围内塑造和引领了积极健康的社会价值观，

为社会的发展提供了强大的精神动力和智力支持。为了通过榜样的力量，引领全民阅读新风尚，文津图书奖从第18届开始，特别邀请中国科学院院士、地质学家刘嘉麒，中国社会科学院哲学研究所研究员、作家周国平，北京语言大学人文学院教授、作家梁晓声，儿童阅读推广人阿甲，中国政法大学教授罗翔，北京电视台主持人春妮，中国传媒大学动画与数字艺术学院院长王雷，凯叔讲故事创始人王凯等担任"国家图书馆文津领读人"。他们以书为舟，以读为楫，影响更多人参与阅读，爱上阅读，让更多人看见阅读的力量，看见文津图书奖的力量。

（二）公信力：挖掘优秀图书资源，推动行业发展

文津图书奖的初衷就是为促进作者、出版者和读者之间的良性互动发挥积极使命。奖项为优秀的作者提供了一个展示自己作品的平台，激励着作者们创作出更多更好的作品，为文化事业的发展贡献力量。同时，文津图书奖也促进了图书馆和出版行业的良性发展。

增强图书馆凝聚力，深化服务内容。奖项是图书馆界共同参与和推动的重要奖项，它在全国范围内将各级各类图书馆联系在一起。在评选过程中，图书馆之间相互协作、共享资源和经验，促进了图书馆行业内部的交流与合作，增强了行业的凝聚力。一方面，文津图书奖为图书馆的馆藏资源建设提供了重要指引。获奖图书和提名图书因其高质量和广泛的社会认可度，成为图书馆采购的重点对象。图书馆通过积极纳入这些优秀图书，优化了馆藏结构，使藏书更加符合读者的阅读需求和文化发展趋势。另一方面，图书馆以文津图书奖为依托，举办各类读书分享会、讲座、展览等活动，引导读者深入阅读和思考，为读者提供了更多元化的文化体验和知识获取途径。这些活动增强了图书馆与读者之间的互动，使图书馆从传统的图书借阅场所转变为文化交流和知识传播的中心，满足了读者对高品质文化服务的需求。比如联合南京图书馆、南京江北图书馆、南京红山森林动物园、南京新闻综合广播、中国林业出版社等，举办"文津图书奖南京行"活动，邀请获奖作者举办讲座沙龙，配合主题书单推荐和阅读之旅，吸引近300名读者亲临现场，线上直播观看用户达35余万人次。

提高出版行业积极性，刺激良性发展。对于出版社来说，获得文津图书奖是一种极高的荣誉和认可。这不仅能够提升出版社的品牌形象和知名度，还能为其带来良好的经济效益。出版社为了能够推出有竞争力的图书参与评选，会更加注重图书的内容质量、编辑水平和装帧设计等方面，从而推动整个出版行业不断提高图书的出版质量。这种良性竞争的氛围促使出版行业不断涌现出更多优秀的图书作品，推动了出版行业的繁荣发展。例如，一些原本不太知名的出版社，因为其出版的图书获得了文津图书奖，从而在行业内崭露头角，获得了更多的关注和发展机会。近年来，为了在变动不居的市场环境中谋划共同的发展空间，共建宣传矩阵。2022年，文津图书奖还邀请生活·读书·新知三联书店、中信出版社、广西师范大学出版社等30余家出版社，就进一步提升参评、评选和图书推广方面的工作进行了深度交流。

（三）传播力：加大品牌推广力度，实现立体传播

作为一项旨在深耕文化传承、推广阅读文化、表彰优秀出版物的重量级奖项，文津图书奖近年来不断探索与创新，致力于搭建一个覆盖广泛、深度融合的全媒体传播体系。这一体系充分利用了传统媒体与新兴媒体的各自优势，通过电视、广播、报纸等传统媒体渠道的权威发布，结合互联网、社交媒体、移动应用等新媒体平台的即时互动与广泛传播，实现了信息的多维度、立体化传播。

立足自有平台，打造多渠道宣传矩阵。文津图书奖在官方微博、微信、抖音等新媒体平台及文津图书奖专题网站发布推广资源。在文津图书奖官网，提供历届获奖及提名图书书评、在线阅读等数字资源，读者可根据需求进行选择。依托奖项打造的阅读主题讲座文津读书沙龙，邀请获奖图书的作者、相关学者录制视频，各地图书馆或文化机构可在网站免费下载、转载。联合作者、出版机构共同录制"国图公开课·读书推荐""馆员荐书"等节目，以线上线下相结合的方式，在全国范围内开展线下巡讲活动，联合全国各级各类图书馆进行线上讲座推送。在微博、微信设置"文津好书"专栏，全年度不间断推广文津图书奖的获奖图书。通过抖音"国图视听 方寸大观"账号

全年发布文津图书奖历届图书推荐视频。

整合存量资源，积极拓展第三方平台。通过与阅文集团、豆瓣网、今日头条、抖音等平台开展深度合作，构建多介质、多形态、立体化的媒体矩阵，提升传播力。国家图书馆每年打造阅读盛典，举办世界读日特别活动发布文津图书奖评选结果。在发布周期邀请近百家媒体进行报道，多家媒体进行全程同步在线直播，并与媒体进行后续的深度节目制作和共建节目宣传。第16届文津图书奖与豆瓣网合作推出"共振书评周"活动，网友从当届获奖书单中选择心仪的书目撰写书评并分享，奖项得以通过网络和读者共振、共读。多年来联合阅文集团在QQ阅读、微信读书平台设置专区，提供部分获奖和推荐图书的限时免费阅读。

（四）影响力：联合社会力量，拓展品牌效应

作为服务全民阅读的重要品牌，奖项试图扩大社会效益，联合社会力量共同推进公共文化事业，与学校、社区、企事业单位、媒体、出版社等，建立互信、互通的工作机制。

注重跨界联动，创新服务方式，满足多元文化需求。奖项围绕获奖图书资源开发相关出版物，2015年出版《又见文津》，2018年出版《文津重读》等图书。2014年国家图书馆联合出版界、播音主持界、中国盲文出版社等推出"文津听书"公益活动，经由10位获奖图书作者捐赠版权、多位播音名家演绎，制作成"文津听书"系列有声读物，捐赠给中国盲文图书馆，并线上向社会提供服务。2015年以来，国家图书馆和北京京港地铁有限公司形成社会合力，联手推出依托文津图书奖的公益项目"M地铁·图书馆"，将阅读文化引入地铁，引入乘客的日常生活，至今已推出"我们的文字""文津十年""群星闪耀·经典同行"等三十二期主题活动，为乘客提供多主题的阅读选择。积极参加各类书展、科幻大会等展会，依托云计算、虚拟现实、人工智能的技术，通过互动小游戏和小程序等助力阅读展示，展出文津图书奖历届获奖和提名图书，吸引参观者了解优秀的获奖作品，体验别样的阅读乐趣，扩大了品牌的影响力。

以文塑旅，以旅彰文，不断探索文旅深度融合。奖项创立之初，

成长

即邀请获奖图书《营国匠意——古都北京的规划建设及其文化渊源》的作者朱祖希，带领民众开展"重走北京中轴线"的研学之旅。近年来，更进一步探索创新性文化服务的可能，以"公园＋阅读＋传统文化"的新模式，与北京市公园管理中心开展多项合作。2019年以来，奖项与北京国图书店有限公司合作，精选历届获奖及推荐图书，设置文津书架，在紫竹院公园友贤山馆、颐和园霁清轩展出，营造了山水人文相结合的文化空间。2021年，文津图书奖积极"走出去"，创新服务方式，让颁奖典礼走出国图，在颐和园举办"行走在阅读的时空里——第十六届文津图书奖发布暨北京公园阅读文化季启动活动"，让阅读走出传统书斋和图书馆，让读者既感受园林的书香韵味，又体味历史之美、思辨之美、阅读之美，满足用户多层次、多场景、多元化的内容需求。

重视公益事业，推动学校教育与社会教育的协同发展。文津图书奖不仅通过公益捐赠的方式，向中西部地区等捐赠文津书架和相关图书，开展阅读推广公益事业，还通过加强与学校之间的馆校合作，拓展线下推广空间，推动学校教育和社会教育的协同发展，助力学生们的全面发展。2019年，文津图书奖通过深挖获奖及提名图书书单资源，开启与北京市海淀区紫竹院学区管理中心的深度合作，联手打造了"阅文津 品经典"学区阅读项目，开设"家长阅读大讲堂"，产品涵盖在线阅读资源、学生学习手册、教师指导手册等，在加强宣传推广的同时，扩大了品牌在中小学校中的影响力，同时为做好青少年阅读反馈及调研打下了良好的基础，使文津图书奖的经典书目走入家庭教育。2024年联合教育委员会、中央民族大学、中国传媒大学、中央戏剧学院等机构，整合优质阅读资源，策划举办"文津系列阅读推广活动进校园"，通过组织文津图书展览、文津主题书单推荐、集章打卡、阅读挑战、短视频征集等活动，激发大学生的阅读兴趣。

文津图书奖二十载，如同一颗璀璨的文化星辰，在阅读的浩瀚星空中闪耀着独特光芒。它以引导力启迪民智，让阅读成为社会风尚的坐标；以公信力助力文化产业蓬勃发展，为作者、出版社、读者与图书馆搭建起坚实桥梁；以传播力构建全媒体矩阵，使阅读文化如春风化雨般渗透各个角落；以影响力联合各界力量，探索文旅融合新路径，关注公益教育事业，让阅读的魅力在多元场景中绽放。它不仅是优秀图书的荣誉殿堂，更是推动全民阅读、传承文化的强劲引擎。相信在未来的发展中，文津图书奖将继续秉持初心，在文化传承与创新的道路上砥砺前行，为推动全民阅读、建设文化强国做出更大的贡献。

文津图书，永不落幕的智慧盛宴

廖永霞

　　二十年前，一位睿智的老人给我们讲了一段关于读书的话。他说："我国唐以前，一个博学的学者，可以读尽天下的书。宋代有了印刷，再博学的学者，穷毕生之力也读不完所有的书。""古人说'开卷有益'，今天要有选择地对待了。青少年辨别力不强，读了一本坏书，可能对他不但无益，反而受害。""图书馆是一个面向广大社会公众服务的公益场所，我们有责任向读者推荐好书。尽量使益于社会的书得到推广，才能造福社会，有益于读者。这是大家共同的目的。我们希望举办图书奖能够对我国文化建设尽一份绵薄力量。"

　　二十年来，文津图书奖怀揣着这位老人的嘱托，在评委、作者、读者的细心呵护下，茁壮成长，逐渐长成了一棵参天大树。虽然我与文津奖的结缘起始于 2014 年，遗憾缺失了前八届的评选，但这十年来亲身参与评选推广的经历，每年春分前后召开终评会，现场聆听评委们的讨论与争辩，每年 4 月 23 日揭晓书单，见证作者们的激动与喜悦，对我来说都是一次心灵的洗礼，让我切身感受到文津图书评选"纯粹、干净"的品格，这种幸福感和满足感一直循环往复，充满了力量，作为图书馆人的职业使命感油然而生。文化津梁，步履不停。在第 20 届文津图书奖即将揭晓之际，想对当年讲故事的老人，我们尊敬的老馆长，文津图书奖的创始人任继愈先生说：文津图书每年如约而至，已经成为"国图引领、全国图书馆界积极参与、出版界百舸争流、读者翘首期盼、媒体竞相关注"的文化盛宴，在写书人、出书人、读书人之间架起沟通桥梁的愿望正在变成现实。

每每回溯二十年来的文津书单，总会令人心潮澎湃，从数百万种新书中遴选出的 200 余种好书，犹如沙里淘金，每一种都是一笔精神财富。我们从《B 模式：拯救地球 延续文明》《未来世界的 100 种变化》《世界是平的》《没有我们的世界》《简明新全球史》《落脚城市：最后的人类大迁移与我们的未来》《大数据时代：生活、工作与思维的大变革》《气候赌场：全球变暖的风险、不确定性与经济学》窥见人类迈入 21 世纪以来时代发展的脉络，尤其环球同此凉热下的世界正经历的百年未有之大变局，构建人类命运共同体理念已渐成国际共识；我们从《城记》《当中医遇上西医：历史与省思》《中国教育公平的理想与现实》《医事：关于医的隐情与智慧》《网民的狂欢：关于互联网弊端的反思》《蚁族：大学毕业生聚居村实录》《寻路中国：从乡村到工厂的自驾之旅》《重启改革议程——中国经济改革二十讲》《群体性孤独：为什么我们对科技期待更多，对彼此却不能更亲密？》《大国大城：当代中国的统一、发展与平衡》《教育问题探津》《医学的温度》《破天机：基因编辑的惊人力量》《法治的细节》《置身事内：中国政府与经济发展》发现每个当下社会争论的焦点、民众热议的话题，即使书中没有确切的答案，也能引导大众理性思考并启发建设性意见的提出；我们从《万古江河：中国历史文化的转折与开展》《中华文明史》《中国古代物质文化》《老子绎读》《中国文化的根本精神》《中华传统文化百部经典》《汉字与中华文化十讲》《胡天汉月映西洋：丝路沧桑三千年》《中国古代机械复原研究》《中国人的音乐》中与古代先贤来一场穿越时空的对话，探寻中华传统文化的亘古魅力，从历史的维度去寻求解决今天问题的方法路径并指导未来，以文化精神之光照亮中华民族伟大复兴之路；我们从《丧钟为谁而鸣——远东国际军事法庭审判纪实》《1860：圆明园大劫难》《中国近代史：1600—2000 中国的奋斗》《1944：松山战役笔记》《火种：寻找中国复兴之路》《红船启航》《走近最可爱的人：李蕤赴朝家书日记》中重温那一段段不能忘却的记忆，致敬那些最可爱的人，引导读者珍惜和守护今天来之不易的和平和安定生活；我们从《走到人生边上——自问自答》《风风雨雨一百年：一位世纪老人的记忆与珍藏》《吴冠中画作诞生记》《拾贝集》《资中筠自选集》《许渊冲百岁自述》的讲述中体味数位耄耋老人在生命的最后时光写下的醒世警言和思想光芒；我们从《基因组：人种自传23章》《改变世界的方程——牛顿、爱因斯坦和相对论》《上帝掷骰子吗：量子物理史话》《追星：关于天文、历史、艺术与宗教的传奇》《DNA：生命的秘密》《信息简史》《人类简史：从动物到上帝》《征程：从鱼到人的生命之旅》《星际穿越》《大国重器：图说当代中国重大科技成果》《十问：霍金沉思录》《深海浅说》《颠覆：迎接第二次量子革命》《大脑传》《计算》《活力地球》中发现科学的旅程，激发青少年探寻未知的兴趣……还有好多好多，历数下来，文津书单已不仅仅是一份书单，这里既有对古老中国的经典探源，又有对当下中国的严肃反思；既有大家巨擘思想精髓的和盘托出，又有兼具国际视野的中青年学者最新的观察；这里既有众多优秀的本土原创作品，又不乏融时代性和前沿性于一体的翻译力作；既有提高人文素养的社科类书籍，又有倡导科学精神的科普类图书。我们希望读者能从中感受思想的美丽，完成人格的塑造、知识的积累、思考的养成，进而引导读者的审美取向，培养良好的阅读习惯。

全国政协副主席，文津图书奖原评委会副主任朱永新曾说，"一个人的精神发育史就是他的阅读史"，如果有幸跟随这份文津书单去探寻过去二十年的中国出版版图，无疑是令人欣喜的。我们从阅读中观察，在沉默中等待，于思考中醒来，随行动而释然。这个世界会好的！这是文津书单一直以来传导的价值理念，引人向善、催人奋进，也是图书馆从诞生之初就承载的历史使命，让人们即使在最无助的时候也能把图书馆当成心灵的港湾和灵魂的庇护所，在这里获得阅读的力量和直面生活的勇气。

图书馆是人类的集体记忆库，是人性的备忘录，这里不仅存储着实体的典籍，更守护着古圣先贤的思想智慧和时代催生的新知卓见，它们就像天上闪耀的群星一直照亮着我们前行的方向。而每年从数十万种出版物中脱颖而出的文津图书，则是我们在世界读书日送给读者最真挚的礼物。一场永不落幕的智慧盛宴，为了让它经得起时间的考验，我们会一直努力下去。

文津二十载，书香更宜人

李　楠

在岁月的长河中，文津图书奖如同一颗璀璨的明珠，静静地躺在时间的河床上，散发着智慧的光芒。"书卷多情似故人，晨昏忧乐每相亲。"二十年，对于一个人来说，是青春的沉淀；对于一个奖项来说，则是文化的积累和传承。

作为文津图书奖组委会秘书处的负责人，回望过去，我从第 17 届开始接触文津图书奖，如同陪伴自己的孩童般，陪他走过 18、19 届，马上迎来 20 届。3 届，3 年，看着自己全心付出的这个奖项，从成年走向成熟。第 17 届文津图书奖发布，我们走入颐和园，在行走的空间里推广阅读，让书香融入花香；第 18 届，我们从完善制度、补充调整评委专家团队、扩大审读员队伍、推进品牌化建设等多个方面对文津图书奖的评审和推广进行了全面提升，获奖及推荐图书质量又向前迈进一大步，获得了社会各界的广泛好评；第 19 届，文津图书奖带着院士、获奖作者、评委，出北京，进地方，入校园，联合地方图书馆、出版社、大中小学，开展了形式多样、内容丰富的阅读推广活动，社会影响力和美誉度进一步提升。

"风起于青萍之末，浪成于微澜之间。"二十年来，文津图书奖以其引领之力，激起了全民阅读的浪潮，成为推动文化发展的一股清流。站在文津图书奖 20 周年的门槛上，我们满怀憧憬地展望未来，期待这个奖项能够继续在文化的天空中熠熠生辉，成为连接过去与未来、传统与现代、知识与智慧的桥梁。

1.继续做文化传承的灯塔，阅读推广的先锋

文津图书奖将继续作为文化传承的灯塔，照亮知识的航道，引领读者在书海中航行，继续坚守"推荐好书、推广好书、造福社会"的初心，秉持"公平、公正、公开"的评选原则，发掘出那些能够启迪思想、丰富灵魂、传承文化的书籍，让它们在读者的心中生根发芽，开出思想的花朵。同时，探索更多创新的阅读推广方式，以适应时代的发展和读者的需求。

2.搭建文化交流平台，构建智慧共享的社区

文津图书奖将进一步加强与国内外文化机构的合作，成为促进中外文化交流的平台，传播中国声音，讲好中国故事，让世界了解中国。通过线上线下相结合的形式，文津图书奖将构建一个智慧共享的社区，让作者、读者、出版者和图书馆员能够在这里碰撞思想，汇聚智慧。我们希望通过这个平台，让文津图书奖的影响力如同涟漪一般，扩散到社会的每一个角落。

3.融合科技创新，推动可持续发展

在这个数字时代，文津图书奖将拥抱新技术，利用大数据、人工智能等现代科技手段，进一步提高评选的效率，同时也为读者提供更加个性化的阅读推荐，希望能够让文津图书奖更加贴近读者，更加具有时代感。我们希望能够用新媒体和新技术，让文津图书奖的光辉，照亮每一个热爱阅读的灵魂。

4.加强跨界合作，做公共文化服务的典范

文津图书奖将继续加强与图书馆界、出版界、教育界和企业界的合作，通过举办丰富多彩的阅读推广活动，激发社会各界人士的阅读兴趣，不断提高服务效能，让更多人认识阅读的重要性，参与到阅读中来。从多个方面提升公共图书馆的服务水平，丰富公众的文化生活。

"书中自有黄金屋，书中自有颜如玉。文津宝库藏珍奇，文化光辉满人间。"在未来的岁月里，愿文津图书奖继续以其独特的魅力和价值，激发人们的阅读热情，丰富人们的精神世界，为建设一个更加

文明、智慧、和谐的社会贡献力量。衷心感谢所有支持和参与文津图书奖的个人和机构，正是因为有了你们的支持，文津图书奖才能不断成长。希望文津图书奖能继续得到大家的关注和支持，让我们共同见证文津图书奖的下一个辉煌二十年。

俯身遇童书，文津护成长

陈慧娜

　　进入 21 世纪以来，童书的出版迎来了"黄金十年"。我们欣喜地看到，一批批优秀的创作者纷纷拿起手中的笔，开始致力于儿童文学创作，一部部精彩卓越的儿童读物不断涌现。童书出版市场的极大丰富，为儿童阅读推广的迅速发展提供了物质保障。今天的少年儿童面对阅读，拥有了更加多元化的选择。

　　然而，在欣喜的同时，面对海量的儿童读物，我们也不得不承认，儿童读物品质参差不齐，同质化、成人化等问题渐显。如何帮助少年儿童选择适合阅读的书籍成为当下亟待解决的问题。

　　2004 年，国家图书馆正式推出了文津图书奖这一图书评选项目。2005 年，首届文津图书奖获奖图书名单中就出现了儿童读物《我的野生动物朋友》《游戏中的科学》。2012 年，少儿类图书正式作为文津图书奖的其中一个重要组成部分出现。变化的是奖项设置，不变的是初心。作为文津图书奖少儿类的评审参与者，每一次的童书审读过程都是一次难得的思想碰撞。在童书中，我们欣喜地看到越来越多的创作者愿意俯下身子，不再居高临下，而是平等地与儿童交谈。透过童书，我们看到一个个鲜活的生命，他们如此纯净，如此善良，如此坚强。

　　奖项审读环节的严谨也是深深打动我的一个重要部分。可以说，"公平、公正、公开"体现在评审的每一个环节中。讨论环节，每位参会者都会畅所欲言，毫无保留地交流彼此意见，使得最终的推荐书目拥有更强的生命力；推荐内容的全覆盖，使得推荐图书更具适用性；内容上的平衡兼顾使得推荐图书更具广泛性。

为了使更多的孩子可以更好地理解童书内容，项目组还专门有针对性地开展了丰富多彩的阅读推广活动。文学创作者深入浅出地解读，图书馆员灵活多样的故事讲读，科普专家贴近生活的科普小实验……每一场互动都是精彩纷呈的瞬间，每一次遇见都是与孩子相遇的最美时刻。望着孩子们一张张手写的感言，一个个热情洋溢的笑脸，身为阅读推广人的我们，幸福感油然而生。

文津图书奖，感谢有你！感恩遇见！

秘书处工作人员眼中的文津图书奖

秘书处

● **曹丽萍**

　　缘分真是妙不可言。13 年前，我生活中有了妈妈这个身份，工作中也多了个文津图书奖秘书处工作人员的身份，每年 4 月 22 日是我家孩子的生日，4 月 23 日就是文津图书奖发布的日子。热爱生活与热爱阅读同步，个人成长和工作发展同行。从此，每年春天我便有了一场与文津图书奖的美丽约会。每年那个时候正好都是文津图书奖最忙碌最关键的时期，我和秘书处其他同事一起全力以赴地为这个约会忙碌，参与组织推荐、初评、终评、发布等环节，一直等到 4 月 23 日评选结果发布，都是累并收获的日子。如今文津图书奖已经 20 岁了，正值芳华。一廿之间，时光如白驹过隙，回忆这段同行的日子，我很幸运因为文津图书奖，才能与那么多作者、读者相遇，与那么多好书邂逅，与那么多专家评委相识相交。期待文津图书奖芳华之后的精彩绽放，期待它成为我们每个人的文津图书奖，我们每一天的文津图书奖，成为永远充满勃勃生机的文津图书奖。

● **岳梦圆**

　　2015 年我成为一名图书馆员，第一份工作就是参与国家图书馆主办的第 10 届文津图书奖揭晓现场活动。从为获奖嘉宾递话筒的那一刻，我就与文津图书奖结下了不解之缘。对我个人而言，书籍陪伴我度过大量的时光，每当遇到各种工作和生活的摩擦，我总能从这些书籍中找寻到治愈烦恼的解药。幸运的是，我的工作离书籍这么近。在"为人找书、为书找人"的好书推荐工作中，我也一直在思考，如何更好地履行图书馆文化传播和社会教育的职能，该如何体现知识分子的担当与责任。

我想，文津图书奖将继续坚持公平、公正、公开的原则，评选出引导大众阅读的优秀图书，促进作者、读者、学者、出版者、图书馆之间的交流和沟通。未来继续策划丰富多彩的阅读推广活动，利用传统媒体与新兴媒体的优势，推动全民阅读，引领阅读生活方式。我希望通过这些书籍熨平大家生活中的褶皱，让每一个人更宽容地理解世界，也希望文津图书奖越办越好。

● 宁秋丹

2019年，我从信息技术部来到社会教育部，从那时起，我连续参与了第14届到第19届的评选和推广工作。作为文津图书奖组委会秘书处的一名"老员工"，有太多的感悟想来分享。对于图书馆员来说，在文津图书奖的评选过程中，能够集中阅读到大量当年的新书、好书，是一件非常幸福的事情。在评审阅览室里，每天都能看到部门领导、同事、其他部门的审读员、馆内和馆外的评委专家进进出出。每一本参评图书都会被大家捧在手里仔细翻阅、讨论。大家身份不同，年龄有老有少，阅读也有各自的口味和偏好，但有一点是共同的——我们都热爱阅读，渴望新知，认可文津图书奖的价值。

文津图书奖最能体现出图书馆"为人找书、为书找人"的重要使命。文津图书奖的评选就是"为人找书"，为读者从海量的新书中挑选出精品；文津图书奖的宣传推广就是"为书找人"，为这些优秀的图书找到适合阅读它们的读者。在这个追求短平快的时代，像文津图书奖这样认真对待每一本图书的奖项是多么珍贵。希望我们能一直守护住这份珍贵和纯粹。

● 刘文睿

我心中的文津图书奖，是一项享誉全国的优秀图书推荐活动，也是一个持续更新的服务系统：服务于全民阅读，致力于促进读者、作者、图书馆和出版社之间的良性互动。从系统层面来看，文津奖每年都在评选流程、组织机制和宣传推广等方面不断优化迭代，例如扩充评委队伍、鼓励原创图书、规范评审原则……无一不在追随"纯粹的图书奖项"这一初心，如评委寄语所说正在成为"文化长河上的济渡处"。从阅读推广角度而言，文津奖通过关注社会，用书籍传递关怀；在科学普及方面，积极发力，像春耕扬簸一样筛选精神食粮；还鼓励儿童读者将视线向更远的地方延伸，触碰更多的可能。

我参与文津图书奖的组织、宣传工作已有七年之久，回顾这段时光，忽然意识到我也常将文津奖视为一个立体且充满温度的"人"。她是读者的一座文化津梁，亦应是益友良师，包容、温柔、严谨、审慎。所以策划活动时，我总会从读者可能遇到的"困境"入手，考虑如何利用文津图书去帮助他们，每每有所收获。如今，文津奖已经走过二十个年头，希望她未来能如孩童般保有灵动的童心，如青年般保持对知识的敏锐，像中年人那样攀登高峰，又仿若老者有四两拨千斤的智慧。希望每个读者，翻开文津好书，都能读到让自己福至心灵的段落。

● 杜亚丽

今年是我参加工作的第三年，也是我认识文津图书奖的第三年。三年，在岁月的长河中不过是短暂一瞬。但这三年中甄选出的丰富书籍，却足以陪伴我们未来的漫漫岁月。

于我而言，这三年里，我接触了少儿类图书的斑斓天地，也领略了社科类图书的深邃领域。在此过程中，我看到奖项的评选流程从广泛征集各界推荐，到专业评委的初评、终评，每一个环节都凝聚着对文化的尊重和对知识的敬畏，也深切体悟到奖项背后所蕴含的价值坚守与深远意义。

于文津奖而言，这三年里，奖项通过形式多样、精彩纷呈的阅读推广活动，激发起大众对阅读的炽热兴趣。为了顺应时代浪潮，它积极借助直播、短视频等新媒体利器，捕捉大众的目光，收获广泛的关注与支持。

于这个时代而言，这三年是科技飞速发展、AI技术迭起的时期，新技术不断冲击着传统的阅读与认知模式，短视频如潮水般充斥着人们的生活。

但在信息碎片化的喧嚣中，评选能启迪人们深思的作品，始终如同一股清流，蕴含着无尽的力量。二十年来，文津图书奖始终坚持寻找一些经得起锤打和时间考验的价值与观念，让这些优秀的图书从书架上的个体，汇聚成一股推动全民阅读的强大力量，让更多的人感受到思想的启迪和知识的魅力。希望读者能感知到我们的执着与热忱，真切地领略到文津图书奖的力量。

● 高丽婕

2022年入馆以来，我第一次作为工作人员参与的是第18届文津图书奖，转眼间即将迎来第20届。文津图书奖一直致力于评选和推广优秀图书作品，力求选出真正有价值、有深度的作品，不断发掘出那些能够引领时代潮流、启迪人们思想的佳作。真正参与了文津图书奖的评选后，我才切身感受到每一本书背后所承载的知识重量与文化深度，这些书籍凝结了作者、出版者的心血，通过评委们专业、公正的评选来到公众面前。关于书籍有一句话我很喜欢，那就是"书是唯一可移动的山"。阅读同样需要我们每个人发扬"愚公移山"的精神，一字一句、一卷一本地将书中的智慧传递到我们的内心。人们常说，阅读是传承文明、提升自我、开阔视野的重要途径。希望文津图书奖的评选，能够激发更多人对阅读的热爱，推动全社会形成崇尚阅读的良好氛围。

● 张慧玉

和文津图书奖的第一次相遇是我作为2023届应届毕业生加入科组，成为文津奖秘书处的一分子。在对过去18年评选流程和结果了解后，开始了我与文津图书奖的初遇。

接手少儿类图书的负责人角色后，我仿佛踏入了一个五彩斑斓的童话世界，各式各样的优秀童书，跨越年龄界限，纷至沓来，令人目不暇接。面对这片浩瀚的书海，我不禁思索：如何从这么多书中筛选出孩子喜欢的优质好书呢？

评委们认真、负责、严谨的态度给了很好的答案。姬炤华老师给我留下了深刻的印象，他像是认真备课的老师，从阅览室开门就准时出现，一直默默看书到关门，与周围并没有什么交流，看上去是一个非常标准的"i人"，但当我主动询问有什么好书时，姬老师会很认真跟我分享哪本书会更好一些，从内容、画面、创意等很多方面分析考虑，细致入微地与我分享每本书的独到之处，让我见识到了什么是"为爱变e"。从前一年11—12月份启动开始各界图书推荐、初评、终评到最终发布，3个月的评选周期，评委专家们在书籍的海洋里淘宝，将更多优秀的图书送入大家的视野中。希望24岁的我可以和20岁的文津图书奖共同成长，一起成为更好的自己。

● 杨楠

我是如此幸运，在去年初入国家图书馆时，便与闻名已久的文津图书奖结下不解之缘。从最初协助处理些琐碎事务的懵懂与青涩，到如今荣幸地成为文津图书奖的一位工作人员，虽尚未全程亲历一届盛况，但已感受到它的独特魅力。

仅社科类自建书单的整理工作，就让我真真切切地感受到它的迷人之处。面对众多题材新颖且富有深意的榜单与主题，不由得感叹文津图书奖视野之开阔、涉猎之广泛、选书之独到，以至于每次踏入书店时，我都不由自主地在社科榜单前驻足，思考如何在名目繁多的作品中，把那些最新前沿理念、最具价值引领、最能震撼心灵、最有情感温度的好书挑选出来，呈现给广大读者。

虽然接触时间不长，但文津图书奖已悄然改变了我，让我这个曾经对阅读不太热衷的人，也逐渐爱上了在书海中遨游的感觉。对于有幸能够参与文津图书奖这一盛事，我深感荣幸，更期待与她心相知，长相守，携手走过下一个十年、二十年……

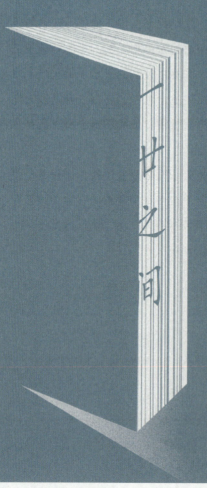

20

文津图书
20周年纪念文集

廿之间

第三章

繁花

世间好物不坚牢　彩云易散琉璃脆

——读《我们仨》有感

曹丹露

　　《我们仨》是钱钟书夫人杨绛撰写的一部关于家庭生活的回忆录。钱钟书和杨绛的独生女钱瑗于 1997 年离他们而去，次年钱钟书逝世。在爱侣逝世四年后，杨绛在 92 岁的高龄，用三四个月时间，书写出了她 63 年的家庭史。这本书看似在拉家常，其内涵却充满了一种自豪的情感。从中不难看出，这位老人在给自己的一生做总结，人世的种种繁华都如过往云烟，她一生中最好的作品就是这个三口之家。

　　这本书自 2003 年首次出版以来，至今仍畅销不衰，还被翻译成英、德、日、韩等多种语言，在多个国家和地区出版发行。遵照作者杨绛先生生前的遗愿，本书的所有版税全部捐给了她在母校清华大学设立的"好读书"奖学金，以资助那些学业出色但家境贫寒的学生，使他们能得到更好的教育，阅读更多的书籍。

　　书中并未流露出悲痛的哭诉，而是用平和的笔法详细叙述，一字一句都充满了深深的眷恋。杨绛先生以温情、细腻的语言将亲情和爱情表现得淋漓尽致。正所谓，怨而不怒，哀而不伤，缠绵悱恻，句句真话，恰好说明了一个充满爱的家是人生最好的避风港。

　　初次读到这本书时，"我们仨"这个名字让我眼前为之一亮，印象深刻，这个名字非常口语化，也很接地气，它与杨绛先生的另一部作品《走到人生边上》的标题有着截然不同的调调，让我忍不住翻开书细细品读。的确，书如其名，宛如在凉爽的夏夜，坐在小马扎上，挥舞着蒲扇，听一位老人讲过去的故事。

本书分为三个部分，前两部分写的是梦，用梦境的形式讲述了一家三口在最后几年相依为命的情景；第三部分记录了钱钟书、杨绛和他们聪明懂事的爱女，从英国到法国，从上海到北京，一路走来的悲欢离合。

据说年轻时候的杨绛不仅长得亭亭玉立，还是远近闻名的才女。高中毕业就准备考清华，天不遂人愿，那年碰巧没有名额，只好选择了东吴大学，大四那年学校发生了学潮，杨绛趁机北上成了清华的借读生，圆了清华梦。人们常说，好事成双，在清华大学古月堂前，她遇到了一生的挚爱——气质儒雅的翩翩公子钱钟书。两人一见如故，思之难忘，很快就携手走入了围城。但是此围城，非彼围城。他们进去了就是相濡以沫、难舍难分的一辈子。事实上早在杨绛八九岁的时候，曾随父母到钱家做客。也许从那时起，两人一生一世的爱情就已经注定了。

女儿是杨绛先生生平最大的杰作，而这个杰作又刚巧是丈夫的翻版。阿圆的手脚轮廓，像钟书；阿圆温厚，不与人争，像钟书；阿圆好静，像钟书；阿圆胆子大，像钟书；阿圆喜欢格物致知，像钟书。这恐怕是对两人爱情的最高赞誉了吧。

书中的杨绛先生总是很低调，从不提及自己对文坛的贡献，而由她创作的话剧《称心如意》一经公演就迅速走红，她所翻译的《堂吉诃德》很难再寻觅到更精彩的读本。更令人惊讶的是，她人到中年才开始自学西班牙语，后来竟获得了西班牙皇室所授予的勋章。就连《围城》里最受追捧的旁白，"城外的人想进去，城里的人想出来"，实际上也是拜杨绛先生所赐。许多人并不理解《围城》想要传达的含义，她懂。别人看不惯钱钟书冷漠傲慢，她却说钟书是热心肠啊。他们同进退，共悲欢，在最艰难的环境下相互扶持。"文革"中已经60岁的杨绛什么苦活累活都干过，但读到她在《干校六记》里的经历时，我们仍会被这对夫妇撒的狗粮甜得不知所措。某个夜晚，杨绛回到宿舍，意外发现床上有两盆东西，拿手灯一照，发现是一只内脏和身体分离了的死老鼠，她被吓得魂飞魄散。钱钟书在这个时刻是如何安慰妻子的呢？他说老鼠的内脏和身体是分离的，说明我们就快要摆脱困境，离开这个糟心地了，该高兴才对呀。

在前两部分的梦里，钱钟书孩子气极重。他和女儿阿圆之间更像是亲密无间的好友，两个人经常结伴胡闹，让站在一边干瞪眼的杨绛一点儿辙也没有，只好随他们去闹。一次晚饭以后钱钟书突然向杨绛求救："娘，娘，阿圆欺我！"阿圆也跟着说："爸爸做坏事！被我当场拿获。"杨绛赶紧去女儿屋里看看是什么情况，结果你猜怎么着？钱钟书缩在床和书桌里的夹缝里，紧闭着眼睛，嘴里念念有词地说："我不在这里，我不在这里。"这一幕不禁令杨绛捧腹大笑。还有一次钱钟书离家在外想家人想得苦，好不容易盼来了三人的相聚，阿圆坐在床尾抱着父亲的脚，杨绛靠着床沿握着丈夫的手，三个人紧紧挨在一起，不用说话就觉得十分美好。然而幸福的时光总是转瞬即逝，女儿阿圆的离世给她的人生带来了沉重的打击，而爱侣的日渐衰弱更是让她心如刀绞。但她不能流泪，得坚强，因为她的痛苦对丈夫而言将会是雪上加霜。

"我曾做过一个小梦，怪他一声不响地忽然走了。他现在故意慢慢儿走，让我一程一程送，尽量多聚聚，把一个小梦拉成一个万里长梦。这我愿意。送一程，说一声再见，又能见到一面。离别拉得长，是增加痛苦还是减少痛苦呢？我算不清。但是我陪他走得愈远，愈怕从此不见。"读到这里我热泪盈眶，想起美国作家雷蒙德·钱德勒在《漫长的告别》所描述的，告别就是死去一点点。人生就像是一场梦境中的旅程，而死亡则仿佛是这个旅程上最后一段里程。这场梦是温馨的，更是残忍的。一家人在古驿道上的相聚和别离正是一个家庭真实的写照。阿圆走了，钱钟书也走了。曾经相亲相爱的一家人，如今只剩下杨绛一人。而她也已是人到晚年。她说，三里河的家已经不复是家，只是我的客栈了。话到此，梦的部分也就结束了。杨绛先生用了一些隐喻的手法，她把失去丈夫和女儿的家比作客栈，用古驿道代表医院，用船来指代病房。那条 311 号船正是钱钟书生病期间，在北京医院北楼的 311 室。311 号船一点点地移动，杨绛先生一程又一程艰难地送别。她在古驿道上一脚一脚地、一次又一次地挽留，她不忍心说破实情，就把一切寄托入梦。一次次地挽留又一次次地失去，陪伴着钱钟书，走到生命的尽头。杨绛先生心中有太多的不舍，如果真是梦，那该有多好啊。人已去，船已空，梦已醒。她也想走，可她不能走，她需要留在人间继续打扫战场，她说"这是我对我们仨的责任"。

她需要打扫战场的一部分就是钱钟书生前写下的几麻袋书稿和中外文笔记。她将这些书稿看得比命还重要。在那动荡不安的年代，有一次日本人突然找上门来，杨绛的第一反应是将钱钟书的手稿《谈艺录》藏好。钱钟书酷爱读书，他每读一本书都要写下大量的笔记，恨不得笔记比原书都要厚。所以当时清华大学流传着一个说法，即想要了解一本书是否值得阅读，看看钱钟书的笔记便可明了。杨绛亲自整理钱钟书的各种手稿并结集成册，促成了《容安馆札记》《钱钟书手稿集·中文笔记》等多部著作的出版。她还以全家三人的名义将八百多万元的稿费和版税全部捐赠给了她的母校清华大学。在她心里，钱财乃身外之物，没有什么比感受爱、拥抱爱更重要了。

但无论多么伉俪情深，最终都会输给时光，就像杨绛先生在书中写的"世间好物不坚牢，彩云易散琉璃脆"。我们每个人都是古驿道上的旅人，步履或紧或慢，都无法回首地奔向那个终点。天底下的每一个家庭终将都会成为一部魂牵梦萦、缠绵悱恻的《我们仨》。我们虽然不能留住世间所有的美好，但可以将它们牢记，让美好在心头永驻。珍惜当下，人间值得。

古卷墨香　萋萋其华

——评《草木缘情：中国古典文学中的植物世界》

刘　洋

自古以来，中国人便与草木结下了深厚的情缘。草木的影响深入到古人日常生活的各个领域，无论是饮食、药用、建筑还是观赏方面，它们都占据了至关重要的地位。对草木的依赖和热爱，早已融入中国人的血脉之中。先民将自身的一颦一笑、心里的一爱一恨，都寄思在这一草一木之间。在我国古代的诗词歌赋中，也满载着草木的芳名和倩影。古卷轻展，千年草木于墨香间轻曳生姿；诗韵悠长，万载芳华在文海中并蒂绽放。子曰"多识于鸟兽草木之名"，探索中国古典文学中的植物世界，不仅是我们解读古代植物的一把独特钥匙，更是我们了解古代先民生活的一种生动途径。

《草木缘情：中国古典文学中的植物世界》是我国台湾中国文化大学景观系教授潘富俊先生于2015年在商务印书馆出版的一部力作。潘教授不仅是一位植物学家，同时还是一位古典文学爱好者，他在书中以科学严谨的知识和细腻温婉的笔触，勾勒出了恋恋文学与植物之间传唱千古的隽永关系，引领读者穿越千年时光，感受文学与自然的交织之美。

在文学作品里，植物的世界被赋予了丰富的想象和浪漫的色彩；而现实中的植物界，则严格遵循着科学的生长规律。潘教授在《草木缘情：中国古典文学中的植物世界》中，巧妙地将我们从文学的幻想中带回现实，他仿佛化身为一位经验丰富的农夫，引领我们在山野间认识各种植物；随后又化身为诗人，将这些从现实世界中采集来的植物精心装点，再次为它们注入浪漫的文学气息。在他的笔下，草木不仅是自然界中多姿多彩的生命，还化身为人类丰富文化情感的细腻载体，映射出人类的文化与时代变迁的轨迹，成为中华民族历史发展中的特殊文化符号。

阅读《草木缘情》，我们可以多辨古典文学植物之形。中学时学习《诗经·周南·关雎》，读到"参差荇菜，左右流之"时，我常常疑惑，荇菜到底长什么样子？淑女们又是如何采集荇菜的呢？古典文学中出现的植物很多，但是很多植物已经退出了我们的日常生活，也有很多植物的名称发生了变化，这也造成了我们研读古典文学的困扰。认识古典文学中的植物，辨别植物的名称和形状，可以帮助我们更好地理解诗文的内涵，也可以更深刻地了解当时民众的生活背景。在这本书里，我终于看到了荇菜的"真容"。潘教授为我们展示了四百多幅古典文学植物的高清图片，并为我们详细介绍了它们的属类及形态。河畔飘荡的蒹葭、见而忘忧的萱草、细雨轻打的芭蕉……从《诗经》到《楚辞》，再到《唐诗三百首》和古典戏曲小说，沿着时光的长河，他逐一为我们揭开了这些古典文学世界中植物的神秘面纱。在潘教授的引领下，我们仿佛穿越了时空，亲临了那些文人笔下的场景，体会到了古人对自然的深厚情感。

阅读《草木缘情》，我们可以熟悉古典文学植物之性。自古以来，人们就开始细致观察各类植物，并通过不断的实践积累揭示植物的生长规律。从古典文学作品中，我们同样能够汲取丰富有趣的植物生长知识。例如，《草木缘情》中提到黄杨生长速度极慢，但木材纹理细腻坚致，是优良的雕刻用材。古人相信黄杨"岁长一寸，遇闰年则倒长一寸"，因此用"黄杨厄闰"来比喻遭遇困境，苏轼在《监洞霄宫俞康直郎中所居四咏·退圃》写道："园中草木春无数，只有黄杨厄闰年。"这样"科普"的方法真是有趣又生动！而且古人在对植物的观察中，不仅关注植物的形态和生长环境，还依据它们的特性赋予了它们人格化的特质。例如，竹子以其坚韧不拔和虚心有节的特质，常象征着高尚的品格和不屈的精神。《诗经·卫风·淇奥》中就有"瞻彼

107

淇奥，绿竹猗猗"的诗句，赞美竹子的挺拔和清雅。通过对植物的描绘，古人也向我们传达了对生命、自然和社会的深刻理解。可见，古典文学中对植物的描绘不仅映射了古人对自然界的细致观察与深邃思考，还通过植物的丰富意象，表达了人们对美德的赞誉及追求，增强了文学作品的内涵与深度。

阅读《草木缘情》，我们可以了解古典文学植物之用。自古以来，草木便是我国先民生活中不可或缺的经济作物。《诗经》中所提及的植物，大多数与民众的日常生活紧密相关。其中桑树出现的频率最高，相关诗篇多达20首，涉及31句。桑叶的采摘与养蚕活动密不可分，而蚕丝的生产则为古代中国的丝绸贸易打下了坚实的基础，这也凸显了采桑在农耕时代的重要性。但是当时的丝织品较为贵重，普通民众难以负担，那么在棉花传入中国之前，普通人以何为衣呢？《诗经·周南·葛覃》中描述："葛之覃兮，施于中谷，维叶莫莫。是刈是濩，为绤为绤，服之无斁。"绤为细腻的葛布，绤为粗糙的葛布，说明了葛皮纤维是当时较为普遍的织布材料。此外，植物在古典文学中还常常与节令、风俗相结合，体现了古人对自然规律的尊重和顺应。例如，《诗经·豳风·七月》描述："六月食郁及薁，七月亨葵及菽。八月剥枣，十月获稻。为此春酒，以介眉寿。"这些诗句不仅描绘了古代常见的农事植物，还反映了植物与季节更迭及农事活动之间的关系。《草木缘情》通过对植物用途的描述，也为我们打开了一扇了解古代民众日常生活的窗口。

阅读《草木缘情》，我们可以学习古典文学植物之典。在悠久的中国历史长河中，先辈们留下了众多关于植物的典故，谱写了一段段人与植物和谐共存的美丽篇章。在这些故事中，最为人所熟知的莫过于"甘棠"了。甘棠，也就是棠梨，源自西周时期的一个故事：召伯南巡宣扬文王的德政，曾在甘棠树下休憩。后人为了纪念他的恩泽，竭尽全力保护这棵甘棠树。正如《诗经·召南·甘棠》中所言："蔽芾甘棠，勿翦勿拜，召伯所说。""甘棠之爱"因此成为百姓对清廉官吏爱戴的代名词。另外，《史记·伯夷列传》记载："武王已平殷乱，天下宗周，而伯夷、叔齐耻之，义不食周粟，隐于首阳山，采薇而食之。""薇"即今天的野豌豆，由于《史记》中的这段典故，"采薇"一词便被用来赞美坚定不移的忠诚与节操。由此可见，在历史的长河中，植物不仅仅是宝贵的经济资源，更是中华精神文化的载体，承载着人们对于美德的向往及情感的怀念。

岁月如梭，沧海桑田，多少往事已随风而逝，唯那泛黄的故纸堆里的草木，依然在吟唱着流传千年的古老歌谣。在《草木缘情》这本书中，潘教授重新唤醒了古典文学世界里那些古老植物的生机，他用对自然的热爱浇灌它们，用对文学的情怀滋养它们，用对历史的敬畏培育它们，他让我们领略了植物的美丽与神奇，更让我们对中华民族的文化和华夏历史的发展有了更深刻的认识。

如今，在钢筋水泥构筑的现代都市里，我们与植物之间的联系似乎变得淡薄。除了蔬菜和瓜果，我们似乎很少再对其他植物投以关注。我们终日奔波忙碌，常常忽略了时间的流逝与季节的更迭，也很少关注公园里植物的生长与凋谢，更别提熟知它们的名字。或许我们不再拥有古人那般深刻的自然感悟，但是在繁忙的生活里，不妨偶尔停下脚步，细心观察周围的每一株植物，带着一颗善于发现美、欣赏美的心灵，去感受大自然赐予我们的美好与宁静，去感受时间赠予四季的流转之美。

当科学不是神秘而孤傲的狂欢

——评《吃货的生物学修养：脂肪、糖和代谢病的科学传奇》

朱璇

　　《吃货的生物学修养：脂肪、糖和代谢病的科学传奇》是第 12 届文津图书奖获奖作品。作者王立铭在 2015 年获得菠萝科学奖，这是一个有中国版"搞笑诺贝尔"之称，以"正经而不着调"闻名的奖项。在本书中，作者延续了这种严谨而不乏诙谐的气质，令一部科普类著作充满了机趣的亲和力和松弛感。他选取"吃货"这个小切口，集中分析了肥胖症、高血脂、糖尿病三种"祸从口入"的疾病。当复杂的科学道理以一种轻松可感的姿态舒展开来，便不再令人望而生畏，反而与每位"吃货"骨肉相连。

　　在漫长的进化史中，人类总是处于食物匮乏的危险环境。"应吃尽吃"，囤积能量以备不时之需，是保障我们物种成功延续至今的法宝。毫不夸张地说，每一个带着劫后余生的荣光存活下来的人类个体都应该感恩生物演化赋予我们的能力，正是这种"吃货"模式使我们熬过下一次饱餐前的饥寒交迫。

　　然而，现代社会的变革速度远超我们自身适应环境的速度。当花样百般的高糖、高脂、高热量美食层出不穷，我们从饥饿年代刻入 DNA 的"吃货"基因怎能不食指大动，味蕾生津！再撞上费脑不费力、久坐不久动的日常，过剩的能量滞留在体内，成了一系列代谢疾病的元凶。

　　面对琳琅满目又十面埋伏的餐桌，我们该如何自处呢？这本书给出了一个参考答案。它分别详述了肥胖症、高血脂和糖尿病各自的两种病症，一种较为罕见，或由基因突变、或由家族遗传、或由免疫机能失调所致。而另一种更加常见的、不约而同的病因，则是由饮食和运动失调所致。所以，"管住嘴，迈开腿"永不过时，各位"吃货"仍需共勉。

说到这里，如果你把它当作一部关于疾病治疗或健康管理的实操指南，那可就要大失所望了。书如其名，作者揭秘了糖和脂肪如何作用于人体的医学原理，但更多时候，他绘声绘色地讲述着这些科学探索背后的传奇故事，毫不吝惜地表达着自己对一代又一代为人类命运负重前行的科学家们的崇敬之情。

让我们回望现代生物医学史上那些功勋卓著的英雄们被科学之神眷顾的高光时刻：道格拉斯·科曼对两只基因突变的胖老鼠所进行的连体实验预言了瘦素的存在，约瑟夫·高尔斯坦和麦克·布朗两位黄金搭档建立的巧妙而简洁的人体细胞研究系统揭示了胆固醇合成的刹车机制，弗雷德里克·班廷以惊人的毅力向胰岛素发起冲击并最终攻克……无论是灵感的瞬间迸发，还是耕耘数年的水到渠成；无论是天才的一击即中，还是勇者的无畏前行，他们的努力都殊途同归。曲折而振奋人心的科学发现背后，是日复一日的坚守，以及对一切未知所抱有的好奇和想要去探索人类认知边界的一份胆识与责任感。

比传奇故事更传奇的是人体本身，它所自成的一套精密的、环环相扣的运行机制中还有太多未解之谜。仅就本书所剖析的领域而言，相比于对胆固醇代谢的详尽掌握，我们还不够了解脂肪和胰岛素的生命过程，还没有找到安全高效的减肥药，对于治疗 2 型糖尿病的一线药物二甲双胍也一知半解，研发它的过程更是充满了偶然性和荒诞感。作者毫不讳言这些未知，因为科学研究存在的意义正在于此。

今天的科学已然因其发展得太强大、太先进、太复杂，而给人留下了高冷的、玄而又玄的、需要敬而远之的印象。但在阅读这部作品的过程中，此前对医学与科学并不热衷的我也不时热血沸腾，看到这些科学巨人们如群星般接力闪耀着，照亮了原本漆黑的前路，我不禁感到欢欣鼓舞，与有荣焉。我们需要更多这样的著作来让读者切实感受科学的优美和力量，它不必用学术名词的堆砌来展现专业性，也不必用大而全的版图来彰显这份研究的宏阔，反而是那些场景化、可视化的片段令科学变得鲜活而有温度。当它不再是属于一小群人的、神秘而孤傲的狂欢，它才能真正走入更广博的视野，令更多的人去分享那些超越了"自古以来"和"理所当然"的美妙瞬间，也去思考、去发现它与我们正在经历的生活所产生的关联。

童书里流淌的中国文化

——读叶广芩先生的《耗子大爷起晚了》有感

宋　姝

去年春天，我有幸读到了叶广芩先生的《耗子大爷起晚了》。最初吸引我的是丰子恺漫画风格的书封：近处一个小女孩牵着一根绳昂首挺胸地走着，绳的一端拴着一只乌龟；远处，颐和园的绿荫环绕着万寿山。这个画面让人心生好奇，小女孩和大园林之间有什么关系？我一口气读完后，心中直呼妙哉。后来得知这本书是第 14 届文津图书奖的推荐图书，暗叹一声"难怪呢，确实精彩"。

书中以丫丫自述的形式，描写了一个天性自由的小丫头在气势恢宏的皇家园林颐和园里，与形形色色的动物、人物之间发生的故事，此间还穿插了丫丫来颐和园之前的一些生活场景。虽然这是一部儿童文学作品，但在我看来更像是一本文化教科书，将老北京语言艺术、民俗风情、建筑美学、饮食文化、南北差异以及历史知识等都巧妙地贯穿在丫丫美好的童年生活之中，不但非常适合用作儿童文化启蒙教育的读物，成人读起来也更能领会这本书中蕴含的精妙。

开场的老北京童谣，仿佛带我们穿越回了那个时代的北京胡同。在那里，孩子们嬉戏玩耍，乐趣无穷、邻里间家长里短的各种生活琐事分外热闹，这与丫丫来到颐和园后略显寂寞的新生活形成了鲜明的场景比对。在书中作者塑造的各式人物，比如粗线条的哥哥老三、身为美术教员的父亲、卖卤煮的王五、酒铺的老李、烧饼铺的老宋夫妇、被视作龙王爷化身的花匠、脾气大的李德厚、憨厚的男孩老多、精致的南方姑娘梅子、挑剔又能干的张家姆妈；再加上丫丫先后的两个宠物，耗子大爷和乌龟 005，无论人物、动物，一事事的趣味、一物物的来历，哪怕一句俗话、一个破物件儿，看似偶然出现在书中，实则都成为作者揭示各类中国文化的利器。

丫丫在颐和园里度过了一段自由自在的童年生活，她牵着乌龟 005 游荡在园子里的各处，长廊、石舫、十七孔桥、铜牛、四大部洲、囚禁过光绪帝的玉澜堂、仁寿殿前的青铜四不像、延年井……书中对风景秀丽的颐和园里那些标志性建筑和景点以及大戏台里的物品设置与用途都有所提及。然而，这些描述在书中并非寻常导游讲解那般直白，而是透过丫丫在园子里的日常生活点滴，透过她和不同人物的交谈对话，透过她直接或间接获取的信息，自然地呈现在读者眼前。虽然这些描述不算深入细致，但对于儿童读者来说，已是将颐和园的建筑、历史和园林文化串了起来，成功地完成了对他（她）们的一次文化普。身为教员的父亲，就玉澜堂的家具对丫丫开展的一番教导更是将原本晦涩难懂、与儿童似乎毫无关联的古玩知识，借助父亲对文玩界的术语"贼光"的解释，于书中让丫丫有所收获，同时也向书外的读者揭示了中国文化中"内敛"二字的精髓。

饮食文化在书中也有诸多精彩呈现，细小处如丫丫每日早点吃的烧饼、火烧、螺丝转儿，打牙祭吃的月盛斋酱牛肉，和老三聊天说起的"头伏饺子二伏面三伏烙饼摊鸡蛋"，老三约会带的果子干儿、杏仁豆腐、核桃酪儿、桂花缸炉、萨其马这些京味零嘴儿；宏大处有父亲关于京菜的一番讲解，"北京没有自己的菜系，吃的是鲁味，厨子多出自山东，北京城内也是山东馆子居多。京人做菜善于使酱，源自鲁味，色重、油大、能勾人食欲，可在清鲜上就比不过南方了"，为后来南北饮食的对决埋下伏笔。"肉片先腌过再挂浆，在六分热油里慢慢划开，鲜嫩无比……"这是厨艺精湛的老三复刻御厨的抓炒，就这样丫丫一次能吃一盘子的滑溜肉片，在接风宴上还是遭到了南方客人的嫌弃；善于用酱的北京人做的酱焖鲫鱼，被称为"一塌糊涂"，如果用大于一拃长的鲫鱼做汤，南方人会嫌鱼太大，过了斤两。还有经常吃荠菜百叶、笋菇面筋、青豆焖油条、清蒸狮子头、素拌马兰头这些南方典型特征菜式的梅子姐姐，吃腌笃鲜只喝汤。看到此处读者或许忍不住撂下书去找些吃的解馋，又或只能就着自己的口水，脑补着书里的美食继续读下去。中国饮食文化的丰富、南北饮食文化的差异，就这样在书中通过各式食物和吃喝琐事的描述中，让人明白起来。

作者巧妙地安排了人物对比鲜明的北方男孩老多和南方姑娘梅子及姆妈相继作为颐和园里短暂的过客，让读者可以清晰领会不同地域的风情人物、生活差异；而更多的中国传统礼教、建筑文化、中医文化则通过书中这个憨厚的北方男孩的视角和经历悄然流露。老多粗中见细、认真好学，他在园子里的生活虽然短暂，却留下了让人印象格外深刻的一段故事，即去六郎庄"算账"的一幕。脾气大的农村老汉李德厚举止中透露着规矩大气，言谈中又尽显豁达智慧。通过李德厚讲典故、表婶煮鸡蛋的情节，把北京人的礼数含蓄鲜明地表达出来；这位农村老汉对飞檐上各色神兽"头龙二凤三狮子，天马海马六狻猊，狎鱼儿獬豸九斗牛，最后行什像个猴"的详细解释，把古建筑中蕴含的中国文化告知读者；而能治老多尿床毛病的刀螂子[①]这个细节，是作者安插在文中彰显中医药文化的神来之笔；同样，略带矫情但却博学娴静的梅子姐姐讲述自家蚕桑的寥寥数句，将江南丝绸商贾人家的富庶折射一二；梅子对颐和园的画廊情有独钟，她对丫丫逐个讲解彩画故事的情节，将这一世界上最长画廊所蕴含的中国历代文化，生动地向读者进行了传播。

全书描述的不过是丫丫孩童时在胡同和颐和园两处的生活经历，但老北京孩童那些亲历的消遣娱乐、周遭的环境物件、认知的四时节令、见识的民俗礼仪、看到的旧京百业、领会的风物人情……中国文化各种分支的点点滴滴就这样透过一个个鲜活的角色、一幕幕有趣的场景流淌出来。

周末偷闲带着女儿也去颐和园里逛上一圈，正是春花初放的好时节，累了便在长廊找了一处坐下休息，不远处被春风吹皱了的昆

[①] 刀螂子，别名桑螵蛸。是一味传统中药材，其来源为螳螂科昆虫的干燥卵鞘。用于治疗肾虚遗精、滑精、尿频、遗尿（如小儿夜尿）。《中华人民共和国药典》《中华本草》《本草纲目》均有收录或描述。

明湖水，一荡一荡轻轻拍打在堤上，盯久了让人有些发困。女儿闲不住，在长廊上蹿来蹿去，一幅接一幅地看着长廊上的彩画，不远处或许就能看到丫丫牵着乌龟 005 也在满园子溜达，继续演绎着她的无尽趣事。

感恩医学　感知温度　感悟人生

——《医学的温度》书评

张婉莹

　　《医学的温度》是第 16 届文津图书奖获奖作品，作者是著名病理生理与药理学家韩启德院士。这本书汇总了近些年他对医学的一些思考，并阐述了对癌症、传染病、中医、死亡等热门主题的独特看法。

　　医学为什么存在温度？从价值观的角度出发，作者总结了医学的人文属性：首先是医学的价值，它既有客观标准，又有主观标准，受生活条件影响，对医学的需求与期待越高，患者的满意度反而越低；其次，医生既要治病，又要治心，一半癌症病人有抑郁性心理障碍，更别提功能性疾病了，而医生对技术的盲目乐观和对设备的过分依赖会拉远与病人之间的距离；最后，医学有边界，相关的问题包括美容、脱发、男性更年期是否属于医学的范畴，高血压、高血脂等危险因素是否应该当成疾病，等等。抛开纯粹的技术，这样的医学依然与我们的生活息息相关。而除了人文属性，医学的社会属性则涉及生活方式与社会经济环境对人们健康的影响，医学技术发展要顾及的社会伦理，资本驱动医学技术的发展……这些人文与社会属性，就是医学存在温度的理由。

　　在审视医学技术发展方向的论述中，作者打了个比方：每个人一出生就登上了一辆大巴，这辆大巴行进在一条风景如画的沿河公路上，终点站是死亡，人们禁不住美景的诱惑，下车去欣赏，一不小心就掉入了河中，即得了病，有些人能很快爬上来，有些人只能往下游漂，有些人水性好能漂很久，有些人水性差没漂多久就丧生了。现在的医学把重点放在下游，但实际上更有效的做法是防止人们掉进河里，且最好提前劝导他们别随便下车，即改变生活方式。这样的比喻通俗易懂，也令人深思。

当我们跟随作者进一步开启对现代医学的反思，看到现代医学插上科学的翅膀，染上资本的色彩，进入全新的昌盛时期，新的问题层出不穷：疾病不再是病人的主观不适，而是仪器测量的结果，无痛可以有病，有痛未必有病，这该怎么算呢？疾病不再是非黑即白的事实，而成为可以人为改变的规定，比如我国曾经根据国情对三高的诊断切点做了调整，相比国外来说很明智，但指标的拐点在哪里呢？还有许多同类的问题：对于惰性癌如何处理？筛查手段引起的副作用怎么办？这些都该如何界定呢？作者对于一些人们习以为常的医学观点提出了质疑和建议，重新审视医学的发展，认为应该回归以病人为中心的价值医疗。

探讨医学技术发展的同时，作者也没有忽视人文医学——医学史、叙事医学和死亡。拿叙事医学来说，这虽然是新兴的词汇，却并不陌生。对于我国而言，"医乃仁术"的传统、中医对叙事的要求和我们的叙事医学环境都是优势，而劣势则是医疗资源的不平衡配置，导致医患几乎没时间沟通。在我们的就医经历中，医生往往会问"你有什么症状"，但很少会问"你有什么期待"，这看上去似乎少了些温度。

作为医学工作者，作者在本书的最后几章介绍了医生的责任、品格与教学要求。其中，在梳理针对医学生的教学要求时，作者不仅提出了要做一个好的教师及具体要求，还强调了要做一个好人、做一个好的知识分子。这就是医学工作者的社会责任，也是医学温度的来源。

《医学的温度》一书对我们重新认识现代医学乃至重新认识自我都极具启发意义。透过本书作者韩启德院士的文字，我们会感慨原来医学的发展是这样快速而曲折，原来医学在发展的路上有这么多值得思考的点。韩启德院士是从最基层的卫生院一步步学习成长起来的，他经历了自我的努力，收获了医术的进步，见证了我国医学发展的荣耀，才提出了这些反思。白纸黑字，不仅仅是对医学发展的审视，更是提醒广大医学工作者"医者仁心"，治病要有温度。

书中的文章大部分是十几年前的稿件，最近几年的较少。如今我们身处于和平、健康的年代，在党和国家的支持下，在医学工作者的努力下，我们不再惧怕新冠、猴痘、霍乱等骇人听闻的报道。在今天，网络的发展与应用助力了很多痊愈案例，但也加剧了一些医疗悲剧，所以像《医学的温度》这样内容扎实同时又立足当代的医学作品显得十分珍贵。

有感而发，不论我们拥有怎样的职业，虽然不像医生一样涉及病人的生死，却也都是在小小的岗位上为国家兴盛、社会发展做贡献。如书中所言，其实我们同样需要不仅仅去做一名合格的职员，还要去做一个好人、做一个好的知识分子，让我们的工作内容不再是冷冰冰的，而是拥有暖人的温度。

打开汉字世界的一把钥匙

——评《汉字就是这么来的·走进汉字世界》

牛现云

　　《汉字就是这么来的·走进汉字世界》，第16届文津图书奖获奖图书，作者孟琢。该书面对的读者群体为中小学生。作为一名成年人，读完此书，也有种豁然开朗的感觉。我们从小就学习汉字，但很少有人能了解汉字的起源、背后的历史文化以及所承载的人民智慧。一说甲骨文、金文，读者可能会望而却步，但阅读完本书后，会改变对古文字的认识。这本书以有趣、有料、有历史、有文化的方式对文字进行解读，让人们重新认识了汉字。

　　作者从汉字的起源开始，将跌宕起伏的汉字发展历史向读者娓娓道来，仿佛是一个人站在你面前给你讲故事，抽丝剥茧，将汉字的结构、含义形象地表达出来。从汉字与八卦到仓颉造字，从甲骨文——传奇的开始到楷书的形成，最后到今天的简化字，作者带着读者仿佛进行了一场从远古时代开始的历史穿越之旅，看到了王懿荣因为生病发现甲骨文的有趣故事，铸刻在青铜器上的家族荣耀，秦始皇一统天下的雄才大略。可以说，一部文字史就是一部历史文化史。作者还介绍了六种造字、构字的规律——六书，从造字规律中了解汉字的基本知识。了解了造字的规律，读者可以运用六书知识拆解汉字，推测字义。每一种造字逻辑都蕴含着古人生活的智慧。

　　作者使用文字举例的时候循循善诱，带着读者一步步揭晓答案，有种看侦探剧的感觉。有时候你能够猜到答案，有时候猜不到，直到作者揭晓谜底，才恍然大悟、原来如此，很是有意思呢！例如在介绍以"木"为基础的字时，引出"本""末""朱"三个字，前两个字的金文读者可能猜出来字义，但是后一个的甲骨文却很难猜出来，直到看到作者的讲解，读者才能了解各种缘由。这种悬疑式的阅读感受可以吸引读者继续读下去，甚至读完还有种意犹未尽的感觉。作者在拆解文字的过程中，揭示了文字蕴含的价值观，例如在讲解"学"字时，解析了"学"字金文的含义——一个小朋友在屋子里拿着教具学习，进而讲解了"学"字字形的演变，导出"学"的实质，即"通过知识的获取和心灵的思考，来获得生命的觉悟，跳出'冖'所代表的蒙昧状态"。古人已经充分认识到学的实质，不是简单地背诵，而是要明白生命的价值和前进方向，看清生命的意义，真正做到"觉悟"人生。这何尝不是引导读者掌握学习的方法，建立终身学习价值观呢！

《汉字就是这么来的》由一系列图书构成，共包含六册。文津图书奖获奖图书《汉字就是这么来的·走进汉字世界》属于纲领性的一册，为读者搭建了立体、完整、多维的汉字知识体系，尤其是为儿童学习汉字增加了趣味性，书中附有大量插图，更加方便儿童理解。其余五册分主题讲解了汉字文化，利用思维导图的方式从人体世界、动物王国、天文地理、衣食住行、人文历史五个方面讲解了常用汉字，让读者了解字与字之间的关联，系统了解汉字背后隐藏的文化内涵。

这套书给人以小说的阅读感受，在轻松、有趣的氛围中了解了汉字文化，适合不同年龄段的读者阅读。汉字是中华传统文化的基础，了解了汉字世界就打开了传统文化的钥匙，正如作者所说"汉字的岁月，是中国文化的生命历程。汉字的未来，也与中国文化相伴始终"。

居家临终的日本实践

——读上野千鹤子《一个人最后的旅程》

赵美华

当你罹患重病或卧床不起时，你会希望在自己家中接受看护还是选择在医院或护理院（养老院）接受看护；你会希望自己的财产交由子女管理还是交由专业的理财机构管理，抑或是其他。

我想，看护、医疗、财产——这无疑是一个老人的必修课。面对人生的最后一个阶段，我们是否能以自己喜欢的方式向世界告别，这本《一个人最后的旅程》，或许会有你想要的答案。

《一个人最后的旅程》是 2021 年 10 月浙江大学出版社出版的图书。作为日本著名社会学学者，作者上野千鹤子的学术成果极为丰硕，其著作在日本常年畅销。上野千鹤子不仅是"女性主义"的符号性人物，从 2000 年左右起，步入中年的上野开始关注老龄化社会的问题。近年来，她的诸多著作被译成中文出版，在国内掀起了"上野热"，如《父权制与资本主义》《高龄化社会：四十岁开始探讨老年》《厌女——日本的女性嫌恶》《从零开始的女性主义》《始于极限》等。

《一个人最后的旅程》是上野继《一个人的老后》《一个人的老后——男人之道》之后"一个人"系列的第三本著作。在本书中，上野千鹤子将视角投射到"老年群体"上。在日本这个超老龄化社会中，老年人的晚年是否可以在家中安度？他们与子女的关系究竟如何？社会医疗和保障机构应该扮演什么样的角色？

上野千鹤子在书中通过深入的社会调查和思考，对这些问题提出了独到见解，在分析了老年人居家看护医疗的实际状况以及多位临终者的真实案例后，她探讨了"一个人居家临终"的可能性，并主张：即使没有亲人或是身患阿尔茨海默病，也能选择一个人居家临终，有尊严并安心地走完人生最后的旅程。

从文本来看，《一个人最后的旅程》详细解答了老年人应该如何实现居家养老，是一本相当实用的居家养老规划书。本书是写给希望临终前能有完善规划的人的，同时也写给那些想要让家人走得安稳舒适的亲友。对于同日本一样越来越为老龄化问题所困扰的中国来说，这是一部直击社会痛点并提供解决方案的建设性作品，对于社会机构、政府机关也具有极高的参考价值。

本书早在 2015 年 11 月由朝日新闻出版社在日本首次出版，书中涉及的医疗政策至今虽已过去近十年，但仍对目前日本社会乃至全球的发展有一定借鉴意义。在内容上，与作者本系列其他书稍有重合，因此，我们读这本书的同时也了解了其他两本书的主题。

从主题来看，"一个人居家临终"无疑是整本书的核心。作者上野千鹤子今年 75 岁，未婚未育，独居生活，近十多年来，上野千鹤子的学术兴趣转向老龄化与养老问题，致力于为晚年独居的生活方式正名，并大力提倡居家养老模式。这为我们老年生活与临终方式提供了一个想象："一个人居家临终"也可以成为每个普通人的临终方式。在一个养老保障趋于完备的社会，这一切都不是激进的想象，而是切实可行的晚年构想。

当我们将目光拉回中国，也会发现，如今独居老人已在老年人群体中占据相当的比例。根据贝壳研究院发布的《2021 社区居家养老现状与未来趋势报告》，国内 65.5% 的老年人独立居住，在 80 岁及以上高龄群体中，独立居住占比仍高达 48%。

阅读这本书，也让我们不得不去关注"养老服务"和"临终"两个话题。随着中国老龄化程度加深、婚育观念变化，未来独居老人的比例将越来越高，他们——也是未来的我们——如何养老？如何临终？实际上，从世界趋势来看，老年人的护理模式都是逐步从机构护理转向居家护理。上海交通大学国际与公共事务学院副教授杨帆在去年的一个采访中谈到，人们的普遍误区是将社会化养老等同于养老院养老，但更合理的社会化养老，是在完善的社会化服务基础上进行的居家养老。

党的二十大报告倡导"实施积极应对人口老龄化国家战略"，推动实现全体老年人享有基本养老服务。我国目前推行"9073"养老模式，90%的老人接受居家养老，7%的老人接受社区养老服务，3%的老人入住机构养老。目前的养老服务，更聚焦于如何让养老更便捷，更贴近老年人。

全民健康是建设"健康中国"的战略主题，是实现从胎儿到生命终点的全程健康服务和健康保障。据世界卫生组织统计，世界上每年有两千万人存在生命末期临终关怀的需求。提到临终，就不得不提起生前预嘱和安宁疗护两个概念。

"生前预嘱"这个概念首次走进大众视野是《深圳经济特区医疗条例》修订稿。该条例第七十八条在"临终决定权"上做出规定，如病人预嘱要求"不要做无谓抢救"，医院要尊重其意愿，让病人平静走完最后时光。"安宁疗护"则是指为疾病终末期或老年患者在临终前提供身体、心理、精神等方面的照料和人文关怀等服务，控制痛苦和不适症状，提高生命质量，帮助患者舒适、安详、有尊严地离世。可以说，事先立下预嘱就是为了临终时的安宁疗护。

作者上野千鹤子在做这项研究的过程中明白了一件事：死亡方式很多，一切皆有可能。生和死已然超越了个人意志，想要掌握生死，就是不敬畏天地神明。但在你有生之年，如果努力，有些事情会有所改变。不辜负上天给予的生命，努力活到生命的最后一刻，才能创造出一个让很多人（不管有无家人），包括我们自己安心的社会。

作为读者，我们通过阅读了解居家临终，借此可以重新认识身体和心灵、痛苦和疾病，以及生命和死亡。中国自古避讳谈论死亡，但只有了解疾病、参悟生死，才能更加珍惜生命，热爱生活，过好每一天。

生命的热情与孤独的哲思

——评析詹福瑞作品《诗仙 酒神 孤独旅人：李白诗文中的生命意识》

铂 周

詹福瑞教授的《诗仙 酒神 孤独旅人：李白诗文中的生命意识》是 2022 年第 17 届文津图书奖获奖的一部重要著作。李白作为历史上最具个性及魅力的诗人之一，其作品展现了多样的主题及丰富的情感，贯穿着对宇宙、生命、自由及孤独的无限思考。该书以唐代伟大诗人李白为研究对象，通过对其诗文的多角度分析，深入挖掘了李白作品中蕴含的生命意识。这本书不仅是一部文学研究作品，更是对人生哲理、文化意义和人性深度的探讨。

李白，这位被誉为"诗仙"的唐代杰出诗人，以其激情四溢的个性和不羁的生活方式而闻名于世。他的诗歌不仅展现出令人惊叹的艺术魅力，还深刻揭示了他对生命的独特理解和深邃思考。在李白的诗篇中，生命意识、个体自由、酒的世界以及深刻的友谊交织成了一幅丰富而动人的画卷。

李白的个性可以用"洒脱""不拘一格""豪放"来形容。他的诗歌洋溢着对生命的热爱和探索，这种积极向上的生命意识折射出他内心深处对自由的渴望与对世俗束缚的反叛。在《将进酒》中，李白以"君不见，黄河之水天上来，奔流到海不复回"开篇，展现了他对生命流转的哲学思考。这不仅是对自然景象的描绘，更是一种对生命短暂、机会稍纵即逝的深刻感慨。

李白的性格特质使他能够超越平常人的生活遭遇。即便在被贬谪的日子里，他也能以诗为伴，吟咏山水，借酒浇愁。在他的心中，诗歌是一种超越现实的力量，通过诗歌，他不仅能表达自己对生活的热爱，也能够在孤独与烦恼中找到慰藉。

对于李白来说，酒不仅是一种饮品，更是一种人生智慧的象征。他的诗作《月下独酌》中，不论是在月下独饮的孤独，还是与影子相对的狂放，都表现出他通过饮酒来超脱尘世的纷扰，追求一种精神上的自由与解放。在饮酒中，李白找到了灵感和释然，借助酒的力量，他化解了生活中的不快与无奈，抒发了自己对人生的复杂情感。

李白的酒神形象反映了他对生命的豁达态度。在他看来，人生在世，及时行乐才是最重要的。他的诗句中常常流露出对豪放洒脱、及时行乐的追求，"对影成三人"便是这种豁达心境的生动写照。李白的诗歌传达出一种"即使天涯海角，我也要纵情而歌"的精神，体现了他内心深处对生命的热爱与感悟。

李白生性豪爽，与友人交往广泛，其交友的风格在诗歌中常常闪现。他深深懂得朋友的可贵，这在《赠汪伦》中体现得淋漓尽致。诗中他描绘了与汪伦的诀别之情，字里行间流露出对友谊的珍视与对离别的感伤。李白在社交中展现出一种真诚和慷慨的态度，他在朋友面前毫无保留，乐于分享自己的思考与灵感，与他们共同品味生活的欢乐与悲伤。

书中提到，李白的诗歌具有强烈的视觉和听觉印象。他所描绘的山河、大海、月亮等自然景象，仿佛让读者能够亲身体会那一刻的美丽。在阅读李白的诗篇时，读者不仅能看见文字背后的画面，还能听到他心中涌动的旋律。这种艺术魅力不仅源于他卓越的语言运用技巧，更来自他对生活的深刻理解和自然的敏锐感知。

李白，唐代崇尚个性与自由的浪漫主义诗人，以其豪放的风格和对人生的独特理解而闻名。李白的诗歌常常表现出一种孤独感，反映了他对人性及生命本质的深刻思考。这种孤独不仅源于个人的内心世界，也与他所处的社会背景和生活环境息息相关。

李白的出身较为复杂，他出生于一个商业家庭，从小就游历四方，对社会百态有着独特的观察与体验。这种经历使他对生活有着深入的反思，他的诗歌常常流露出对人性、生命意义的思考。他在《月下独酌》中提到"我歌月徘徊，我舞影零乱"，表达了他即使在与月光为伴的孤独时刻依然寻找自我的勇气和对生命的热爱。

李白的孤独并非简单的情感宣泄，而是对人生和生命的深刻思考。他在许多诗篇中表现出对世俗的疏离，尽管其作品中不乏对酒和友谊的描写，映衬出他对生活的热爱，但当他身处万千人海之中，内心仍然感到孤独和渺小。

李白的诗歌中常常蕴含着深刻的人性思考。他对人性的理解并非片面，而是综合了哲学的思考与对生活的真实体验。李白认为，人生天地间，短暂而又微不足道，因此时间的流逝和生命的无常使他更加珍视当下。他的诗句里透出对生命的渴望，反映出他对人性的复杂理解，包括友情、爱情、自由与孤独。

李白与友人的交往，彰显了他对生命真谛的追求。他在《赠汪伦》中写道"桃花潭水深千尺，不及汪伦送我情"，表达了对友谊的珍视。这种真挚的感情使他在孤独中得到了某种支撑与安慰。同时，李白也常在酒中寻求慰藉，借酒抒怀。他通过饮酒，与自己的内心进行对话，试图解开人性中的困惑。这些酒宴常常以狂放不羁的姿态展现，但同时也流露出他对人生的无奈与失落。

在历史的长河中，李白的孤独旅程不仅是一个人的人生写照，更是对人性深刻的探讨。在复杂多变的社会环境中，李白通过孤独的思索，逐渐认识自我价值的重要性。他的诗歌成为他灵魂的栖息地，让他在孤独与喧嚣之间找到平衡。

李白的诗作如同一面镜子，映照出他内心的挣扎与探索。他通过诗歌与自己的孤独对话，最终实现了对生命的救赎。在《早发白帝城》中，他写道"朝辞白帝彩云间，千里江陵一日还"，体现了他对生命新生的渴望与希望。李白的孤独之旅，尽管带有悲伤色彩，却也蕴含着对生活的热爱和对未来的信念。

书中不仅仅局限于李白个人的诗学分析，还将其作品与当时的历史文化背景相结合，展现了李白作为文化符号的多重性。在唐代盛世的背景下，李白的诗歌传达了个人情感与国家命运之间的复杂关系。

这种背景为李白的诗歌注入了更多的社会责任感和历史使命感，使其作品具有了超越个体的广泛性。

全书结构清晰，分别从诗人的生平、作品分析、历史文化背景以及对人性的探讨等方面系统地展开。每个章节都紧密围绕李白的生命意识这一主题，层层递进。在结尾，作者对李白的整体评价使得整本书具有升华的意义，李白不仅是一个嬉游的诗人，还是一个在诗歌中不断探索自我的哲学家。他的作品在今天仍然启发着人们去思考生命、爱情以及存在的意义。

《诗仙 酒神 孤独旅人：李白诗文中的生命意识》是一本极具价值的研究著作，成功地将李白的诗歌和生命意识相结合，通过多角度的分析让读者不仅能欣赏到诗歌的美，更能深入思考人生的哲理。李白的孤独与自由、梦想与追求，在这本书中得到了深刻的诠释与呈现。作为一名读者，我深感这本书的智慧和艺术价值，推荐给每一位想要深入了解李白及其内心世界的读者。

一场震撼心灵的生存启示之旅

——评《巨浪来袭——海面上升与文明世界的重建》

王　娜

在浩瀚的自然力量面前，人类文明总显得那么脆弱，又那么坚韧。在全球气候变暖这一严峻挑战之下，海平面的悄然上升已成为不容忽视的长期威胁。在此背景下，2021 年出版的《巨浪来袭——海面上升与文明世界的重建》一书，以其深邃的视野、翔实的数据、生动的解读与深刻的思考，引领读者踏上一场震撼心灵的人类生存启示之旅。

本书不仅是一部关于气候危机的警示录，更是一次对人类智慧与勇气的深刻探讨。开篇，《巨浪来袭》便以一幅触目惊心的未来图景，将读者猛然拉入了一个由全球气候变暖导致的危机四伏的世界。作者杰夫·古德尔（Jeff Goodell）以震撼人心的笔触，描绘了一个令人心悸的场景："2037 年一场飓风过后，迈阿密滩的枫丹白露酒店大堂里著名的蝶形领结图案地板上铺满了一英尺厚的沙，一头海牛尸体飘浮在摇滚歌星猫王曾经享用过的泳池里……从著名的海滩景区通往佛罗里达州劳德代尔堡的 A1A 高速公路，有 17 英里长的一段被大西洋的海水没过……"

古德尔巧妙地以"亚特兰蒂斯情景再现"为切入点，勾起了读者对古老传说的无限遐想，并聚焦迈阿密、威尼斯等经受海面上升影响的典型城市，深刻剖析了极地冰川加速融化、海水因温度上升而膨胀等自然现象如何像无形的巨手，一步步推高海平面，悄无声息地侵蚀着脆弱的海岸线。书中字里行间透露出的冷静分析与紧迫警示，让读者在震撼之余，不得不正视这场"静悄悄的灾难"。

面对海平面上升的严峻挑战，人类文明仿佛站在了历史的十字路口，其脆弱与坚韧并存的特性展现得淋漓尽致。一条 100 英里长的裂缝已出现在南极洲西部的冰盖上，咸水正腐蚀着威尼斯建筑的灰泥涂层和砖体结构，基瓦利纳堡岛上的 400 名阿拉斯加居民正在被上升的海面所吞噬，建筑师在拉各斯马可可贫民窟无奈地建起了水上飘浮学校……巨浪来袭，低洼的岛国和沿海城市居民的生存空间正被无情地吞噬，历史悠久的文化遗产也面临着沉入海底的悲惨命运。这一切无不深刻地揭示了人类在自然力量面前的渺小与无助。

然而，正是在这样的绝境之中，人类文明的韧性才得以彰显。从古老的荷兰人凭借智慧与勇气"围海造田"，到如今新加坡精心构建的"滨海堤坝"，这些生动的实例无一不证明着人类在面对气候危机时所展现出的果敢与坚毅。而这种不屈不挠的精神，正是人类文明得以延续至今的宝贵财富。

面对未来，如何重建一个既适应海平面上升趋势，又可持续发展的文明世界，是《巨浪来袭》探讨的核心问题。作者古德尔描绘了多幅重建蓝图：从构想中的浮动城市，到对海洋资源的深度开发；从优化城市规划以减少洪水侵袭的风险，到强化国际合作以共同应对气候变化，每一项建议都蕴含着对未来的殷切期望。

但是这些宏伟蓝图的背后，却也隐藏着技术瓶颈、资金匮乏、利益纷争，以及公众意识有待提升等多重难题。"我们将在什么时候决定采取果断的行动来终止二氧化碳污染？我们是否愿意花费几十亿美元来更换基础设施，为应对不断上升的海面做好准备？"古德尔深知，要解决这些问题，需要全球范围内的共同努力与智慧碰撞。"一天又一天，一步又一步，海面持续上升……但只要我们同心协力，就会激发出难以想象的创造力和凝聚力。"因此，他呼吁社会各界摒弃短视与自私，以更加开放和包容的心态，共同面对挑战，探索和实践可持续发展的新路径。

译者高抒老师作为一位在海洋地质学领域享有盛誉的学者，以其深厚的学术背景和丰富的翻译经验为本书的成功翻译和传播奠定了坚实的基础。自 2021 年出版以来，它不仅在读者中引发了广泛的思考与讨论，同时还赢得了诸多媒体的高度评价，并入选第 17 届文津图书奖推荐图书。作为本书的责任编辑，同时也是其中译本的第一位读者，我深感荣幸能够见证这本科普书在国内出版、发行的全过程。

正如本书最后一句所言："我听着波浪冲刷着海岸的声音，这些声音百万年来一刻都不曾停息。"这海浪的永恒之音，既是自然力量的象征，也是对人类行动的催促。希望《巨浪来袭——海面上升与文明世界的重建》这本书，能够唤起更多人对气候问题的关注与行动，为推动全球气候治理贡献更多的中国智慧和中国力量。

悦纳自我　正如自然
——图画书《我说话像河流》赏析

谷惟墨

在这本动人的图画书中，一个小男孩向读者描述了"口吃"的感觉和困境。在父亲陪伴下，一次河边的旅行带来的启发、思考和感受，帮助小男孩度过了"糟糕的演讲日"。有些迟缓、痛苦又抒情的文字语言，配合着变换着梦晕色彩的水色插图，以极高的敏感度把握了小男孩的心路历程，也非常成功地传达给了广大读者。

1977年，世界卫生组织（World Health Organization, WHO）将口吃定义为一种言语节律障碍，是指在说话过程中，口吃者明明知道自己想说什么，却因为难以控制音节而重复、停顿和延长，以致在表达时出现困难。据研究，全球幼儿的口吃发病率约为 8% 至 11%，其中80% 儿童有自愈可能，约 25% 学龄前儿童的口吃情况会延续到学龄期或成年后。曾经有过口吃经历的朋友会比较了解，有时想说的话像是被困在一个无法戳破的泡沫里，舌头绕着卡住的词语绕圈，口吃的那种困难和其他成长期出现的特殊差异一样，令儿童恐惧、痛苦、害怕，尤其对于学龄儿童而言，同龄人之间社交关系至关重要，这种表达的障碍却可能使口吃者被孤立。

这本图画书的创作缘起于本书的文字作者——加拿大诗人乔丹·斯科特（Jordan Scott）回忆自己童年时与口吃斗争的经历。本书的图画作者——加拿大画家西德尼·史密斯（Sydney Smith）则设计了小斯科特作为主人公的形象，图画中的小男孩看起来八九岁，性格

内向，脸上长着雀斑，目光专注。斯科特曾经在他的作品《布拉特》中探讨"口吃诗学"，这本图画书的文字部分也正如他多年研究的成果，断了线的词语用足够的耐心和节奏串珠成线，传达了丰富动人的情感和诗意。

在故事开篇，男孩凝视窗外，思考着自己与文字的焦虑关系：

> 松……松……
> 松树伫立在窗外。
>
> 乌……乌……
> 乌鸦停在树枝上。
>
> 月……月……
> 月亮渐渐在天空消失。
>
> 每天早晨醒来时，
> 这些词语的声音
> 围绕在我四周。

以自由诗的形式模仿被卡住的停顿，同时起到放慢阅读速度的作用，让词语稳定下来。而当词语与隐喻结合时，其效果则令人十分心痛：

松……

松树在我嘴里

长出根

紧紧缠住

我的舌头。

在文字背后，斑驳的画作激发了读者的同理心。窗台上的恐龙、木马、小汽车都是出现在孩子头脑里，却无法抵达嘴边。窗外无定形的场景通过晕染，玻璃中映出孩子的脸与树枝的叠影，充满了不确定性，这样的图像超越了文字，定义了男孩不可预测的言语，也传达了他的忧郁。

同样的情绪波动在"教室"　页也十分强烈地通过图像传达出来，画家史密斯用一个绝妙的视觉方案，来展示口吃如何给人造成一种被迫的社交距离。文字部分"只要老师问我问题，全班同学都会回头看我"，对应了两张有着强烈氛围的同一场景描绘：左侧一幅展示了后一排教室的柔和景象，整洁干净，可以看到学生们的后脑勺上头发的笔触、他们毛衣上的图案等等。然而这一切都在右侧图中发生了变化，画面突然变得模糊，未被完全溶解的灰黑色颜料残渣制造了一种失控和污迹的感觉，学生们模糊的脸带着威胁的神情转向了观众，观

只要老师问我问题，全班同学都会回头看我。

在学校，我躲在教室最后一排，希望自己不用说话。

众坐在男孩所处的座位，视角似乎在不断向后退缩，房间里的光线渐渐暗淡下去了。这样的画面无疑对男孩的社交心理状态进行了最深刻的描绘，痛感也很自然地传达给了观众。

小男孩度过了难熬的一天，当父亲带他去附近的一条河时，他松了一口气。父亲说："看见水怎么流动了吗？你说话就像那样。"在这里河流是一个隐喻，是一个被观察的模型，通过小男孩眼睛看到的、耳朵听到的和身体感受到的，用一张充满流水质感的拼图展现了观察的意图：湍流和漩涡都是自然流动的一部分，正如语言的节奏和流动。

随后本书最打动人的场景以宽幅大折页的形式出现，读者先看到两个并页所呈现出男孩的脸庞，他小心翼翼地探索，心中有疑惑和彷徨，背后射过来强烈的太阳光在耳廓和肩头洒下高亮度的色彩象征着父亲带给他最温暖的支持，这一瞬仿佛他深深呼吸，闭上眼睛，用心灵去感受河流和语言。从这幅图的中心拉开本书充满了力量的折页，从逆光转向顺光，豁然开朗，画中小男孩正涉水进入阳光斑驳的河流，就像他努力让自己进入口吃的不安领域一样。

在这之后的两页里，男孩开始游泳，"当围绕在我四周的词语很难说出来时，我就会想起那湍急的河流。急流回旋，水花四溅，翻滚奔腾，拍打冲击……"这一页游泳的小男孩还是那个逆光阴影中的孩子，但是出现了明亮的蓝白色斑点，是小男孩游泳时激荡的水花，它是解放的，也是快乐的。画家史密斯大量使用水性颜料，同时利用其扩散、渗出、流动和溶解的特点，从而描绘语言流动和不流动的样

貌。水性颜料的自然晕染也与自由诗式的语言形成了非常美妙的互文。开头出现在逆光中的孩子，与水中闪耀的光形成了非常强烈的对比，也暗示了故事主人公突破困境的希望。

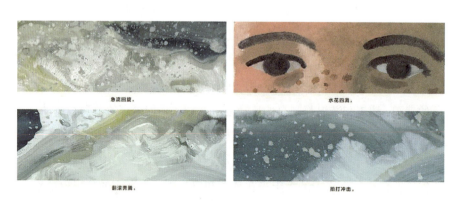

急流回旋，

水花四溅，

翻滚奔腾，

拍打冲击。

　　父亲的一句话"你说话像河流"，给男孩带来了很大的抚慰和鼓励，帮助他通过观察和感受自然接纳自己、直面障碍。在这本书的图书营销上经常会强调它对特殊语言障碍读者的意义，它的意义不仅是稀有的、可贵的，更是感人的。在我看来，这个故事的读者范围还可以更加扩大，一本图画书的语言和图画如此动人，作为一幅成功的艺术作品，对于很多成年人来说也是有意义的。在人生的不同阶段，人总会遇到一些问题和烦恼，让人感觉被生活卡住了，相信这本图画书也会给成年人的困顿心理带来很大的慰藉。

我知道，我说话像河流。

图像与历史的对话

——评苗子兮《观我生：壁画上的中国史》

阿恩克古

　　《观我生：壁画上的中国史》是苗子兮历经两年完成的作品，将历史与艺术完美结合，全文围绕十四个墓葬壁画来展开，共附有 440 幅图；时间跨度之长，地理范围之广，令人赞叹。通过十四件墓葬壁画，塑造了十四个故事，这十四个故事主人公的人生经历、社会环境各有不同，有着截然不同和反差极大的生平，在读者眼前呈现了跌宕起伏和丰富多彩的千年历史。此外，该书相较以往的学术著作，行文方式和行文逻辑进行了较大的创新；文章的用字、结构、叙述都具有小说、散文的特点，对读者具有极大的吸引力。《观我生：壁画上的中国史》叙述了从东汉到两宋的千年历史，在其展现的壁画中，既有中原与边地的关系，也有达官贵人与普通平民的关系，体现历史上区域和民族的交流。此外，作者还对起起伏伏、跌跌撞撞、丰富多变的历史社会进行了不失求真态度的情感表达，表达了历史也具有的温度。

一、对客观历史与主观情感之间度的精准把握

　　历史是具有客观性的，在书写历史和历史研究中，都以历史史料为基础佐证资料，即以历史史实为依据，这就要求从事历史研究的学者在表述历史时，必须体现学术性，要有严密的逻辑和翔实的史料。作者在这部著作中，严格遵循"无一处无来源"的原则，这一点可以从文章末尾长达二十页的参考文献中看出。作者在冷硬的历史真相与

137

柔软的人类情感之间，找到一条相融的路径，没有将壁画单纯视为"历史的证据"，也没有过度渲染艺术的浪漫想象，而是将两者编织成一条双向的绳索，一头拴在严谨的考据中，一头系于人性的温度里，这种平衡，让历史不再是教科书上扁平的年表，而成了有呼吸的众生相。为了能够让读者对接下来的故事内容充满期待，每个故事都以场景化的方式开头，渲染故事内容和体现故事的趣味性，在尊重客观历史的基础上也进行了一些必要的虚构和想象。对壁画所反映的历史复杂性，作者既不回避权力斗争、文化冲突等客观现实，也不忽视个体在时代洪流中的微小挣扎，不仅兼顾了不同的人物角色，而且还完全融入了不同角色里面，从而与各故事主人公产生情感共鸣，使历史具有了些许温度。作者既没有让主观情感美化历史，也未让冰冷的史实吞噬人性的微光，通过壁画告诉我们：真正的历史叙事，既需要冷静的理性去锚定事实，也需要温热的感性去唤醒共鸣。客观性决定了历史的筋骨，主观性则丰满了它的血肉，唯有两者相洽，才能让千年沉默的墙壁，开口讲述真实而动人的故事。

二、历史与艺术的合体

图像史正成为历史研究领域的热门研究视角，如《皇清职贡图》《苗蛮图》等研究，其更能深入、直观地体现历史的演进过程。文字是记录历史的重要工具和载体，以至人们容易忽略除文字以外的其他记录历史的方式。其实，图像的历史比文字的历史更古，可以说文字是从图像中演变、进化而来的。图像设计者可能代表平民百姓，也可能代表朝廷官方。他们都能够表达出对各自所处时代的认知和感受，若代表平民百姓，极大可能表现社会底层人民生活的真实情况。比如书中第四个壁画故事，从洛阳死里逃生的商人阿提可胡·万达克，目睹了中原的动乱社会和河西地区世外桃源般的安定生活，形成极大的反差。图像史研究，可以从图像主人公的动作、神态等细节来推测其在社会、群体甚至是家庭中的身份地位。如书中第二个故事的主人公，东汉勋贵出身，能力出众，能够替豪门操持盛宴，为丈夫担当重任，堪称夫人外交的楷模。壁画中，妇女待客的场景，包括动作、礼仪以及忙得不可开交的宫廷侍女焦躁的情绪，都刻画得惟妙惟肖。通过壁画中的人物细节，将历史考证与艺术解读融为一体，生动还原了古代社会的鲜活图景。书中对人物动作、着装与神态的刻画尤为精妙，那些或躬身礼佛、或扬鞭策马、或俯身宴宾的姿态，不仅是艺术形象的塑造，更是时代精神的切片。画中仕女宽袖垂地的飘逸，暗示着纺织工艺的进步与贵族审美的变迁；将士甲胄的繁复纹样，则指向军事制度的演变与边疆冲突的痕迹；就连人物眉眼间微妙的神态，也被作者赋予深意。历史在此不是抽象的概念，而是可触可感的具体画面。

三、民族交融的历史依据

《观我生：壁画上的中国史》中所精选的十四幅壁画，不仅体现了区域与区域之间的交流，更重要的是体现了"边境"族群与中原族群的交往交流。如第八个墓葬壁画故事的主人公虞弘，就是一个典型的跨区域且跨族群的例子。虞弘来自西域，作者说"虞弘将自己的祖先追溯到颛顼和虞舜，这是胡人入华的一种惯常的做法"，这也说明，来自西域的虞弘对华夏文明的认同。虞弘的家族经过长途跋涉，一路迁徙，来到了我国的北方草原，从西域至我国北方草原，并非一朝一夕之事，肯定是经历了漫长的岁月，沿途少不了和所经地区民族的交流与互动。当然，到北方草原之后，西域文明与草原文明互相碰撞，经过岁月的洗礼，虞弘见惯了"风吹草低见牛羊"的草原生活，逐渐融入草原文化的大家庭之中。虞弘家族也随之受到器重，被委以事权，取得一席之地。来自异国他乡的人能取得如此成就属实不容易，这背后必定有文化认同和文化包容因素在无形地推动，这种推动是主动的、双向性的。

区域和民族的交流并不意味着"同化"，更重要的是保持特色的同时体现包容性，如契丹人阿保机曾培养了一批"汉化"颇深的继承人，力图采用汉法来治理。但阿保机同时也意识到，自身传统勇武之气不可丧失，因此也大量地保留传统特色。契丹人虽然对于"汉化"有一定的抵制心理，但不可否认的是，随着战乱的频发，人口的迁徙和流动促进了民族之间的大面积接触，民族交往、交流、交融以一波势不可挡的巨浪汹涌而来。

四、总结

《观我生：壁画上的中国史》以图叙史，以场景化的方式从壁画中活态演绎中国古代史，使沉睡千年的历史活起来。这本书所体现的学术思想和学术视野都特别值得读者学习和借鉴。首先，以大量的古籍文献实证和解剖壁画的细节，在此基础上与壁画中的人物角色产生情感共鸣，这种对客观历史进行情感表达时不失真的学术态度，将趣味性与学术性进行了完美的结合；其次，艺术与历史两门学科无缝衔接，是跨学科研究的经典例子，说明了图像也是记录历史的载体之一，给人以新的研究视野的启示；最后，壁画中的民族交融痕迹，为中华文明的多元一体提供了视觉证词，中华文明从来不是单一族群的独白，而是多民族在碰撞中交融、在差异中共生的史诗，壁画上的每一道异域纹样，都是文明包容力的注解。

四时四季　巧艺巧匠

——《四时工巧：乡土中国寻美》书评

袁乐乐

　　"民艺，是乡野间的温情，是普通老百姓最具情致的真实。"第 18 届文津图书奖获奖图书《四时工巧：乡土中国寻美》是一本关于中国民间艺术的著作，全书内容按春、夏、秋、冬四个季节来编排，按一年四季的时间维度梳理传统民间生活的衣食住行用，带我们回到传统的春种、夏耕、秋收、冬藏，重拾传统文化和传统技艺，激发传统造物在民众生活中的内生动力。

　　本书装帧非常精美，封面是墨绿底色加烫金字体与图案。内页纸张按季节设置不同颜色，春夏秋冬四个季节分别用的是淡绿色、淡粉色、淡黄色、淡蓝色，每一部分的第一页是浓墨重彩的绿、红、黄、蓝，整个装帧设计给人一种非常愉悦的感觉。

　　作者潘鲁生教授是中国现代民间艺术的倡导者、探索者，四十年来一直致力于民间艺术研究，带领学术团队深入民间进行田野考察，不断行走在田野山川间，被赞誉为民间的"驻守者"，民间文化的"拾荒者"。本书就是他多年经历的汇总，在生动呈现传统乡村生活意趣与智慧的同时，字里行间也充满了学者的社会责任感和使命感。冯骥才先生在为《到民间去》①展览所作的序言中，这样评价潘鲁生："只有人在民间、心在民间，他的学术才充满活力；只有深爱民间、心

---

① 2021 年 12 月 26 日，"到民间去——潘鲁生民艺展"在中国国家博物馆开幕。

爱民间，他才会不断地呼吁'到民间去'；只有和自己的人民与文化在一起，才称得上真正的学者。""传统的积淀，理论的建造，文化的创新，这三方面结合起来，成就了潘鲁生浑然一体的民艺世界。""在他的民艺世界里，这些民间珍品是他与大地文化真挚的定情之信物。"

"天有时，地有气，材有美，工有巧。"从这本浸润着乡土中国之美的著作中，我们既能读出民族自信、文化传承，也能增强审美体验，提升审美格调，同时，在提倡推动中华优秀传统文化创造性转化和创新性发展的时代背景下，还为探索乡村振兴新路径提供了一些思路。

近年来，我们一直在讲文化自信，要让我们的文化走向世界，向世界展示中国艺术，对世界讲好中国故事，是我们这一代文化人的使命。那么，要文化自信，必须我们自己从心底里真正认识自己国家艺术的伟大。而民艺，是民族精神的生动载体，更是民族的"根"文化。在推动中华优秀传统文化创造性转化、创新性发展的时代感召下，我们更应关注以民艺为代表的乡土文化和民间文化，挖掘千百年来根植于乡土中国的技艺民俗和工匠精神。我们需要通过对民间艺术的关注和了解，寻找并树立中华民族的自尊自信。本书为读者寻找中华文化的精神内核提供了一些线索。

传承民艺之美就是传承饮食之美、器具之美、技艺之美、造物之美，是在回归具有中华民族特质的生活文化。那些看似寻常的老手艺、旧物件，都弥散着时光的灵晕，深藏着我们的传统，饱含着我们的文化。无论是生产、服饰、饮食、节日，还是技艺、传说、信仰、礼仪，都将引领我们从艺术的体系中走出来，去观照现实的生产生活，这既是回归民间造物艺术之本的寻根溯源之旅，是回答艺术之于民众、艺术之于生活的本质问题，也是在社会的快速发展中回望驻足、守护传承。这是一本适合亲子共读的书，带着孩子一起看看爸爸妈妈小时候穿过的虎头鞋、戴过的虎头帽是什么样子的；从蚕宝宝出生到吐丝，再到缫丝、纺织、染色，经历了一个什么样的过程；农民伯伯们耕种和收获农作物都要用到哪些农具等等，让我们的下一代知晓传统乡村生活的模样，了解我们的民间艺术，并领略民间艺术之美。对于经历过乡村生活的读者来说，本书也为其提供了一寸回忆的空间。

生活之美在日常、在劳作、在人情事理中，这是民间艺术源于自然、源于历史、源于自我的恒久魅力。这本书里有很多精美的民间工艺品图片，这些工艺品是民族历史的深刻积淀，更是民族之美的生动呈现。在坚守传统文脉、展现民艺之美的同时，工艺品背后的匠人精神和淳朴民风扑面而来。书中描述的传统乡村生活之美非常具有画面感和感染力，比如北方院落秋收后金黄火红的妩媚，南方高墙深院中的清雅肃静，都十分打动人心。遍野尽春耕的欣欣向荣、锄禾日当午的蒸蒸日上、郊野望茅檐的殷实富足、冰雪偎暖阳的其乐融融，尽在其中。

民间艺术深入百姓生活，生于历史，活在当下，更以精彩的姿态面向未来。近几年，伴随脱贫攻坚及工艺振兴政策的贯彻落实，传统手工艺成为助力文旅融合、产业联动的有利因素，成为村落经济发展的新引擎。民艺成为旅游资源、成为互联网资源、成为乡村民众脱贫致富的金钥匙。民艺作为振兴乡村的文化原动力，在现代因素的推动下积极参与着当地经济发展的重构。本书也为民生设计及探索乡村产业振兴路径提供了一些灵感。

文明的连续性体现在集体意识中。当我们慢下脚步，驻足回望，乡土中国的民间艺术既以其温情脉脉之美扎根于我们的历史，又以其生生不息的活力引领我们走向未来。

历史回响与未来愿景

——读《书籍秘史》

阎伟萍

想象一下，置身于一座古老的图书馆，书架上满是厚重的卷宗，阳光透过窗户洒在尘埃飞舞的空气中，仿佛每一缕光线都在诉说一个古老的故事。西班牙作家伊莲内·巴列霍的《书籍秘史》正是这样一扇通往了解书籍殿堂的门，让我们重新审视书籍在历史长河中的重要地位。从古代的莎草纸书卷到中世纪的抄本，再到现代的电子书，书籍不仅是知识的载体，更是文化与情感的传承。在数字时代的今天，书籍依然是我们心灵深处的避风港，承载着我们的梦想与追求。通过伊莲内的文字，我们仿佛能听见历史的回响，感受每一本书背后所蕴含的指向未来的力量与情感。

历史与情感的交织

伊莲内以细腻的笔触，穿梭于历史的长河，探寻书籍如何在时间的流转中，成为人类智慧与情感的承载体。她用生动的故事将我们带回古埃及，那些古老的莎草纸书卷在阳光下微微颤动，仿佛在低声细语，那一刻，书籍不仅是文字的载体，更是文化的桥梁，连接着过去与现在、个体与世界。

伊莲内在书中写道："它们是记忆的延伸，是鲜活记忆无法企及的时空的唯一见证——它们不完美，容易产生歧义，却无可替代。"阅读这本书之前，我一直有个执念，就是每读一本古籍或经典时都想探寻最初的版本，都想知道没有被改动的初始版本是什么样子的。这也使得我读书时对当下的版本产生怀疑，影响阅读体验，"阅读的乐趣荡然无存"。《书籍秘史》详细描述了书籍抄写员的工作，这让我突然意识到，没有一个版本是完美的，任何一个版本想要传承下来，都可能经过无数抄写员的手。那么拿到我们手中的这本，其实凝结着无数抄写员的智慧，也许就是最完美的一本，能读到它们是我们的幸运。

随着时间的推移，书籍的形态不断演变，但其承载的情感却始终如一。书籍是如此脆弱，以至于任何一点儿伤害对于它们来说都是致命的。不可否认的是，这些脆弱的碎片似乎成了与遗忘对抗的唯一力量。亚历山大图书馆的毁灭，战争和灾难让不计其数的书籍瞬间消失，时而被统治者作为罪大恶极的东西而销毁，这些悲剧的发生不仅让我们失去了历史的见证，更让我们面临着文化传承的危机。

文化与智慧的传承

文化仿佛是一条涓涓细流，流淌在历史的每一个角落。伊莲内特别提及古罗马时期书籍的象征意义——知识不仅是权力的象征，更是身份与地位的体现。那些高高在上的官员和哲学家们，正是通过书籍来宣扬自己的智慧与影响力。她描绘出一幅幅生动的场景：书卷在蜡烛的微光中闪烁，知识的火花点燃了无数梦想与理念。在这些古老的书籍中，我们不仅看到了历史的印记，更感受到了人类对知识的渴望与追求，那种对真理的不懈探索，让每个读者都能与之产生共鸣。

书籍这一人类智慧的结晶，承载着人类数千年的智慧与情感，见证了文明的兴衰与更迭。我们回顾历史的同时，更要思考这些文化遗产在现代社会中的重要性。随着科技的迅猛发展，数字时代的到来，信息的获取变得无比便捷。但在这种便利背后，深度阅读的机会却日渐稀缺。尽管电子书和网络文章让我们触手可及，但那种在纸张上游走、在字里行间沉思的体验，是无法被替代的。每一本纸质书籍的翻动，都是一次与历史对话的机会，它们如同沉睡的巨人，等待着读者的唤醒，带来智慧与启迪。

伊莲内在《书籍秘史》中的思考不仅仅停留在过去与现在之间，

她更深入探讨了书籍在未来社会中的角色。在这个充满变化的时代，她希望我们在纷繁复杂的信息中，依然能够找到那份对深度思考的追求，抵御浮躁与浅薄。在与未来的对话中，我们更要重新审视阅读的意义。书籍不仅是获取知识的工具，更是塑造思维、锻炼情感和建立价值观的途径。当我们在阅读中与不同的声音对话时，也在不断丰富自我的视野与思维。

书籍的力量

《书籍秘史》中转述了一个售书人的话："书里什么都装得下，装得下天空，装得下大地……我现在拉的货是永恒的救赎。没错，对他们渺小痛苦的灵魂的救赎。""书帮我们熬过了历史上的大灾难和生活中的小悲剧。"书籍在塑造人类思想与文化中是一股独特的力量。通过每一次的翻页，我们与作者的思想产生共鸣，激发内心深处的灵感与创造力，这种对话是任何快速消费的信息所无法比拟的。书籍的力量恰恰在于它们能够提供深度思考与反思的空间。

面对多元文化的冲击，我们需要重新审视自身的文化根基，让书籍成为我们理解和接受多样性的工具。当我们在书中遇到那些勇敢追寻梦想的人物时，心灵的触动往往会促使我们反思自身的价值与追求。伊莲内通过引人入胜的书籍的历史故事，让我们明白，阅读不仅是个人的成长之路，更是推动社会进步的力量。每一本书都是一扇通向未知世界的大门，每一次阅读都是一次心灵的觉醒，让我们在面对未来的挑战时，倾听历史的回声，感受情感的温度，在字里行间找到属于自己的智慧与启示。

今天，世界瞬息万变，但那些对我们产生巨大影响的经典之作中的每一个字句，依然如星辰般闪烁，带领我们在思想的宇宙中遨游，启迪着我们追寻真理的勇气。《书籍秘史》中说："所有读者的心里都藏着一座私人的秘密图书馆，里面的那些文字曾在我们的生命里留下印记。"阅读是我们与历史的对话，与未来的交流。让深度阅读成为我们生活的一部分，在每一次静下心来与书籍相伴的时刻，都在与自己的内心深处进行对话，反思生命的意义与价值。

图形：思考的源头

星　河

　　说起来自己也算博览群书，但有时还是深感阅读量不足。或许是我孤陋寡闻，读过不少梳理数学发展脉络的通史与专门史著述，但完全从几何学角度来阐述数学历史的书还是第一次看到。

　　《极简几何史》构建了一部图文并茂、五彩缤纷甚至是美妙绝伦的几何画卷。它以一种遍历一切的视角，审视着人类文明携几何学科所走过的数千年历程，不但展现出几何学自身的成长，也昭示出它在其他领域的延展衍生及其重要影响。

　　本书从古埃及和古希腊的大地测量与建筑工程开始阐述，条分缕析地列举出无数经典的几何概念与思路，但又时刻与当代前沿科技的种种理论体系产生关联。它以时空穿越般的姿态在历史长河中不停地跳跃，在不同的时间节点寻找相互呼应的伴侣与对象。从平面密铺方法，到埃舍尔的数学艺术绘画，再到彭罗斯贴砖导致的准晶体构造；从高维空间概念的建立，到抽象的希尔伯特空间，再到量子理论研究；从各种各样的绳子纽结，到形形色色的空间格式，再到脱氧核糖核酸（DNA）结构与最新原子理论；从球体堆垒问题，到野生蜂巢构造，到开尔文泡沫结构，再到引发"水立方"设计灵感的威尔—费伦气泡模型……随着脑力体操动作的逐渐复杂，读者在作者的带领下一步步走近近代科技的巅峰。而诸如我们耳熟能详的黄金分割、莫比乌斯、四色问题等几何命题，只是其中寻常的一小部分，尽管作者在解读这些问题时依旧有新的材料贡献。

跟随前辈学者的步伐，我们可以明显地感受到，人类在早期实践活动中是如何利用"形"来考察和解决问题的。他们凭借几何学来研究天文学以及人们所关心的诸多学科——科学家不但钻研关乎人类切身利益的技术问题，同时也不拒绝思考遥远而深邃的哲学问题。事实上，无论托勒密的地心说还是哥白尼的日心说，并没有解决天体运行的动力学问题，都是从纯粹的几何学逻辑推导出错误或正确的结论。过去我们对微积分的理解往往较多来自具体而直观的牛顿运动学，在这里我们终于洞悉到莱布尼茨微积分的几何源头。

作为一部介绍数学发展的科普作品，很难避开一些纯理性的探讨，尤其还是早在两千多年前就被以一种朴素方式公理化的几何学科。但所有的证明都干净利落，简洁有力。比如作者简单直观地证明了为什么只存在五种柏拉图立方体，此后这类特殊的完美立方体便贯穿始终，在不同时代、不同领域以不同的变化形式反复出现。

事实上这种联系随处可见、无时不在，让人深刻体会到几何学以至于整个数学学科都是一个密不可分的有机整体。整部作品自空间始，以空间终，开篇所提及的相对论与弦理论在结尾的弯曲空间得到落实，最终又以闵可夫斯基时空、庞加莱猜想和爱因斯坦相对论中的过去、现在与未来为开放式结局，让人真切体味到掩卷后的齿颊留香。

特别值得一提的是，在全书篇末还留有数个悬而未决的几何猜想，宛如那些逝去的先贤大哲们，在风中雾里低声召唤我们砥砺前行。

对于喜爱数学的青少年读者来说，这部书真得无须大力推荐，他们拿到书后自会爱不释手；倒是很愿意向那些对数学兴趣不大或者说畏惧数学的读者推荐一下——假如每天抽出一点点时间（比如看短视频的碎片时间），认认真真、仔仔细细地吃透一页，半年后你的思想或许会有突飞猛进的巨大变化。

回归与出发

——读薛涛儿童小说《桦皮船》

马　忠

　　儿童文学是对童年的文学致敬，引领儿童精神成长。在儿童文学的创作上，作家薛涛从一开始就深扎于故乡东北的白山黑水，一向保持着独特的审美价值追求——饱含深厚的人文底蕴和艺术感召力的真情写作。长篇儿童小说《桦皮船》，便是一首对生命的颂歌，是大自然的诗篇，更是作家心灵的激荡。

　　书名"桦皮船"，一个兼具神秘气息与原始质感的意象，不仅装着好看的故事，也承载了丰富的内涵。鄂伦春族世代居住在祖国东北的大小兴安岭，桦皮船是他们漫长游猎历史的见证。随着生活的变迁，现在的鄂伦春人已不再需要桦皮船作为交通工具。源远流长的桦皮船制作这一古老的传统手工技艺日趋衰微，亟待保护。在此背景下，《桦皮船》讲述了老猎人托布和小孙子乌日，携一条桦皮船、一只小狍子，一路北上，奔赴林莽苍苍的大兴安岭，追寻鄂伦春人从前的足迹，送死去的猎狗阿哈"回家"的传奇故事。一路上，感动与欢喜交织。山上的撮罗子历经风雨，山下的呼玛河奔涌向前。男孩乌日第一次驾着桦皮船，驶向心灵的故乡；爷爷托布遥望群山，向久远的过去深情道别……小说中这一老一少"返乡"的过程，既是一个孩子开始全新人生体验的过程，也是鄂伦春族告别旧有生活，走向新生活的过程。

　　桦树皮制成的桦皮船，小巧轻便，"它在呼玛河上跑得飞快，能追上鹿；上了岸，我就背着它走。它就是我的脚，我离不开它。现在，它却成了一个摆设……"开篇老猎人托布的感慨，奠定了小说叙事基调——欢快、忧伤而又略带怅惘。小小桦皮船像电话线一样，接通城与乡，贯穿少年乌日的成长过程，融社会变迁、文化传承、民族融合、自然生态等诸多主题于一体，从文学、哲学、生态学、人类学等各个侧面折射出光芒。表面上看，故事发端于现代化城市沈阳，孙子乌日在爷爷托布的引导下最终回到边疆小镇大兴安岭腹地十八站，但这并不是结束。因为祖孙俩一路珍爱的桦皮船回到了呼玛河里，"呼玛河才是桦皮船的家"，接着，"河水流进黑龙江，又随着江水流进鄂霍次克海去了"。正如小说中所写，"桦皮船恋恋不舍，在河心徘徊几圈，然后随波逐流向下游漂去。在白桦林诞生的时刻，它就想去看大海，今天如愿以偿，向着大海出发了"。漂走的桦皮船走出了呼玛河，有着显著的文化象征意味，为不同的读者提供了多维度解读的可能。

从叙事方式来看，《桦皮船》以多重叙事视角进行叙述，多声部切换形成"复调"的叙述节奏，整个作品的笔触浪漫轻灵。具体来说，作家创作的目的是通过叙事视角的选择来实现的，其中包含了创作主体更为隐秘的深层次精神诉求。《桦皮船》在运用儿童视角的同时，也非常成功地运用了鄂伦春老猎人爷爷的视角，来观照个体生命的成长与变化，夹杂着对山水风景、风俗人情的细腻描写，谱写了一曲悠扬婉转的白山黑水牧歌。两种叙事视角碰撞出了富有张力的戏剧性文本，产生了陌生化的阅读体验。写实的情境中叠加了想象，由此来凸显人物的个性特征和精神气质。两种叙事视角交融在还乡叙述中，使得整部小说呈现儿童视角看世界的好奇，具有凸透镜的效果。小说最有意味之处在于结尾处，乌日独自回到十八站，"火车逐渐加速，把乌日带走了，把小站丢进碧绿的森林。路上还有熟悉的人和事在等着他"，与小说开头乌日坐着绿皮火车"回家"，"'窗外的风景非常非常非常美'——写完这行字，小孩子儿的灵感就彻底枯竭了"相呼应，形成了耐人寻味的"返乡—远行"的独特叙事话语结构。

通读长篇儿童小说《桦皮船》，我强烈感受到，这部小说语言别具风格，简练中透着幽默，风趣中透着睿智。细读时可以发现作者对文字的敬畏，对文学的热爱，对少年儿童的精心呵护。他对每一个文字都进行反复斟酌，就好像一个技艺精湛的大师，对作品进行精雕细刻，比如对桦皮船的描写："船体雪白，很像用一大张白纸折叠成的"，"一支木桨狡猾地别在船舱底下，随时准备协助这条船逃跑。"简单的文字经过作者匠心独运的组合，生动地写出了桦皮船的颜色、形状和配件。特别是"狡猾""协助""逃跑"三个词，赋予了木桨和桦皮船人格化，可谓妙趣横生。这样的描写，符合儿童的天性，能把孩子的心牢牢抓住。同时，小说在轻松幽默的氛围中，巧妙地融入了对生活、人性、文化传承等深刻问题的探讨，没有丝毫说教之感。

值得一提的是，乌日经历惊喜与惊险的旅程抵达十八站，小狍子古然回到山林，黑狗阿哈葬于撮罗子，桦皮船回归呼玛河……小说以富有隐喻意味的叙述方式，艺术地完成了人与物在肉体与精神意义上的"回归"。

小主角，大世界

——评《你的世界有多大》

邓玉洁

　　《你的世界有多大》是一本宛如璀璨星辰般闪耀的童话书籍，它以独特的魅力和深刻的内涵，为孩子们乃至成年读者开启了一扇通向奇妙世界的大门。

　　这本书的故事情节引人入胜，仿佛是一首流淌着温暖与智慧的诗篇。故事的主人公是一只名叫"小不点"的老鼠，它诞生在一个温馨但略显狭小的洞穴中。从睁开眼睛的那一刻起，小不点就对周围的一切充满了无尽的好奇。它不满足于仅仅听从长辈们的告诫，局限在熟悉而安全的洞穴世界里。

　　在一个微风轻拂的清晨，小不点毅然决然地迈出了勇敢的一步，离开了那个它曾经认为是整个世界的洞穴，踏上了充满未知和挑战的探索之旅。在旅途中，小不点遇到了一块会思考的石头。这块石头不像其他石头那样沉默不语，它与小不点分享了自己对世界的观察和感悟。石头告诉小不点，世界不仅仅是眼前所见，还有许多隐藏在表象之下的奥秘等待被发现。小不点被石头的智慧深深吸引，它开始更加用心地去感受周围的一切。

　　接着，小不点与风成了朋友。风带着它穿越了茂密的森林，让它感受到了风的力量和自由。小不点闭上眼睛，倾听着风在耳边的低语，仿佛风在向它诉说着世界的广阔与多彩。它的毛发在风中飘动，那一刻，小不点明白了，世界是如此的宽广，只要愿意跟随风的脚步，就能去到任何想去的地方。

小不点还帮助了一只受伤的小鸟。它用自己小小的身躯为小鸟寻找食物和草药，精心照料直到小鸟恢复健康。在这个过程中，小不点体会到了帮助他人所带来的快乐和满足。小鸟感激的眼神让它明白，自己虽然渺小，但也能给这个世界带来温暖和希望。

小不点的旅程继续延伸，它来到了一望无际的草原。草原上的青草在微风中摇曳，像是一片绿色的海洋。它看到了奔腾的骏马、悠闲的羊群，感受到了大自然的雄伟和壮丽。夜晚，当繁星布满天空，小不点躺在柔软的草地上，仰望着璀璨的星空，心中充满了对宇宙的敬畏和对未知的向往。它意识到，世界比它想象的要大得多，也神奇得多。

在这段充满奇遇的旅程中，小不点不断地成长和改变。它学会了独立思考，不再盲目跟从他人的观点；它学会了勇敢面对困难，不再因为恐惧而退缩；它学会了关爱他人，明白了每一个生命都有其独特的价值。

作者乌尔夫·尼尔松通过细腻而生动的文字，将小不点的冒险描绘得栩栩如生。读者仿佛能够跟随小不点的脚步，一同感受每一次的惊喜、每一次的挑战和每一次的心灵触动。书中的插画更是锦上添花，用丰富的色彩和细腻的线条，为读者呈现出一个如梦如幻的童话世界。每一幅插画都与文字完美融合，进一步增强故事的感染力和吸引力。

从教育的角度来看，《你的世界有多大》不仅仅是一个简单的童话故事，它更是一本富有启发性的成长指南。它教导孩子们要勇敢地追求梦想，不要被眼前的困难和局限所束缚；要保持一颗好奇的心，不断去探索未知的领域；要学会关爱他人，因为在帮助他人的过程中，我们也能收获成长和快乐。

对于成年读者而言，这本书也是一次心灵的洗礼。它让我们重新审视自己的生活，反思我们是否已经失去了那份曾经拥有的好奇心和勇气。它提醒我们，无论年龄大小，都应该保持对世界的热爱和对梦想的追求。

　　总的来说，《你的世界有多大》是一本值得珍藏和反复品味的童话书。它以其深刻的寓意、精彩的情节和精美的插画，为读者带来了一场视觉和心灵的盛宴。无论是在宁静的夜晚陪伴孩子入睡，还是在闲暇的午后独自享受阅读的时光，这本书都能带给我们无尽的温暖和力量，让我们相信，只要我们勇敢地迈出脚步，用心去感受，这个世界将为我们展现出无限的可能。

"我的"故事，讲给你听

余　雯

这是一本属于王盒盒的小书，里面记录下了许多属于他的东西。他身体里的马，是无忧无虑的童年。他的老师，是他崇拜又喜爱的人。他的朋友，和他嬉笑打闹，争吵又和好。他的病，带着死神来到他身边。他的守护天使，带他回顾自己与众不同、爱意丰盈、白驹过隙的一生。他的最后一封信，留给家人们最温暖的爱。不长的文字，勾勒出这个9岁小男孩古灵精怪的创想，他眼中的世界与死亡，他个人的成长与成熟。

刚开始阅读《我的，我的》时，我们会被王盒盒那些奇妙的想法和敏感的内心吸引。他就像每个幼儿园、小学里的小男孩一样，有无穷的活力和偶尔的沉静。他给许多东西贴上"我的"标签，以童稚的占有确认自己在世界上的立足之处，彰显自己独一无二的存在。他又会陷入对"离别""衰老""黑暗""死亡"这些抽象概念的哲学思考，以儿童独有的率真探索自己的内心、情感和这个变化无常的世界。作者的文字带着色彩，带着声音，营造出了恬静的阅读氛围。但如果仅仅停留在这个层面的书写，这本书不过是部贴近儿童日常生活的小品之作，优质但不鲜见。

可接下来，故事的走向毫无预兆地变得阴沉又雾蒙蒙，行文也不再轻盈，变得潮湿而沉重。王盒盒的病让读者忽然警醒，命运起伏不定，生命也会戛然而止。现实生活中，我们听说过许多在小小年纪

155

就患上绝症的孩子，我们也在媒体上看到过还未睁开双眼就已经进入生命倒计时的孩子。当他们短暂的人生以"王盒盒"的样子呈现在书页间，前文所有的欢乐、孤单与沉思都更加激荡读者的心灵。相比以前的作品，作者赵卯卯少见地将笔锋转向如此现实的主题。她不执着于绝症带来的戏剧性与撕扯，而是选择呈现一个完整的、成长中的儿童形象，用自己一贯富于童话幻想色彩的行文方式包裹住了病痛与生死这样沉重的内核。现实与想象相接相融，正是儿童最熟悉的生活状态。这样的写作方式，也就轻巧地让王盒盒走入小读者的内心。他拥有小马一样的生命力，他对身边的人有着好奇心与探究欲，当生命不巧转向歧路，他用自己的思考、用自己与病友"老鸡蛋头"的对话向我们展现了一种生活态度。

我的，我的，都是我的。快乐是我的，悲伤是我的，孤独是我的，遗憾是我的，释怀是我的，爱也是我的。我把这份爱送给身边的人，愿它永不枯萎。

生命教育不是用某个生命片段进行教育，它让我们尊重生命的每个阶段，让我们珍惜各种生活的样态。思索与迷茫都值得探寻，欢乐与孤独都无法回避，幼年与暮年都有各自的印痕。除了王盒盒，这个故事还隐藏着很多秘密，比如毛老师像猫一样的影子，小葵的守护天使，老鸡蛋头的人生经历，一家人今后的生活。读者可以用想象力、用自己阅读后的思考尝试揭开这些谜团，亦可以合上这本书，骑上白色的小马，为"生活"这个最深奥的秘密寻找答案。

诗歌手簿：给未来的礼物

——评莫波格《雨靴带我去流浪》

高萌萌

　　《雨靴带我去流浪》是英国儿童文学桂冠作家迈克尔·莫波格与妻子克莱尔第一次合作，克莱尔精心挑选童年回忆中的 40 余首诗歌，再由迈克尔来创作小女孩皮帕在德文郡乡间漫步的故事。为了把二者编织在一起，他们找到奥利维亚·洛门尼奇·吉尔为这个故事创作图画，于是一本属于皮帕的珍贵"诗歌手簿"面世了，它不仅是一本涂绘的乡间日记，还夹藏着精心收集的标本与动人的诗歌。这件属于童年的宝藏被翻译成多国文字，传递到世界各地小朋友的手中。

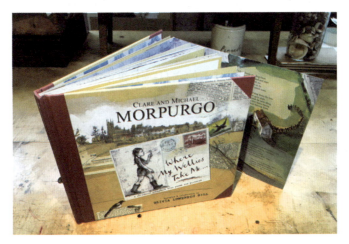

奥利维娅工作室中的英文版样书 ©Olivia Lomenech Gill

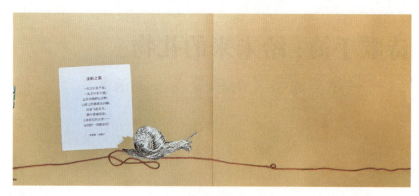

皮帕之歌

当"漫步"遇见诗歌

人们常说"漫步"是思考的最佳场景，在历史上有太多通过"漫步"启发创造性的例子：尼采喜欢散步时与自己灵魂的相遇，克尔凯郭尔认为散步可以使人进入最佳的思想状态，卢梭写下《一个孤独漫步者的遐想》，在漫步中与心灵交谈，一边散步一边思考命运与幸福、情感和善良等问题，在自然中寻找天然和天性，享受每一缕晨风和每一棵花草带来的感官体验……

在故事的开头，佩姬姑妈问皮帕要去哪里，她回答说，"随便……雨靴带我去哪里，我就去哪里"，这便是皮帕"漫步"开始的瞬间。剪贴簿上约翰·梅斯菲尔德的诗歌《特克斯伯里的小路》引导读者跟着皮帕的脚步，一起去感受空气的味道和温度，聆听小溪和雨点的节拍，观察植物和动物的行为和样貌……于是皮帕在手簿里记下了自己的感受：栖在电话线上的六只燕子和花团盛放的樱桃树，"整个世界都有了新的味道"，接着她又收集了另一首诗歌——A.E. 豪斯曼（Alfred Edward Houseman）《此时的樱桃树，最可爱的树》，感叹"五十个春天太过短暂"，思绪随着漫步扩展开来，从当下的观察和体会，走向对四季和时间的思考。

在乡间漫步的途中，皮帕拜访了农庄主耶兰。奥利维亚在这一幕创造性地描绘了皮帕心中的世界，她观察着老人在田间翻地的身影，田埂上写满诗句，是爱尔兰诗人谢默斯·希尼（Seamus Heaney）的

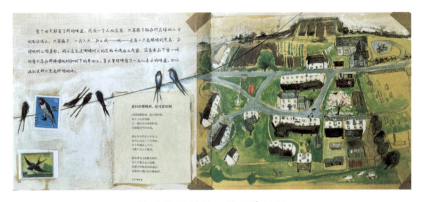

此时的樱桃树，最可爱的树

挖啊挖

诗歌《挖啊挖》，将田间劳作映照纸上笔耕，在这一刻，想必皮帕懂
得了这首诗的浪漫：

> 土豆发霉的冰冷气味、潮湿泥炭
> 被挤压出的咯吱声、锋利的锹刃
> 斩断草根的声音，都在我的脑海中回荡。
> 但我没有手持铁锹跟随他们。
>
> 在我的食指与拇指之间
> 一只粗大的笔躺着。
> 我要用它挖啊挖。

皮帕的田间漫步开启了多重感官，在这个过程中，她听见、看见、碰触、感受、思考、做梦……夹在剪贴簿中的诗歌既像前人留给皮帕的线索，引导她、教会她如何去听去看，也像一本可以检索的词典，帮助她诠释此时此地所获得的感受。克莱尔·莫波格所选取的40 首关于乡村的诗歌，是年长者送给孩子的礼物，它们像一副温柔的手掌，陪伴着勇敢地在乡间游戏的皮帕，呵护着小小漫步者的心灵成长。

采集、收藏与获得

大自然本身即是一本丰富的百科全书，在儿童与自然世界建立联系的时候，对身边的动物和植物、山谷与星空进行观察、描述，博物学则会是孩子最好的朋友。奥利维亚在进行手簿图像创作时，通过图画、剪报、拼贴、涂写等综合材料的组合设计，向读者列举了儿童如何建立自己的博物世界，多识草木鸟兽之名，采集标本和绘图记录能够帮助儿童建立最初的科学认识世界的方法。

奥利维亚工作室中的创作手稿 ©Olivia Lomenech Gill

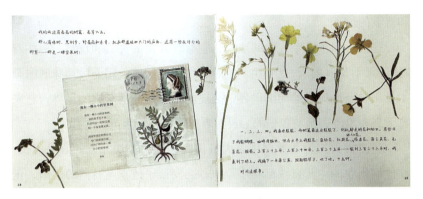

皮帕采集的植物标本

　　当皮帕路过开满鲜花的原野，天真地开始自己的数数游戏，数着蓝铃花、红荆花、报春花、毛茛花的种类，再数着它们的数量。她采集了每一种野花的标本，精心贴在诗歌明信片的旁边；收集不同种类的蝴蝶标本细心标注，画出在路上遇到的绿色胖毛毛虫，想象着它在某日破茧成蝶；她还记录翠鸟的颜色和飞行的动态，列举自己所了解的小猪品种；她畅想喜马拉雅山脉和沙漠中的金字塔，也画下五旬节欢乐的舞蹈等等。尽管本书讲述的是皮帕的一次乡间之旅，这些收藏却不是在一日之内完成的，奥利维亚的手稿创作也展现了这个阶段性的过程：一段假期中，儿童在自己珍爱的日记本上反复描摹自己所看见的世界，渴望地收集她所能收集到的一切事物，贴贴补补、悉心摩挲，是自己在假期中获得的至宝。

绘制心灵地图

　　在图画书中运用较多的翻页、折页、跨页和半透明硫酸纸页面，一方面是用于塑造剪贴簿丰富的特质，另一方面也延展出更为宽广的内容空间，让图像所展示的"漫想"与故事线索中的"漫步"形成互文，在线性的"讲故事"叙事中，增添了纵向的阅读深度，这种"聚合—分散"的阅读体验并不是图画书表现所采用的主流方式，同时也增添了阅读的难度。为此，作者把皮帕的手绘地图折叠起来，放在了开篇，便于读者按图索骥，探索场景发生的地点以及她收集花草甲虫和诗歌的位置。

这是一张十分个人化的地图，它有着儿童的纯真和玩笑，标注着"比例尺不是真的"，也倾注了绘画者细腻的情感。用充满趣味的图画丈量出自己所探索的周围世界，是皮帕通过体验所掌握的世界，它来自天真和浪漫，是与孩子的心灵有着紧密联系的世界。

莫波格夫妇为儿童创作了大量优秀读物，关切儿童的心灵成长，在他们创立的"儿童城市农庄"中，启发孩子建立与自然的感情，正是这些经验驱使他们创作了这本图画书，在故事中融入自然和动物的诗歌，再以奥利维娅优秀的图像设计，为孩子们提供了一个小小的宝藏。孩子们既可以反复阅读，也可以通过模仿去制作属于自己的诗歌手簿，探索自己看到的世界和生命，与万物相互尊重、平等交流。儿童是天然的诗人，比成年人有着更自由放飞的想象力，大自然与诗歌是很好的伙伴，可以帮助孩子联系与世间万物的情感，让孩子可以发觉"原来也有人和我一样发现了这个世界"。正如朱光潜在《谈读诗与趣味的培养》中所说，"读诗的功用在使人到处都可以觉到人生世相新鲜有趣，到处可以吸收维持生命和推展生命的活力"。自然和诗可以带给孩子更辽远的视野和胸怀，丰富审美和想象力，《雨靴带我去流浪》也是一件送给未来的礼物，希望能帮助小读者在不断成长的过程中绘制出广阔自足的心灵地图。

教育公平的深刻反思与实践路径

——《县中的孩子：中国县域教育生态》书评

上官艺娜

　　林小英的著作《县中的孩子：中国县域教育生态》凭借其鲜明的现实意义、深刻的理论洞察和扎实的调研数据，成为近年来中国教育研究领域的杰出作品之一。该书通过对中国县级地区教育现状的多维度剖析，探讨了县域教育面临的种种困境，尤其关注了县城教育背后隐藏的结构性问题。全书文笔简练、逻辑严谨，既有深刻的理论价值，又具备重要的实践指导意义。其对中国教育体制中存在的深层次问题进行了反思与剖析，提出的思路与解决方案在教育改革与政策制定中具有重要的参考意义。此书因其卓越的学术贡献与广泛的社会影响力，荣获了文津图书奖，这一殊荣不仅体现了林小英对中国县域教育改革的深刻理解和独到见解，也反映了她在县域教育领域研究的学术贡献。

一、教育生态的深刻洞察

　　《县中的孩子：中国县域教育生态》以中国县级地区的教育现状为出发点，展示了县域教育在城乡差距、资源配置、师资力量等方面的多重困境。林小英关注的核心问题是中国教育中的不平衡现象，特别是县域教育中由于城乡资源差异、区域发展不均等造成的教育不公。她通过细致的案例分析和翔实的数据呈现了一个不容忽视的事实：在中国的教育体系中，县域教育长期处于边缘化状态，面临着与大城市学校相比的严重劣势。

（一）城乡差距：教育公平的最大挑战

书中揭示了城乡教育差距在县域教育中的表现。作者指出，虽然中国的教育制度提倡"教育公平"，但现实中，教育差距依然悬殊，资源配置不均问题依旧突出。特别是县级地区的教育资源匮乏，导致城乡教育质量的差异难以弥合。大量数据表明，城市学校不仅在师资、硬件设施、教学内容等方面优于县域学校，而且由于教育理念、家庭背景、文化资本等因素的影响，城市孩子能够享受更为高效和有利的教育资源，而县域孩子则长期处于资源不足、机会有限的境地。这一现象在中西部地区尤其突出，县域学校的基础设施、教学资源等方面普遍不足，教育质量受到严重影响。而县域教师流动性大、师资水平参差不齐，也导致了教育质量的层次化。这种教育资源的不均衡，导致了城乡之间在教育机会、教育质量和教育成就上的巨大差距。

（二）教育资源配置的失衡：如何实现公平的资源配置

除了城乡差距，县域教育的资源配置失衡同样是该书探讨的一个重要议题。林小英深入分析了县域教育的财政投入问题，指出尽管国家近年来不断加大对教育的投入，但由于财政体制、地方政府优先考虑其他领域的原因，对于县域学校的教育资源配置仍然远远不足。对于大多数县域学校来说，财政支持不足、教学设备老化、师资水平偏低成为普遍问题。除此之外，县域学校往往难以提供足够的激励机制和发展平台，导致优秀教师流失严重。教师流动性大、教学水平不稳定，进一步加剧了县域教育的困境。教育资源的失衡不仅限于物质层面的短缺，还表现在教育理念、教育管理、教育内容等多方面的缺乏。

二、家庭背景与教育期望的深层次冲突

林小英的研究不仅关注县域学校和教师的困境，也深入剖析了家庭背景对教育的影响。她指出，县域家庭普遍面临教育信息闭塞、文化认知不足等问题。许多家庭虽然渴望通过教育改变命运，但由于缺乏足够的资源和支持，往往只能依赖学校来为孩子提供基本的教育机会。

在一些贫困地区，家长对于孩子的教育期望与现实之间存在着巨大的落差。相反地，城市教育则有"家校共育"等良好观念，对比之

下，更体现了县域家庭对于教育的困惑与无奈。尽管他们渴望通过教育实现孩子的社会流动，但由于信息的不对称、资源的匮乏以及传统观念的影响，许多家长在教育选择和教育支出上面临困难，无法为孩子提供更多的教育支持。这一层面的冲突表明，县域教育问题不仅仅是学校和教育资源的问题，实际上它反映的是社会资源分配和文化认知的双重不平等。家庭背景和教育期望的差距，进一步加深了县域孩子与城市孩子之间在教育机会上的不平等。

三、是"饭碗"也是"志业"：县域教师的扎根与游离

林小英深入探讨了县域教师面临的"双重身份"——既是"饭碗"也是"志业"的复杂性。县域教师往往在稳定的工作与崇高的教育理想之间摇摆，既承载着生计压力，也肩负着改变学生命运的使命。

（一）"饭碗"的现实压力

县域教师将教职视为"饭碗"，尤其在偏远地区，稳定的工资为家庭提供了基本保障。然而，这一稳定性也带来了职业发展的局限。县域教师薪资普遍较低，且职业晋升机会少，工作内容繁重，尤其需要承担行政任务。很多教师感到职业前景受限，难以实现自我价值，甚至产生职业倦怠感。

（二）"志业"的理想与冲突

教育对于许多县域教师而言，不仅是生计，更是一项崇高的使命。教师们希望通过教育改变学生命运，为社会做出贡献。然而，由于教育资源匮乏、教学任务繁重、教育质量难以保障，教师的理想和现实之间常常存在巨大落差。许多教师在努力传授知识的同时，发现无法实现预期的教育效果，尤其是在贫困地区，教师的教育理想往往受到经济和社会条件的制约。

（三）教师的"扎根"与"游离"

县域教师在"扎根"与"游离"之间的拉锯体现了他们的身份困境。虽然许多教师在县域扎根，愿意长期从事教育工作，但他们的情感认同和职业忠诚度常常受到挤压。教师们往往因待遇差、晋升难、

社会认同低而产生"游离"感。许多优秀教师最终选择离开县域，寻求更好的职业发展空间。这一现象既反映了教师个人的职业选择，也揭示了县域教育生态中的结构性问题。林小英通过对县域教师的深入分析，揭示了他们在"饭碗"与"志业"之间的多重矛盾。教师的职业困境不仅是个人选择问题，更是教育体制和资源分配不均的体现。只有改善教师的职业环境和待遇，提供更广阔的发展空间，才能真正推动县域教育质量的提升，进而实现教育公平的目标。

四、学术价值

《县中的孩子：中国县域教育生态》不仅是一部系统的县域教育研究专著，也是具有重要学术价值和社会意义的作品。林小英通过细致的分析，呈现了中国县域教育的真实面貌，揭示了教育公平背后深层次的结构性问题。本书具有跨学科的研究视角，提供了教育学、社会学和经济学等多个学科的综合分析。林小英不仅从教育学的角度剖析了县域教育面临的资源短缺、师资不足等问题，还从社会学角度探讨了城乡差距、社会结构及文化认同对教育公平的影响。此外，书中还运用经济学的分析框架，强调了地方经济发展水平与教育资源分配之间的紧密关系。通过这种多维度的学术探讨，作者为我们理解县域教育的复杂性提供了全方位的视角。

通过跨学科的分析框架，结合实证研究，该书全面揭示了县域教育中的结构性问题，不仅为教育学研究提供了新的理论视角，也为政策制定者和社会公众提供了关于如何实现教育公平的理论支持。

五、结语

《县中的孩子：中国县域教育生态》是一部集理论深度与现实思考于一身的著作。林小英通过丰富的调研资料、严谨的理论分析和实践思考，深入剖析了中国县域教育的现状与困境。该书不仅为教育研究者提供了重要的学术资源，也为教育政策制定者提供了有益的实践参考。在中国教育公平与教育改革的进程中，《县中的孩子：中国县域教育生态》无疑是一部值得细读、深思的学术之作。

战火中的真情与历史的鲜活见证

——《走近最可爱的人——李蕤赴朝家书日记》书评

王一诺

在抗美援朝这一伟大的历史事件中，众多的英雄事迹和英勇人物被载入史册，但《走近最可爱的人——李蕤赴朝家书日记》却以一种独特而细腻的方式为我们呈现了那段波澜壮阔岁月中的微观画面。这本由李蕤撰写的家书日记集，不仅是个人经历的记录，更是一份珍贵的历史资料，它让我们深入那个时代的肌理之中，感受志愿军战士们的热血、文艺工作者的担当以及当时社会的整体面貌。

一、历史细节的丰富宝库

（一）志愿军生活的全方位呈现

李蕤的日记和家信中，详细记载了志愿军的战斗和生活情况，如战士们在炮火封锁下执行任务、电话员用身体牵电线、担架员对伤员无微不至的照顾、炊事员在艰难条件下保障后勤等平凡而伟大的事迹。这些描述让志愿军不再是一个抽象的英雄群体概念，而是一个个有血有肉、充满人性光辉的个体。

在战斗方面，像铁原阻击战、临津江战役等重大战役中的细节被生动地记录下来。我们能感受到战斗的艰苦卓绝，如63军政治部主任路扬讲述渡临津江时的惨烈场景，战士们在几里外脱衣涉水，江底有铁蒺藜，炮弹在水中爆炸，军长帽子漂在江上，一百多人伤亡十二人。这些细节为研究抗美援朝战争的军事史提供了第一手的资料。

（二）文艺工作者的使命与创作

1952 年，巴金率领的"赴朝创作组"肩负着见证和记录历史的重任。李蕤作为其中一员，他的文字记录了创作组的工作情况。他们在战火中的临危不惧、写作中的刻苦勤奋、生活中的严格自律以及工作中的团队精神令人钦佩。

李蕤自己在艰苦的环境下坚持创作，趴在石片"桌子"上写，在苍蝇乱咬、缺桌少凳的情况下仍然努力。他在 8 个月间寄回通讯报告 10 多篇，展现了文艺工作者以笔为枪投入战斗的决心。同时，创作组内部作家之间的交流切磋，如巴金、魏巍与李蕤在 63 军时的相处，他们互相成为作品的第一读者，对文艺理论和实践进行探讨，这也反映了当时文艺创作的氛围和动力源泉。

（三）朝鲜军民的形象刻画

朝鲜人民在战争中的坚韧和乐观被细腻地描绘出来。朝鲜的小朋友在家庭遭受重创的情况下，依然充满希望，如 12 岁的李金棵在家人伤亡、房屋被炸毁后努力拉砖盖房。朝鲜妇女更是刚强，即使亲人被杀害，仍然积极投身到支援战争的工作中，如在儿子被炸死后埋掉孩子又立刻奋不顾身修飞机场、敌机轰炸后赶牛车送公粮等。

朝鲜军民与志愿军的深厚情谊也是书中的一大亮点。书中提到志愿军和朝鲜人民亲如一家，志愿军保障朝鲜人民的生活，有伤病就派人医治，这种中朝友谊在战争的艰难环境下显得格外珍贵，是抗美援朝战争中不可或缺的一部分。

二、情感的真挚流露

（一）家庭亲情的纽带

李蕤的家信充满了对家人的思念和牵挂。他在紧张的战地生活中，见缝插针地写信，分享自己的见闻和感想。他对家人的爱体现在对孩子们成长的关心上，如鼓励孩子好好学习、锻炼身体，教导他们做人的道理。同时，家人对他的支持也成为他在朝鲜坚持工作的动力源泉。

他的妻子在国内积极参与妇联工作和支前工作，被评为劳动模范，这一消息让李蕤感到无比兴奋和自豪。这种家庭内部的互动反映了当时整个社会家庭与个人在抗美援朝大背景下的积极态度，家庭成为支持前线的坚实后盾。

（二）革命豪情的抒发

在描写志愿军战士和战斗场景时，字里行间洋溢着革命豪情。无论是对战斗英雄的钦佩，还是对志愿军英勇作战的赞叹，都体现了那个时代人们对革命事业的坚定信念。如看到战士们在战斗中的英勇表现，作者油然而生的敬意，以及在面对死亡威胁时，坚定地要多写东西打击敌人的决心，都彰显了强烈的革命情怀。

这种革命豪情也体现在对祖国的热爱上。作者穿着志愿军的服装，感受到祖国的温暖，看到祖国的慰问团到来时的兴奋，都表明了在抗美援朝战争中，个人与祖国紧密相连，为了祖国的荣誉和安全，所有人都充满了战斗的激情。

三、社会氛围与价值观念的映射

（一）全民动员的社会氛围

书中通过李蕤的家信和日记反映了抗美援朝时期全民动员的社会氛围。当时全国人民同仇敌忾，如李蕤的孩子在上课之余捡废纸和碎玻璃卖掉后用于捐献飞机大炮，他的妻子因支前工作成绩突出被评为模范。这种全民参与的热情体现了当时社会凝聚力的强大。

中国人民抗美援朝总会组织的慰问团到达朝鲜时的盛况，以及志愿军归国代表团在国内受到的热烈欢迎，都表明了整个社会对抗美援朝战争的高度关注和积极支持。从老百姓的行为到文艺界的创作，从家庭的动员到社会各界的参与，都展现了一个全民一心、众志成城的社会面貌。

（二）价值观念的体现

当时的价值观念在书中得到了充分体现。人们崇尚英雄，以成为英雄为荣。像《我的丈夫是英雄》这首歌的流行，反映了社会对志愿军英雄的崇敬和赞美。同时，人们积极奉献，不计个人得失，无论是志愿军战士在前线的英勇牺牲，还是国内民众在后方的全力支援，都体现了无私奉献的价值取向。

在文艺创作方面，也体现了为人民服务的价值观念。文艺工作者深入前线，以创作反映志愿军生活和战斗的作品为使命，他们的作品旨在鼓舞士气、弘扬革命精神，这是当时文艺创作价值观念的重要体现。

四、对历史研究的重要意义

（一）补充正史的微观视角

正史往往侧重于宏观的战争进程、战略决策等方面的记载。而李蕤的家书日记提供了微观视角，从基层战士的生活、文艺工作者的创作过程、中朝军民的日常互动等方面补充了正史的不足。这些微观细节有助于我们更全面、深入地理解抗美援朝战争的全貌。

例如，书中记录的一些小人物的故事，可能在正史中难以被详细提及，但这些故事却能反映出战争时期普通人的生活状态和精神风貌，为研究当时的社会史、文化史等提供了丰富的素材。

（二）纠正历史记载的讹误

由于年代久远和信息传播的局限性，一些关于抗美援朝的历史记载可能存在错误或模糊之处。李蕤的文字作为当时的第一手资料，具有很高的史料价值。他对一些事件的详细记录，如巴金翻译美军士兵家信的描述，有助于廓清一些"流传版本"的真伪，对各种有歧义的记载订讹纠错。

他对一些战斗细节、人物事迹的准确记录，能够为历史研究提供更可靠的依据，确保我们对抗美援朝这段历史的认知更加准确和客观。

五、文学价值与阅读体验

（一）生动的文学描写

李蕤的文字生动形象，具有很强的感染力。在描写战斗场景时，如7月3日的记载，"敌人的校正机两架，在烈烈飞着指挥。我们的战上，就在坑道里静静等候着。一会儿，炮声住了，接着便是枪声，过一会儿，炮声又起……另外四五架轰炸机，疯狂地俯冲轰炸，俯冲扫射，一从丛的浓烟，一声声的爆炸……"如此生动而仔细的描写，让读者仿佛身临其境。

在刻画人物方面，无论是志愿军战士、朝鲜军民还是创作组的作家们，都个性鲜明，如对不同采访方法的巴金和魏巍的描写，生动地展现了他们的特点，使读者能够在脑海中构建出一个个鲜活的人物形象。

（二）真实的阅读体验

家书和日记的形式给读者带来了一种真实而亲切的阅读体验。仿佛我们在与作者直接对话，能够感受到他当时的喜怒哀乐、困惑与坚定。这种真实感拉近了读者与那个遥远时代的距离，让我们更容易沉浸在那段历史之中，对当时的人物和事件产生共鸣。

《走近最可爱的人——李蕤赴朝家书日记》以丰富的历史细节、真挚的情感、反映当时社会氛围和价值观念的内容，在历史研究和文学阅读方面都有着重要的意义。它让我们走近了那个时代的最可爱的人，让那段血与火的历史永远鲜活地存在于我们的记忆之中。

翻译之镜映照出的历史真实面相

——评《龙与狮的对话：翻译与马戛尔尼访华使团》

毛嘉瑞

    1793 年（清乾隆五十八年）夏秋之交，英国以补祝乾隆帝八十寿辰的名义，派遣马戛尔尼勋爵（George Lord Macartney）率领使团远航来到中国。使团携带了丰盛的礼品，在承德避暑山庄觐见皇帝并呈递国书。这一事件不仅是中英两国首次正式的官方高层外交接触，也被长期视为"衰朽停滞的老大帝国"与"野心勃勃的殖民帝国"两个世界的对撞，对中国近代百年屈辱史有着深远影响。

    数十年来关于马戛尔尼使团访华的中外研究层出不穷，但其中绝大部分都忽略了中英两国当时存在的语言障碍以及双方有效沟通的决定性因素——翻译问题。在这一点上，香港中文大学王宏志教授所著的《龙与狮的对话：翻译与马戛尔尼使团》一书堪称"一览众山小"的杰作，填补了相关研究领域长期存在的空白。王教授以其长期专注的翻译研究视角切入，基于存藏于英国国家图书馆（The British Library）、英国国家档案馆（The National Archives）、大不列颠及爱尔兰皇家亚洲学会（The Royal Asiatic Society of Great Britain and Ireland）、梵蒂冈传信部档案馆（Archivium Propaganda Fide）等国外机构未被系统发掘整理的一手文献史料，对使团访华前后与翻译相关的各种问题进行了全面回顾和细致探究，最终得出"马戛尔尼使团来华凸显了翻译在外交活动中的重要性"的结论，并指出翻译问题在涉及中外交往的历史研究中绝对不容忽视。

翻译的困境及影响：使团的交流挑战与文化误解

使团在访华过程中遭遇的翻译难题首先体现在译员层面。马戛尔尼等人远赴欧陆，从法国寻访至意大利，最终聘请三位在那不勒斯中华书院（Collegio dei Cinesi）受训的中国传教士（严宽仁、柯宗孝、李自标）作为使团译员。这些中国译员不通英语，与英国人只能借助拉丁语交流；且由于少小离家远赴西洋，他们的中文水平也相当有限。而乾隆帝则谕令在京的西方传教士（当时主要为法国人和葡萄牙人）来处理与使团相关的翻译事务。双方译员均为"外人"且无法实现中英直译，不仅译员对所属组织的忠诚度难以保证，还直接影响到使团来华后的口译效率，导致中英双方的日常交流严重受阻。英方随团译员李自标身为天主教传教士，还在翻译过程中夹带私货地提出在华传教请求，为马戛尔尼使团平添误会与纷扰。

英方为向乾隆帝展示英国的财富与实力，在行前花费大量心思和财力选购礼品。其中，马戛尔尼最为看重的"头件礼物"是由德意志名匠制作的天体仪（planetarium）。但由于中国译员们对科学知识并不熟悉，加之当时汉语中缺乏对这些西方先进科学仪器的合适表述，天体仪在礼单中仅被音译为"布蜡尼大利翁"，是"壹座大架仔"。其余礼品也遭遇了类似的简陋翻译，导致英方精心准备的礼单内容完全未能得到有效传达，反而给乾隆帝留下了"张大其词，夷性见小"的负面印象。在圆明园正大光明殿展示的英方礼品中，乾隆帝独对"皇家君主号（the Royal Sovereign）"战船模型表现出浓厚兴趣，并就战船构造和英国航海事业提出许多问题；但由于现场翻译效率极低，很快令皇帝兴致大减，不再多问。

然而，马戛尔尼使团聘用的中国译员们并非全无能力，他们在行前合力完成了使团此行最重要的文书——英国国王乔治三世（King George Ⅲ）致乾隆帝国书的中文笔译。根据王教授的详细考证分析，乾隆帝最终也读到了这份虽然较"信"但远非"达雅"的国书中译本。英方国书中表达的英国与清廷以平等地位交往、基于互通有无开展贸易、英国在北京派驻使节管理商务和侨民等内容，不仅与古代中国的天朝思想大相径庭，更在朝贡体系的制度实践下显得荒诞不经。乾隆帝在回复乔治三世的敕谕中逐条驳回了这些"悖谬之请"，并急命扈从避暑山庄的西方传教士重译国书，使之符合朝贡表文应有的体例与口吻，并归档保存。英方国书的"信"版中译本就此从清宫档案中消失，现仅存藏于英国和梵蒂冈的相关机构。

还原历史真实面相：乾隆帝的洞察与英国的误判

本书在探究翻译问题的过程中，通过对中外大量史料的细致梳理，还原了许多大众普遍认知以外的真实历史面貌。

乾隆帝在整个事件中的表现并非如后世所诟病的那般闭目塞听。无论是英方国书"信"版中译本中的"更修许多洋船……以探巡所未见闻之地"的文字细节，还是礼品中"皇家君主号"战船模型，都让乾隆帝敏锐捕捉到英方炫耀其海军实力的目的。再结合英方国书全文和使团离京前提出的多项请求，让乾隆帝最终对英国人起了很大戒心，担心他们"勾结煽惑，稍滋事端"。他明谕臣下，英国是西洋诸国中"较为强悍"的国家，且"谙悉水道，善于驾驶"，因此"各省海疆，至关紧要"，必须提高警觉。于是乾隆帝一面让松筠、长麟两位地方大员表面陪同安抚，实则严密监视马戛尔尼使团南下广州回国；一面又多次密谕沿海督抚"认真巡哨，严防海口，整饬军容，豫筹防备"，甚至让臣下做好武力弹压的最坏准备。此外，在京供职的西方传教士群体也是朝廷获知此类信息的重要来源。例如书中写道：清嘉庆七年（1802），因有英国舰队开到澳门海面，葡萄牙传教士索德超（Joseph-Bernard d'Almeida）、汤士选（Alexandre de Gouveia）出于维护葡萄牙独占澳门的私心，连忙上奏朝廷警惕英国的侵略扩张野心，奏报中特别提及英国东印度公司殖民印度、蚕食莫卧儿帝国之事。

马戛尔尼使团在行前对中国的了解严重不足。在宏观层面，英国人对清帝国以朝贡制度处理对外关系的事实一无所知，也未主动获取更多相关情报，只是"临时抱佛脚"恶补一番，直接将形成不过百余年的现代主权国家外交模式加诸中国，完全没有考虑中国当时的思想和政治模式。微观来看，英国人大大低估了中国宫廷自晚明"西学东渐"以来对西洋珍玩和科学仪器的收藏与认知。使团礼单中的天球仪（celestial globe）、地球仪（globe）、七政仪（orrery）、玻璃镶金彩灯（assembled glass lighting fixtures）清宫早已有之，且做工更加精美。乾隆帝还特意安排使团参观避暑山庄收藏的西洋珍品，产自西欧乃至英国伦敦的名贵钟表、珠宝、八音盒、天文仪器、显微镜等，令马戛尔尼等人瞠目赞叹不已，感慨"我们的礼物马上会被比下去，面目无光了（our presents must shrink from the comparison and hide their diminished heads）"。英国人还在礼品组装过程中被中国工匠现场快速修补玻璃的本领所震惊，因为他们原以为中国当时并无玻璃工业；殊不知早在百年前的康熙年间，内务府工匠就从西方传教士处习得了玻璃制作与修复技术。

正如 20 世纪英国著名观念史学家以赛亚·伯林（Sir Isaiah Berlin）提出的"历史的不可避免性（historical inevitability）"观点所揭示的，历史的发展进程有着不以人的意志为转移的客观必然性。马戛尔尼使团虽未能如愿，但他们在北京、承德和沿大运河经杭州、江西、广州回国途中，通过亲眼观察和与大小官员谈话等途径，获得了清帝国在政治、经济、文化、军事、地理、科技等领域的大量情报，让英国摇身一变成为当时最了解中国真实情况的西方国家。中国不再是令欧洲倾慕遐思的"理想国"，而是如马戛尔尼所形容的"一艘破烂不堪的头等战舰"。乾隆帝虽然凭借老道的政治经验见微知著，洞悉英方炫耀武力的意图并谕令臣下严加防范，但当时各地军事懈怠、武备废弛的现状甚至做不到皇帝要求的"铠甲鲜明，营伍整肃"，清帝国在制度和器物层面的落后也无力抵挡英国在数十年后真实的武装侵略。

在马戛尔尼使团访华这一历史事件中，18 世纪末的中英两国在语言、政治制度和文化思想层面的巨大差异，让这场"龙与狮的对话"注定鸡同鸭讲，无法有效沟通。翻译问题在该事件中虽然关键，但即使双方译员的语言水平专业到位，翻译内容也不得不在具体历史情境中的政治传统和权力影响下"被迫失真"，无法从根本上扭转历史事件的发展走向及其对中英两国历史的未来影响。

　　当然，这绝不意味着对历史真实面相的探寻就没有意义，恰恰相反，"如果没有对真实过去的追求，历史学将不复存在"；历史研究需要通过更丰富、翔实的史实面相来尽可能地拼凑还原出历史的本来面貌。王教授通过本书强调的，正是翻译问题对于历史研究的重要性，它能"更好地解释一些历史现象，回答一些长久以来难以解决的问题"，帮助历史研究者"更完整、更准确地描述近代中国的历史进程"。翻译好似一面镜子，映照出中外交往史研究中被长期忽视的历史细节，让我们更好地读懂过去，从中汲取经验教训，以史为鉴，降低历史进步的代价，从而开创未来。

元和十四年

——读《我认识的唐朝诗人》有感

邢 娟

一

韩愈，字退之，号昌黎，世称韩昌黎，是古文运动与复兴儒学的先驱。谏迎佛骨，被贬潮州，感谢圣恩，量移袁州，元和十四年（819）对于他而言，是一次理想与现实的较量，也是一次生命与命运的交汇。圣上一掷千金迎佛骨，百姓费产破业求供养。圣贤书里，从不写谄媚迎合，可是现实当中，一人就能掌握生杀大权。或许是出于为官的信念，或许是为了百姓的生活，韩昌黎一封《论佛骨表》触怒龙颜，也葬送了自己的前程。因此，他被贬了，贬谪到岭南，那个当时还未开发的蛮荒之地。年过半百的韩愈踏上了南下的征途。当前途未卜、家乡难觅时，他手起，笔落，写下不朽的诗篇："一封朝奏九重天，夕贬潮州路八千。欲为圣明除弊事，肯将衰朽惜残年。云横秦岭家何在，雪拥蓝关马不前。知汝远来应有意，好收吾骨瘴江边。"在笔者看来，韩昌黎写下这些文字时，应当是饱含着不平和悲戚的。朝奏夕贬，净臣之心足以突破九层天界，直抵皇帝的眼前；但皇帝对佛教的痴迷则更胜一筹，当日晚间便下诏将韩愈贬谪到遥远的潮州。此时韩愈仍然坚定，不因年老体弱而改变自己的志向。路途遥远，舟车劳顿，加上四女病故，韩愈似乎走入了人生的两难境地。诗歌最后，他以为吾收骨作为收束，足以见得其精神上极大的困顿。语文课本到此结束，但韩昌黎的人生未完待续。经过曲江泷水，他提笔写下《泷吏》一诗。诗中以一个泷吏的身份，提出了"不知官在朝，有益国家不？"这样一个问题，而韩昌黎的思想也在发生着转变，他自我检讨道："叩头谢吏言，始惭今更羞。历官二十余，国恩并未酬。凡吏之所诃，嗟实颇有之。不即金木诛，敢不识恩私。潮州虽云远，虽恶不可过。于身实已多，敢不持自贺。"在这里，诗人的思想发生了极大的转变，从被贬的满腹牢骚，到如今的自我反思，将苦难化为旷达，足以显示其人生境界。到达潮州后，按照惯例应当上交谢上表，以表达自己对于皇帝的感恩之情。而韩昌黎的《潮州刺史谢上表》则尤其恳切，开篇便表达了对谏迎佛骨的低头认错，又写自己到任述职，风土险恶，同时对于皇帝进行了一番言过其实的赞美。皇帝看到时龙颜大悦，将他量移袁州，最后调回京城。

　　语文课本上的韩愈写《师说》《马说》，带着愤愤不平书《左迁蓝关示侄孙湘》，似乎是一个对于"不平"社会的控诉者，但结合历史来看，仅仅在元和十四年，韩愈所经历的三次调动则更真实地表现了其作为平凡人的一面：为了官职调动而低头认错，为了回到京城而出卖自我。虽然为宋明文人所批判，但是仔细想想，真正像屈原一样以死明志的圣人有几个呢？当自我与世界冲突的时候，要么改变世界服从自我，要么改变自我服从世界，我们绝大多数人都像韩昌黎一样，走了第二条路。笔者恰恰认为，去掉圣人光环之后，韩昌黎在潮州退鳄鱼、办教育，留下一片韩山韩水，更显得弥足珍贵。在语文课本的只言片语中，我们只看到韩愈的光环，但在作者对于韩愈的介绍之下，笔者却能看到一个更加鲜活、更加真实的韩愈。从某种角度来讲，他也只是个普通人，只想求一份安稳的工作，一个平淡的人生，能够在权力与政治的棋盘中考虑芸芸众生，已然不凡。

　　在这本书中，作者似乎有意选取那些语文课本中的边缘人物，让我们看到一个别样的大唐，一群真实的、鲜活的诗人。通过作者笔下的文字，我看到崔融受困于天后的罗网、欧阳詹的生死情恋、韩愈的纠结与和解、令狐楚的坦荡与风节……那些曾经被贴上标签的古人，在书中又一次活起来，诉说着他们鲜活的人生。直到此刻，才真正消弭了作者与读者之间的距离，让我们不必受困于头脑中已有的成见，而能够真正地走向这些文学史上伟大的灵魂，致以跨越千年的问候。

二

在《我认识的唐朝诗人》一书的序言中，作者陈尚君提出了"文学即是人学"的写作理念，从而奠定了本书重其人而轻其文的写作方法。《南方周末》2023年新年献词中曾说道：人是世界的量器，世界是人的容器。的确，物理意义上的客观世界是有限的，但人却能从中构建出无限个主观世界。同样生活在一个蓝色星球之上，那些不同的经历与思考将每一个人都重置于一个新的世界。同样一棵树，有人看见四季轮转，有人看见菩提佛法，有人看见生命无常，有人看到新燕归家……我们眼中的同一个世界，演化为心中的无穷可能，每一个个体都在为同一个世界构建不同的外延，世界才是美的。就像我们从同一个原点出发，沿着不同的轨迹前行，就描绘出一朵烟花。而文字，就像砖块，供我们构建起内心的城堡，在文字的世界里，人就是唯一的上帝。

但是，没有一个人是一座孤岛，语言和文字就像桥梁，让我们彼此相连。于是，我们不再受困于自己的天地，而是拥有面向他人的无限可能。当我们把文字连缀成篇，就像是在时间的长河中丢出一个漂流瓶，等待懂的人将它轻轻拾起，慢慢品味。作者采用这样独特的写作方法，让那些在时光中渐渐远去的诗人回眸，在他们悲喜交织的生命里，那些走过的路，爱过的人，欢喜也好，遗憾也罢，封存进短短的诗行，等一个温暖的回应。文学即是人学，一半作者，一半读者，便是我们的世界。当我们穿过书页，就是跨越人与人之间的隔膜，深入他者内心的最深处。何其有幸，我曾在大观园里漫步，见过马孔多的雨落，看过福克斯的破晓，抵达三万里的长安。

在《长安三万里》中，高适曾经问程公公："人生憾事多吗？"我想，文学或许就像祭坛石门中的落日，将心中每一个坎坷都映照得灿烂。每次翻开一页书，就是在为人生构建一个新的可能。那些未说出口的话，不敢做的事，不曾抵达的远方，不曾见过的人，那些生命中大大小小的遗憾，都能在书页中重新找到自己的圆满。

　　"文学即是人学"，这句话曾经让笔者深受震撼，不过现在，笔者希望为它补上后半句："人学不只是文学。"至少在笔者看来，"人学"应该有一个更宏阔的外延。世界上的学科有无数种划分方法，笔者却喜欢把他们分为两类，二者根本区别在于研究对象不同。第一种，研究世界的学科，诸如数学、物理、化学、医学等等，他们强调共性，忽略个性，只是将世界当作一台精密的仪器，通过概念和推理为其搭建一个相似的模型。第二种则是研究精神意义上"人"的学科，也就是前文所提到的"人学"。其中，历史是人的来处，文学是人的状态，哲学是人的归途……一切都围绕着人类的情感和思维展开，都是鲜活的、充满生命力的。

　　在这篇书评中，笔者以"元和十四年"为题，是希望能够以另一种方式回应作者。元和十四年，是韩愈人生中饱含沧桑与动荡的一年；是他被贬潮州、量移袁州、重回京城的一年；是他从一身傲骨到学会委曲求全的一年。作者笔下描绘出大大小小五十余人，而笔者以点带面，以韩昌黎为例，深入剖析了作者独特的写作方法：既不同于诗集对于诗歌的单独罗列，也不同于传记对诗人的生命叙述，只是选取诗人生命中的一个侧面，由此构成读者与之的生命链接。作为一个文学爱好者而言，即使老师对于学术阅读三令五申，笔者依然对于诗歌小说爱不释手。笔者希望从事学术研究，但是不想成为学术机器，不想成为吊在筐子里的"苏格拉底"。衣食让人活着，文学才能让人生活，让诗意地栖居不再是天方夜谭。世界再大，有一本书作港湾，就够了。在一地鸡毛的人生里，文学是唯一救赎。

另一种角度看《史记》

——《从封建到大一统——〈史记〉中的历史中国》书评

苗　慧

　　如果说李长之先生《司马迁之人格与风格》是以文学批评家的视角引导我们从"好奇与爱才"的角度来了解司马迁的人格，并从"统一律""内外谐和律"和句法变化的角度来了解《史记》"春秋笔法"的风格，那么，韩昇老师《从封建到大一统——〈史记〉中的历史中国》则着意于在系统关联《史记》记载的史实的基础上，引导我们去思考史学家司马迁"微言大义"的评论。带着这种将史实与分析思考相融合的人文视角，我们得以生动地审视"文化与规则""地缘与风水""法家与儒家""利益与侠义"这些看似玄妙，实则为中华文化重要组成部分的话题，从而在"理解历史"的基础上学会历史地看问题，逐渐获得"史观"，做到"以史为鉴"。

　　在看春秋争霸历史的时候，相信许多读者都会有疑惑：《史记》继承春秋笔法，用"礼"来评价的深意在哪里？为何"尊王守礼"如此重要？为何周王室的内乱和诸侯国争霸，都无法重演周推翻商的新剧？跳出之前史学家给出的"生产关系"的原因，韩昇老师从制度和文化角度给出另一种解释。他将《史记》纪传体精彩的历史画面组合到国别体的简略叙事框架之下，围绕管仲治国、晋楚城濮之战、宋楚泓水之战、吴楚柏举之战、勾践复国等大块面的《史记》故事，在流畅地回顾七国"领导权争夺战"的基础上，细致地分析了齐桓公、晋文公得以争霸成功、各诸侯国霸业维持时间长短不同的重要原因——

周朝在敬天保民的文化核心基础上进行了一系列制度和文化建设，"一方面是通过宗法制来强化中央与地方的关系，造成血缘一体化的天下一家观念；另一方面则是通过封建制把政治权力和经济利益层层分配，用礼制确定各自的身份地位，形成严格的等级制来确保分层权力结构和财产所有权"，也就是说，中央王朝已经形成了一个比较严密的国家关系和大义名分的文化领导权，这时候诸侯国仅凭实力而不转化为规则，是难以取代中央王朝的。

　　儒法两家的治国方略，也是一个中国历史的热点话题。司马氏在分析法家学说时指出其刻暴少恩、"可以行一时之际，而不可长用也"。为了理解其中深意，韩昇老师将其放到"变法运动"最为活跃、普遍的战国时代来思考。首先，将战国时代各国兴起的法家治国与合纵连横、远交近攻放在一起叙述，生动展现了这些片面追求"效率"，由"人治"而迅速达到"集权"的急功近利的"权术与技巧"。接着，将《史记》中魏国李悝、韩国申不害、楚国吴起、秦国商鞅等变法人物与事迹剪裁熔铸在一起，勾勒法家治国的发展阶段，同时从《太史公自序》《老子列传》《酷吏列传》《孟子荀卿列传》以及《韩非列传》中广泛摘录法家学术渊源、治国思想，并对其从学术角度做出判断：妄图使用政治权术等实用手段解决政治社会问题的急功近利的做法，极易遇到瓶颈。最后，用战国变法集大成者商鞅变法作为典型案例，来印证以上论断：商鞅变法确实让秦国兵强马壮，数十年间征服六国，但同时也种下了秦朝灭亡的根子，因为变法的"总目标不是富民，而是强军备战……兵役繁苛，（最终）导致其覆灭的陈胜吴广起义就是远服兵役路上爆发的突变……（看似偶然实则必然，因为）商鞅变法到后期，社会各个阶层都深受其苦，而秦国并未进行客观的总结和改进，而是变本加厉，在这条道路上疾驰，把社会矛盾推到爆发的临界点。从商鞅到秦始皇，变法的逻辑一以贯之，改变了秦穆公以来治国安邦的政治路线，构成秦国后期自成篇章的一段历史"。

　　除了"礼制""儒法"之外，"风水"也是中国文化中一个重要的话题。第八章"历史地理与风土人情"章节，分为"九州攸同""得关中者王天下""百里不同风"和"南北不同俗"，详细用《史记》中的史实论述了中国的风水、风土与人情。由进行了历史上第一次山川地理大规划、大勘察、大治理的大禹治水史实，引导我们理解史学家司马迁对于禹"九州攸同，广唐虞际，德流苗裔"之功绩赞赏的深意，即治水的结果不但使江河得到了治理，而且使各地之间的联系更加紧密，促进了更大规模的民族融合，实现了文化意义上的"九州攸同"。

接着，用"得关中者王天下""百里不同风"和"南北不同俗"三个章节来详细概述关中、南北不同的山川形势、人文历史特点：讲关中地区（三河地区），以司马迁对项羽"天之亡我，非战之罪"至死不悟痛惜出发，引出与山川形势、历史地理有关的"定都"位置在立国中的重要作用——"楚汉相争"中项羽执意定都"四战之地"的彭城而兵败乌江；刘邦听取娄敬劝告，果断放弃"地势不完整"的洛阳，定都"环山带水，固若金汤，幅员辽阔，安全富庶，进可攻，退可守"的关中长安而最终稳定大局；讲北方地区，用"赵氏孤儿"史实写燕赵侠义之风；用西周分封之始的姜太公治齐、伯禽治鲁，以及深受齐鲁礼仪文化浸染的子路"结缨遇难"的史实定下齐鲁重礼仪文化的基调，再用"乐毅伐齐"连克七十余城、"田单复国"一口气收复七十余城的史实证实其文化上优势突出、军事地理上无险可守的地区定位；讲南方地区，用"楚虽三户，亡秦必楚""吴王刘濞发动吴楚七国之乱""安史之乱玄宗入蜀""诸葛亮躬耕于南阳、结庐隆中"和"光武于南都发迹"的史实来勾勒荆楚为局部枢纽，蜀地为关中经济后院的人文地理。

此外，还有时间跨度非常大的话题——"封建制与帝制的嬗变""利益与道义在不同时代的生存空间"等都在书里做了匠心独具的展示。"汉朝：帝制的扎根与定型"章节中用吴楚七国之乱、韩信的典型遭遇详细分析了项羽、刘邦同时面临的"时代之问"——"制度结构性矛盾：帝制与封建制"。"商人与侠士：永远的利益和变动的道义"章节叙述了"（利）义""侠义"产生的社会伦理道德基础以及在不同时代的主体存在状态，特别是用《史记·游侠列传》豫让、郭解的故事来揭示侠的私人性质与高度集权的帝制之间的冲突，最后总结道："战国时代豪情悲壮的侠士，在汉朝的镇压下已经大大矮化为乡里义气之徒，虽然在五胡十六国以来草莽崛起背景下侠义之风再炽，然而，一旦站稳脚跟，国家依然持续予以压制，故现实中的侠士难寻，至唐朝基本已经遁入小说的世界里……留下的是被不断粉饰的追忆。"由此，获得一种对我们中华文化的历史的理解："守礼"的文化底色与骨子里的"侠义"温情。

总之，韩昇老师《从封建到大一统——〈史记〉中的历史中国》以话题为导向，将精选的《史记》历史画面，巧妙剪裁融入简略历史叙事框架下，为我们提供了一种生动地理解历史背后的文化传统、地缘风水、政权维系的人文视角，从而使我们了解兼容并蓄、多元统一的中华文化。

人生如梦，且行且歌

——读《一百年，许多人，许多事： 杨苡口述自传》

赵晗啸

"人的一生不知要遇到多少人与事，到了我这个岁数，经历过军阀混战、抗日战争、解放战争，以及新中国成立之后发生的种种，我虽是个平凡的人，却也有许许多多的人可念，许许多多的事想说。"

获得 2024 年第 19 届文津图书奖社科类提名图书的《一百年，许多人，许多事：杨苡口述自传》，是五四运动同龄人、翻译名家、百岁老人杨苡的唯一口述自传，由南京大学余斌教授历时多年整理撰写而成。从 1919 年秋到 2023 年冬，杨苡的百岁人生便是时代本身，宏大的岁月在她心中凝结成每一天认真度过的"日子"，每一位心念难忘的人儿。从童年时的"贵族"大家族记忆，到青少年时离家独立、求学"中西"和西南联大，再到战乱中与丈夫患难与共、相濡以沫……直至期颐之年，以云淡风轻之口吻，回溯风云历史激荡在每个人物身上的回声。

人生如梦，且行且歌，行至暮年，依旧天真浪漫如卿。

天真浪漫，总是"好玩"

要感受杨苡的天真浪漫，离不开她常挂在嘴边的一个词——"好玩"。好玩，意为有趣、能激起兴趣。顾名思义，这总该是轻松的。但在杨苡口中被定义为"好玩"的事情，实则大多苦难又沉重。这并非对痛苦缺乏感知和同理心，相反，其实是一种天生的幽默和豁达。

即使时代更迭，世事无常，她也能坚韧平和，苦中作乐，心怀悲悯。这何尝不是百岁老人充满智慧的人生态度呢？

亲爱的"哥 der"

他们都在上中学，又都在外国人的学校，我还没上学，当然不会。他们就教我，要我喊杨宪益 dear brother，我不会。他们说，那就中西合璧，叫"dear 哥"吧，我怎么也发不出 dear 的音来，一说就说成 der，他们笑得不行。后来要捉弄我，说，干脆你就喊"哥 der"。北方话里是常有儿化音的，这发音和"咯噔"很像，"咯噔"本是象声词，说上楼梯的脚步声，就会说"咯噔咯噔"，还有"心里咯噔一下"之类的。他们觉着这么叫好玩得不得了，我哥也觉得有趣，后来我当真经常就这么叫了，一直叫到老。写信给杨宪益，抬头也会写"亲爱的哥 der"，就为这么写好玩儿。他过九十岁生日，我给他的生日贺卡上也是这么写的。

——第一章《亲爱的哥 der》

亲爱的"哥 der"，这个有趣的叫法是杨苡对大哥杨宪益的称呼。哥哥是家里的长子长孙，在当时的贵族家庭自然是备受宠溺，可他从未对自己的小妹妹颐指气使，反而是有什么好吃的好玩的，"都会想到我"。他上中学后，开始教杨苡说英文，"dear brother"被杨苡不自觉地叫成了"哥 der"，这个"好玩"的称谓也就这样被杨苡一直叫下去，从青春无邪到白发苍苍。

哥哥爱逗小妹，小妹也依赖着哥哥，天真浪漫的玩笑话延续一生，也凝结着厚重真挚的兄妹亲情。"哥 der"是亲爱的哥哥，也是带着北方儿化音的"咯噔咯噔"，更是杨苡和哥哥在儿时笑闹中沉淀着爱意的小小创造。或许，亲情从不需要以山海相喻，一个简单的词语便已有千钧之重，会心一笑，尽是暖意。

跑警报，将愤恨化作"铁鸟"

出身世家、从小生活优渥的杨苡，为了求学独自前往西南联大，在物质条件恶劣的情况下，还时常遇到日本飞机轰炸昆明，可她天不怕地不怕，看见大家跑到外面，只觉得"好玩"，甚至跑到城墙外，一边啃着脆生生的胡萝卜，一边坐在菜地上看"跑警报"，好在也有惊无险。后来联大真的挨炸了，平时女侠一般的施剑翘都被吓得用天津话喊了句"我的妈呀"。渐渐地，大家一次又一次灰头土脸地跑警报，心中溢满对日本侵略者的愤恨，杨苡把这愤恨写成了一首诗《破碎的铁鸟》，发表在云南文艺抗敌协会的刊物《战歌》上，用文学为时代发声。

日本随时随地都可能发起的轰炸，于联大师生而言，是防不胜防的对生命的威胁。在这般境地下，杨苡还能抱着"好玩儿"的心态去跑警报，不惊不惧，并奋力地拿起手中的笔，表达反抗，挥洒心中热血，实在是一种值得我们学习和敬佩的乐观主义精神。

Wait and hope 的乐观主义

除却天真，在多舛时代中自在生存，还需要一份定力和对未来生活的期待。在认清生活的真相后，依然热爱生活。这便是乐观主义者真正的、稳定的内核。

百岁老人的人生哲学：活着就是胜利

巴金曾说："长寿是一种惩罚。"杨苡却用自己豁达的一生传达着自己的人生哲学——"活着就是胜利"。

杨苡出身显赫，从祖父母辈开始就是官宦之家。回忆家族旧事，她娓娓道来，全无炫耀之意，反而相当谦和。纵使家国离乱、金戈铁马，杨苡始终以清和天真的心境，待人接物，面对世界。

八岁上学，杨苡在象牙塔一般的中西女校待了十年，学文化、学体育，也学艺术，闲暇时间看话剧、演话剧。中西女校十年，为她优厚的综合素质和稳健的人格基础奠定了基础。中学毕业后，杨苡离开家的心愿日益迫切，乃至不顾家人反对，只身前往昆明的西南联大求学。战乱频仍，联大的环境可想而知，师生常常饥肠辘辘不说，还总是需要"跑警报"。在这般动荡的环境下，她却能刻苦学习，广交师友，苦中作乐。在与同学赵瑞蕻结婚、生下孩子后，作为一位年轻的母亲，学业与家庭不能两全，她又离开云南来到重庆，在南开中学代课，安顿下来之后，才终于在重庆的中央大学补修了当年联大未完成的学业。

从华北的天津到西南的昆明和重庆，杨苡跨越了大半个中国，在炮火之中完成学业、成家立业。阅遍世事，人生百载，依旧保有不变的乐观豁达，这便是杨苡的人生哲学。

Wait and hope：不问收获，只管耕耘

杨苡常说人生要"Wait and hope"，这是《基督山伯爵》结尾的一句话。翻译过来，便是等待与期望。无论境遇如何，保持期待，不问收获，只管耕耘，在等待之中尽力而为，向前看，定会迎来希望。

在《一百年，许多人，许多事》中，杨苡甚少提及自己的翻译生涯。实际上，她是一位颇有天赋和造诣的翻译家。杨苡曾经跟着丈夫住在南京大学狭小的宿舍楼里，环境艰苦，但她从容处之，心无旁骛于翻译工作。恰逢一日夜里狂风呼啸，雨点噼里啪啦地敲打着窗户，她由此灵感突现，为原译作"咆哮山庄"的经典名著 *Wuthering Heights* 首创了如今家喻户晓的"呼啸山庄"的译名，沿用和流传至今。

翻译是杨苡的谋生事业，也是她享受生活的方式，更是她践行"wait and hope"的直接体现。青春年少之时，她不甘于"玩偶"般的旧贵族生活，毅然离家，求学于联大外文系，此为 wait；多年的文学艺术熏陶、求学经历和名人相交，为她日后的翻译事业奠定了坚实的基础，此为 hope。学成之后，杨苡便笔耕不辍，从青年到垂暮，她妙笔生花地完成了《呼啸山庄》《天真与经验之歌》等名作的翻译工作，不问收获，硕果自得。

一百年，许多人，许多事，杨苡已逝，其魂永存。与其把本书当作史料，去追溯杨苡的记忆是否准确无误，不如从这位优雅坚韧的百

岁老人的回忆与口吻中，感受时代之变、命运之思。人生海海，何为可贵？人生如梦，何为执着？何不从珍惜每一天、每个人、每一件可爱事物开始，且行且歌。纵使百年岁月，亦如一缕清风，撷取平淡点滴，便能唱好属于自己的人生之歌。

每个孩子都会被看见

——读《看不见的孩子：一座美国城市中的贫困、生存与希望》有感

董倩雯

"小朋友，长大后想做什么呀？"

稀松平常的提问包裹着对未来和成长的希冀，对雕琢人生和驰骛梦想的赞许，但对书中那群"看不见的孩子"来说却是天方夜谭。

纽约，美国第一大城市，全球经贸枢纽，人均 GDP 超 13 万美元，但这里有一群孩子，他们居住在离财富最近的地方，生活中却充斥着吸毒贩毒、街头帮派、居无定所、暴力犯罪，他们填不饱肚子，得不到保护，他们渴望亲情却被迫骨肉分离，梦想成功却坎坷密布，他们深陷代际贫困的苦难，饱受种族隔离的煎熬。他们看不到知识改变命运的可能，看不到奋斗通往幸福的路径……

本书的作者安德里亚·埃利奥特作为《纽约时报》的资深记者，八年来持续追踪本书的主人公达萨尼和她的家人，参考和援引了约 1.4 万份官方文件，详细地记述了一个女孩的日常生活。书中记录了四代人的成长经历，这些经历使我们从另一个角度了解美国的社会现状，那些与个人史、家庭史、族裔史、城市史深度捆绑的法律体系、教育体系、社会福利体系、住房保障和儿童保护体系，在作者用充满人道主义情怀的笔触下，控诉着看得见的世界里无处不在的歧视偏见和制度弊端。

一、偏见，制造贫困的陷阱

在作者看来，纽约可谓是美国不平等现象最严重的一座城市，偏

见让同一条大道两端呈现出截然不同的天地。本书封面上矗立着的纽约地标性建筑帝国大厦，与达萨尼居住的公房区仅有几个街区之隔。公房区的居民可能买不起一件廉价的新衣，却能转身在垃圾箱里翻到一双九成新的 UGG。这里都是些无家可归的最低阶层，是不被这座城市接纳的主人。在车水马龙的街道上，"看不见的孩子"不过是一张张不起眼的脸而已，透过这群孩子的眼睛，我们能看见纽约的两个世界，在其中穿行需要截然不同的法则：看得见的世界里，法律规定孩子们得住在卫生要求合格的房子里，看不见的世界里高昂的房租压得人们透不过气；看得见的世界里父母必须确保孩子每天上学，看不见的世界里年长的孩子要顶着父母失职、黑帮控制、毒品泛滥、交通昂贵的压力和风险，将弟弟妹妹们准时送到不同的学校；看得见的世界里，儿童福利局的监察人员要求你随时配合检查，看不见的世界里父母为了获得孩子的监护权、足够的住房和食物，疲于应付各种培训、治疗、检查、问讯，甚至走上犯罪的道路。

偏见在两个世界中蚕食出巨大的陷阱，在看不见的世界上方扣下了名为"贫困"的黑箱，贫困在"繁衍生息"，代际传递。达萨尼的外曾祖父琼恩在第二次世界大战中参军入伍，顶着纳粹的炮火修理军车，赢得了 3 枚铜星勋章，可是退伍后却发现"工会一般不接受黑人会员"，最后他找到一份较稳定的工作，在残疾儿童的私立学校当清洁工。在偏见的逼迫下，琼恩荒废了手艺，遭受了损失，黑人清洁工的收入比白人机械师少 41%。非裔聚集区被标成代表"危险"的红色，生活在这里的居民很难获得房贷。"1950 年，《退伍军人权利法案》在纽约和新泽西东北部给近 7.1 万笔房屋贷款提供了担保，其中给非白人退伍军人的不到 1%。"看得见的世界里，住房等于财富，把非裔美国人排除在房地产市场之外，剥夺他们获得白领工作的权利是看不见的世界持久贫困的原因。

二、制度，消除贫困的根基

达萨尼曾是"看不见的孩子"中的例外，她获得了《纽约时报》记者的关注，新市长上台演讲时，达萨尼作为希望和光明的象征被推到大众面前。她曾是纽约最受关注的儿童，曾经有机会改变自己和家人的命运：在赫尔希学校完成学业，前途一片光明，她可以成为律师、教师，拯救她和她的家人。她在学校努力上进，取得了优异的成绩。但儿童保护制度、社会福利制度迫使她承受了过多的苛责和负担。被退学后，她加入帮派，吸毒，在街头打架斗殴。最终，她走了父母的老路，贫困的悲剧还将延续。

美国的福利制度，特别是儿童寄养制度，正以空前的速度摧毁家庭，剥夺有色人种的亲权，弊病丛生的福利制度披着人性化的外衣，让一个个家庭分崩离析。孩子需要和父母在一起，因为爱能让他们健康成长。寄养家庭依然会存在各种问题，一家人被迫分离，必然会辐射出严重的心理问题。福利制度异化、种族主义抬头，他们不得不直面生存环境恶劣、教育缺失、工作难找的困境，泥足深陷。

我国曾经拥有全球最大基数的贫困群体，但经济繁荣、社会和谐、教育公平、医疗均衡、民族团结等发展目标，驱使制度革新以实现整体脱贫这一世界级奇迹。2012年以来，全球最大规模的脱贫攻坚行动在中国展开，中央每年投入3000多亿扶贫资金，不断延伸交通网络，将贫困村庄与庞大的国内国际市场紧密连接；建成世界上规模最大的社会保障体系，让贫困人口看病不再成为难题；可靠稳定的电力供应和物联网服务，深入到几乎所有地区。在不断健全的制度建设扶持下，新技术、新模式、新理念被运用到扶贫实践中。2012至2019年，我国以高于国际贫困线的标准，让相当于英国和澳大利亚总人口的贫困人口脱贫。从制度层面切入，在实践层面落实，历史性解决绝对贫困问题，巩固脱贫成果，为世界减贫事业作出了重大贡献。

三、教育，斩断贫困的利剑

"纽约市的学校体系现在是全美最庞大的，种族隔离也最严重。麦金尼的学生中只有1%是白人。"达萨尼起先就读的学校里"许多学生过了20岁也不指望能再活多久"。她后被米尔顿·赫尔希学校录取，这是一所为"看不见"的孩子设立的寄宿学校，孩子们在这里可以享受豪华舒适的校园，衣食无忧，管理严格，如果学业有成，还能在毕业时获得大学奖学金，但达萨尼未能顺利毕业。在兄弟姐妹被分别寄养后，家庭支离破碎的达萨尼心态失衡，因殴打同学被开除。而她的表姐从肯特山寄宿学校毕业后，依靠奖学金上了贝茨学院，正在攻读教育学硕士。表姐将摆脱贫困，进入看得见的世界。书中反复提及教育对于"看不见的孩子"有多重要，赫尔希20%的学生曾无家可归，50%目睹过吸毒或酗酒，近33%的家长有犯罪前科。数百名学生在这里避免了被寄养的命运，其中一部分还能够成功扭转自己的命运。

教育攸关未来。今天的中国，兴办着世界上规模最大的教育。1986年4月，《中华人民共和国义务教育法》颁布，我国实行九年义务教育，建成了世界最大规模的义务教育体系，从此春风化雨，固本修枝，教育为本，人才强国。2023年，全国小学净入学率保持在99.9%以上，义务教育巩固率达到95.7%。随着经济社会的发展，教育内外部形势发生了深刻变化，"有学上"向"上好学"的目标递进，人口红利向人才红利的加速迈进，教育公平与优质教学的期待高涨。九年义务教育是人生连续受教育时间最长的阶段，是打牢人生基础的关键阶段，只有充分利用这个阶段夯实知识基础，培养创新意识，才能有效提高人口整体素质，更好满足现代化建设对人才数量、质量、结构的全方位需求，提升国家的综合实力。

四、结语：所有的孩子都会被看见

故事以赛克斯家族孕育新生命为结尾，这是作者对于"看不见的孩子"的美好期望。但世界上仍有千千万万"看不见的孩子"。他们生活在人烟稀少的乌代布尔地区，习惯了借助驱邪为主的传统方式治疗疾病；他们生活在加尔各答摇摇欲坠的房子里，习惯了每天靠16卢比填饱肚子；他们生活在莫普提地区的多贡村落，习惯了因感染疟疾而夭折……这样的纪实文学，能为读者吹开浮尘，触摸这些被时代尘埃淹没的"看不见的孩子"。他们在极端环境下，仍有发挥潜能的巨大可能，理应被赋予更多希望。当我们消除偏见隔阂，完善制度保障，实现教育公平，世界上的每一个孩子都能被看见，每一个孩子也都会被看见。

寻迹生肖动物，细察中华文明的精微

——评《动物寻古：在生肖中发现中国》

谭　婧

　　生肖是中华民族自古以来的民俗文化传承，我们可能会忘记自己的生日，但我们绝不会忘记自己的生肖属相。在读这本《动物寻古：在生肖中发现中国》时，你可能就会想，我对应的生肖动物在中华这块大地上有什么历史渊源呢？《动物寻古》这本书给了我们意想不到的答案。作者袁靖先生是知名动物考古学家，全书深入浅出、行文流畅，逻辑性、趣味性强，是一本既专业又通俗的动物考古书。从唐代十二生肖陶俑到清代的十二生肖铜首，生肖文化既丰富又复杂，折射了人类与这些动物之间深厚的历史渊源，作者带领我们通过寻找生肖动物在中国历史长河中的身影，来反观人类文化生活中那些有趣的侧面，去细察中华文明的精微。

　　寻迹生肖动物，通过专业考古探索生肖动物的起源与变迁。本书作者按十二生肖动物的排序分十二章介绍，每一章从动物生物学角度介绍了各动物的特征与种类、习性与行为，讲述了他们之间相互影响的关系以及对人类社会的影响，进而探寻生肖动物的起源与变迁。比如在周口店遗址考古中的家鼠类化石揭示了老鼠是与北京猿人同龄的动物。历史上的"鼠疫"曾让人闻风丧胆，而今天老鼠角色发生了重大转变，"小白鼠"在医学上的广泛应用，成为人类的医疗助手。动物进化伴随着人类上万年的动物驯化历程，驯化的动物都是可以驯化的，不可以驯化的各有各不能驯化的原因。动物考古告诉我们：古代与人类相伴的兔子是旷兔,人类历经千年一直未能驯化,现在的家兔是明朝时期从欧洲引入的穴兔驯化而来。同时,在殷商遗址中发现的圣水牛,早在5000年前已经灭绝,现在的黄牛是5000年前的西亚来客。专业的动物考古,是一场生物学与科技的深入探索。9000年前贾湖遗址的猪骸骨头部小、牙槽短、牙釉齿发育不全、死亡年龄偏低,同时通过科学的碳同位素研究可确认它们与当时古代人类饮食相似,这一系列特征表明它们当时已经是家猪。寻迹动物,考古学家还发现人类的迁徙带来了动物链的传播。古代黄牛来自西亚,古代绵羊来自伊朗,古代马来自中亚,而黄牛、绵羊、马和鸡都是先驯化成家养动物后再传入中国,考古学家通过专业的考古使各种动物的起源与传播清晰地展现出来。

寻迹生肖动物,在与动物同行中看华夏文明的发展。本书作者从十二生肖出发,着眼点放在人类和动物相处的历史变迁进程,选取角度新颖。人类与生肖动物关系如此密切,但生肖动物是何时融入人类生产、生活,且被赋予诸多文化意义的呢?书中作者介绍了动物考古学家对人类遗址中的动物骸骨进行冲洗、拼接、比对、分析等实践与考证的过程,让我们看到他们深耕田野发掘,对话过去,唤醒尘土之下历史的记忆,一步步揭开人类如何与动物同行的真相。从新石器时代起,动物就开始陪伴人类。首先,生肖动物与人类生活实践密切相关,生肖动物的选择反映了古人对动物特性的观察和生活需求。比如牛、马、羊、鸡、狗、猪是主要的六畜,常用于耕地、运输、狩猎和食用,牛是农耕时代的第一生产力,被称为华夏文明的柱石。同时祭祀文化一直伴随着文明而生,古人视死如生,非常重视祭祀,此六畜也是古人最重要的祭祀动物。国之大事,在祀与戎。在古代,马是战争军事实力最重要的标准,马是车骑之魂。作者列举车马坑遗址告诉我们,在武王伐纣的战役中,周朝很可能以四马战车打败了两马拉车的商朝,而秦朝则是依仗"车六百乘,骑五千匹"的军事实力灭了六国。此外,生肖动物成为一种文化象征,寄托着人类的信仰。因为对动物的原始崇拜,古代很多部落、小国在群族的统治中形成以动物为神的图腾文化。书中为我们普及了必须知道的"冷"知识,国之图腾龙是人类根据扬子鳄和蛇的原型塑造的。从商周时期妇好墓中形似鳄鱼的玉龙及西周形似甲骨文的青铜爬龙，到战国时期长沙马王堆 T 形帛画中的飞龙，再到南宋陈容的《六龙图》，书中对于这些文物的详细介绍，为我们梳理了龙形象不断进化的过程。而被称为华夏始祖的蛇，从浙江良渚文明时期被崇拜，逐渐传播到中原，成为越国的图腾，直至西汉时期蛇被称为人类的始祖，西汉出现众多伏羲与女娲的画像石成为人类文明传承与发展的注脚。

寻迹生肖动物，在与动物共生中看灿烂辉煌的中华文化。作者引用了国内外大量历史文献、文物等资料，向读者展现了动物与人类共生的故事。我们可以看到，人类对喜欢的动物除了想拥有它之外，还希望通过艺术方式将它们永远留在自己身边，从而逐步形成了古人文雅、精致的审美性生活。文字是一种划时代的文化，古人根据动物的形态、性格和寓意，创造了甲骨文字，牛、虎、狗、兔等生肖动物的命名，皆出自甲骨文。同时，生肖动物的形象被古人生动地刻画进青铜器、彩陶、壁画中，汉阳陵中 2000 只陶塑动物，让人叹为观止；敦煌莫高窟内"舍身饲虎"壁画，展现了佛教触动人心的艺术特质。而借由这些动物，人类创作了浩若繁星的生活用具，装饰等艺术品，如商朝妇好墓中造型可爱的玉兔、西周威严的虎饰铜觯、商代精美的四羊方尊、西汉惟妙惟肖的飞马踏燕。此外，与动物共生，深深影响着人类的社交、礼仪文化，激发了人类的文学想象。作者融入了大量与生肖动物相关的耳熟能详的文学故事，如玉兔捣药嫦娥宫，老鼠娶亲，白蛇传，《西游记》中美猴王、猪八戒的故事，广州"五羊拾穗"羊城的传说等，又如《诗经》《山海经》《齐物论》中涉及的诗词、神话、寓言；还有以鸡占卜、歃血鸡毛祭祀等民俗，宋人吃羊的 30 种做法、古人烤乳猪、东坡肉等饮食文化，以及"顺手牵羊""沐猴而冠"等成语，"雄鸡一叫天下白"等熟语。整本书简直称得上是关于生肖动物的"文化艺术宝典"，让我们真切看到了人类与动物共生的文化渊源，让我们看到古人高超的审美和精神追求，充满了对人生、生命、世界的探索与追思。

以古论今，推动中华文化的传承与保护。作者将生物学、考古学、历史学、文学等各学科知识融合起来，内容严谨又有趣，为考古学的相关研究成果走向大众奠定了很好的基础。当今社会是一个文化融合的时代，培养跨学科的思维是我们现代人应有的文化自觉。通过阅读这本书，一方面打破了我们的知识壁垒，扩大我们掌握各学科知识的广度，增强文学、历史、自然、考古等众多常识储备；另一方面以古论今，让我们的视野不再局限于当下的生活。通过阅读，我们跟随作者去现场"参与"动物发掘，从那至今无法解释的距今 6000 年前西水坡遗址中古人留下的"蚌壳摆塑龙虎"图中，去感受现代思维与古代思维的差异；从观看博物馆内那些令人惊叹的精美动物器物中，去体会那更广阔的审美世界，感受古人纯粹的精神世界；从不同的学科之间迸发出的火花中，去体验那些城市的日常生活中稀缺的惊喜与浪漫；透过远古，从人类与动物相依相存的发展中看人类与动物这一命运共同体，促使我们深刻认同动物保护、动物福利等问题，进而思考在人与动物同行的世界中，我们人类社会如何才能更好地发展。

　　动物可离开人类，但人类离不开动物。生肖动物与人类的关系，既有物质层面，也包括精神层面，这些关系共同构成了生肖文化丰富而复杂的内涵，构建了博大而精深的中华文化。我想，这本书的作者就是想要告诉我们，华夏民族与动物自新石器时代起一直同行至今，人类与动物是一个命运共同体，人类与动物永远不能分离。

医学的温度让生命开出最美的花

胡漫丽

薄世宁医生所著的《命悬一线，我不放手》从 19 个主题，分享了他在 ICU 工作的 22 年间参与救治的典型病例。每一位患者的故事都从不同的角度，共同聚焦在 ICU 这个离人生终点最近的医疗科室里。作者所亲身经历的医学工作者、患者和患者的亲属们面对生命的人生故事，诠释了在"生""死"面前的人性抉择、医者初心和爱的光辉。相较于医学知识科普，这本书更多的是对于医学的本质和初心的探讨，是对医者和患者之间那条永不放弃的纽带的阐述，是对生命意义的探索。

《命悬一线，我不放手》以"理性的往返""人心的明暗""希望的沉浮""关怀的分合"四章展开叙述，每章内容紧扣章节中心，陈述不同主题的病例故事。书中巧妙安排疾病救治、人物访谈和作者感悟，从临床医患故事的不同角度探讨医学、探讨人性。而全书四章的内容安排，也契合作者对于一个好医生"在历尽千帆日趋理性后，还能在内心深处保留一份感性"的领悟。

作为医学科普，本书在对叙述过程中遇到的"急性心肌梗死""脑死亡""上消化道大出血""癌症靶向治疗""羊水栓塞""烟雾病""截瘫""流行性出血热"等许多患者可能在 ICU 救治过程中遇到的疾病和治疗内容进行了详细而科学的解释，结合病例故事，更深刻、形象地将专业医学知识科普给每位读者。更加重要的是，相较于概念的灌输，作者更加关注站在医生、家属的角度，面对生死时刻时，"理性休克""不理性的冲动"等这些读者曾经遇到或在未来某刻可能遇到的情况的探讨。对于人的关注，对于在危重疾病困境中该如何选择坚持和放手的探讨，对于建立在不违背医学客观规律之上的人性中最珍贵的善的探索，正是《命悬一线，我不放手》作为一本医学科普书独一无二的意义所在，也是医学科普除了普及疾病之外，如何成为医患关系间至关重要的纽带的一次成功探索。只有了解，才能理解。

除此之外，《命悬一线，我不放手》最可贵的是对于生命价值的探讨。"人类孜孜不倦地探寻着奇迹，却很容易忘记我们的身体才是这个自然界中最伟大的奇迹。""没有想到这么废柴的我体内有这么多为我拼命的细胞，好想对他们说句对不起。"现代社会充满竞争的压力，大部分人都在辛苦地生活着，很多时候容易忽视自己正拥有的美好。薄世宁医生的这本书，用不同的 ICU 病人挣扎在生死边缘时发生的真实案例，向读者们展示了脆弱又顽强的生命，展示了最可贵的健康，展示了希望的意义。生命教育，是个人成长不可或缺但又常被忽视的一环，往往会影响人的一生。"对人类而言，没有什么比认知生命、改善生命、延长生命更有实际意义，而死亡同样是生命的一部分。"《命悬一线，我不放手》不仅强调永不放弃的医患故事，也分享患者和家属间临终的告别和放手。它为读者们展示了尊重生命、维系爱的不同方式，告诉大家离别时的宽慰和分别后的铭记也可以成为对生命最高的礼遇。

《命悬一线，我不放手》作为一本出自 ICU 领域杰出医生的医学人文书，既有对疾病和诊断的细致阐述，又有作为医生、患者的真情故事；既可以作为医、患间的理解纽带，又可以作为生命教育的生死感悟。医学的温度、生命的意义、人性的光辉在薄世宁医生的这本书中相互交织、熠熠生辉。这本书应当成为一个起点，通过它的出版和成功，探索出新时期下医学人文科普出版的方向，让图书成为医学人文发展的翅膀，让中国的医学环境更加温暖，让生命在中华大地上绽放出最美的花。

《芯片简史》: 创新、叛逆与科技先驱的赞歌

曹恒铭

　　《芯片简史》是一本兼具深度与可读性的科技史著作，勾勒了芯片从无到有的发展轨迹，展现了那些叛逆不羁的科技开拓者如何在崎岖的道路上不断创新、突破，最终改变了世界。这本书，让我深刻领会到半导体技术从基础理论到技术实现的艰辛历程，也让我对技术进步背后那些不为人知的故事心生敬意。这是一部关于芯片发展历程的科技史，也是对无数科技先驱的深情歌颂。全书对芯片发展从无到有、从微小到巨大变革的过程进行了详细梳理，展示了科学家们在叛逆与创新道路上顽强拼搏的精神。作为一名软件工程专业的学生，这本书不但拓展了我对半导体行业的技术认识，更让我对科技进步背后的科学家心生敬意。

从"晶体管小溪"到"芯片大河"

　　《芯片简史》以引人入胜的方式描绘了半导体技术的发展历程，就如同一条崎岖河流顺着时间线汩汩流淌。书中以"叛逆"作为核心主题，回溯了从半导体材料到晶体管，从晶体管到集成电路，再到摩尔定律支撑下的芯片演化历程。晶体管的诞生、光电二极管的应用，再到后来复杂芯片架构的集成，这条小溪逐渐变成了静水深流，并最终汇聚成一条浩浩荡荡的信息技术大河。

　　在这条河流中顺流而下，可以窥见芯片从最初的稚嫩到不断强大

的过程：从一颗晶体管发展到如今的数百亿级晶体管的芯片，摩尔定律一直作为推动科技发展的"万有引力"，引导着半导体产业的不断前行。从早期的 PC 机到今天的智能手机，从光刻机制造芯片到 EUV 光刻的尖端技术，每一次突破都意味着一次对技术、对观念的革命。这本书通过讲述芯片发展中重大节点的故事，将这条时间长河缩短到书页之间，令人感受科技在有限的时间尺度上呈现出无限的生命力。

创新与叛逆，科技发展的双刃剑

《芯片简史》揭示了"创新与叛逆"这一半导体发展中不容忽视的主题。科技的进步从来都伴随着巨大的风险，而创新往往需要打破传统规则，这也常常引发冲突。

例如，杰·拉斯特在开发集成电路技术时遭到公司高层的质疑，甚至差点被要求中止项目；诺伊斯、肖克利和其他"叛逆者"们尽管背负压力，却始终坚持他们对技术的信仰。正是他们的不屈服精神和坚持不懈，使得这些技术终能得以面世。这种叛逆精神是芯片历史的核心主题之一，伴随并推动着行业从传统走向现代，影响深远。

技术革新与科学家的血泪史

书中描述了众多科技先驱的真实经历，他们的努力并非一帆风顺，而是伴随着挫折、质疑和争议。汪波博士以细腻的笔触刻画了这些科学家们的坚持与韧性，将他们的个性、挣扎和成就一一呈现在读者面前。肖克利、诺伊斯、姜大元、张忠谋等人不仅仅是技术上的开拓者，也是面对艰难与逆境中勇敢前行的典范。肖克利虽为科学奇才，但因性格固执导致团队分裂，诺伊斯则因不满公司的保守策略而选择另谋发展，中村修二则在公司阻力中研发出影响深远的蓝光LED。

这种对人物性格与成长历程的细致描写让读者在理解技术发展之余，也能感受到科学家们的真实情感。那些为芯片事业奉献一生的科学家们，他们的喜怒哀乐、得失成败，远比单纯的发明历程更打动人心。这些人物的经历告诉我们，科学家们并非高高在上的天才，而是和我们一样的普通人，他们的伟大成就来源于一颗坚持创新、勇于抗争的心。

特别是当芯片技术进入 21 世纪，英伟达的崛起与 GPU 的快速发展，让人们看到了半导体行业的新方向——"算力即未来"。《芯片简史》敏锐地捕捉到了 GPU 在人工智能领域的价值，而英伟达创始人黄仁勋的成功更是将芯片从计算领域带入 AI 时代的新篇章。虽然作者对英伟达的故事略有缺憾，但对于 AI 与芯片结合的前景展望，依然让读者深刻体会到技术如何改变世界，如何塑造未来。

《芯片简史》不仅是一本芯片科技发展的科普书籍，更是一部关于科技创新的历史长诗。这本书让我深刻理解了芯片行业的复杂与精彩，也让我看到了创新与叛逆的重要性。它展现了芯片技术的来龙去脉，也向那些默默无闻的科技先驱致敬。未来，芯片产业的前行之路依旧艰难，但正如汪波博士所说，预测未来的最好方式是把它发明出来。我们需要更多敢于叛逆、勇于创新的人，去继续书写这部未完待续的科技史诗。

《实验室的秘密》：探索世界的精灵们如何浇灌科学之花？

张　峰

在四百年前的一个冬天，一个英国贵族买了一只鸡，在给鸡开膛破肚后就开始在雪地里忙活，他去除鸡的内脏，把冰雪填在鸡的肚子里。这个人并不是傻子，他只是在做一个实验，想证明在低温下，鸡肉要比常温下保存得更久。可是这个英国贵族已经 65 岁了，身体本来就孱弱，他在室外的低温中待得太久，虽然实验获得成功，却感染了风寒，并引发肺炎，不久便离开人世了。这个人不是别人，正是提出"知识就是力量"，开创人类实验时代的实验科学之父弗兰西斯·培根。

四百年前，人们的实验条件是简陋的，为了做实验甚至要付出生命的代价。四百年后，科学家们的实验环境早已不同，他们有了更好的实验条件，不同学科的一流实验室不仅保证了科学家们的安全，也保证了实验数据的准确性。

实验室是科研场所，并不是每个人都能随便进入参观，不少一流实验室也禁止拍照，所以我们很难了解实验室里到底是什么模样。不过，《实验室的秘密》这本法国绘本，以漫画的形式，带着小朋友们了解法国等国的 44 个世界前沿实验室的内部，以及那些实验室里探索世界的精灵——科学家们是如何进行科学实验、浇灌科学之花的。

一、生活之中的普通问题，实验研究的重大课题

当我们听到电台里整点播报北京时间时，可能不会想到标准时间对于一个国家，对于世界有多重要。在法国，国家标准时间来自巴黎子午线上的巴黎天文台。在 20 世纪之前，世界上各个国家都没有一个标准时间，每个城市都把太阳在头顶的时刻定义为 12 点。因为每个城市的经度不同，它们使用的时间也是不同的，在美国就出现过因为两列火车从不同城市出发的，使用了不同的时间，中途相撞的事故。

20 世纪初，世界各国召开会议，统一了时间标准，避免了事故的发生。可是人们还需要更精确的时间，书中提到的巴黎天文台的"赛尔特实验室"，便致力于让人类的时间更精确。从 1971 年开始，人们开始用铯原子来重新定义时间，把铯 -133 原子震荡 9192631770 个周期定义为 1 秒，这就是原子钟。1 秒钟虽然非常短暂，但在有些领域已经是非常大的误差了。比如书中提到，在 GPS 全球定位系统中，如果误差了 1 毫秒，就会有 300 千米的位置偏差；如果误差了 1 秒钟，就会有 30 万千米的位置偏差，这可是地球到月球的距离！

除了对于时间精确性进行研究的赛尔特实验室，书中还有很多实验室的研究是从人们日常生活出发的，比如对神经反应进行研究的法国国家科学研究中心的神经研究科学大楼、对于声音进行研究的勒芒大学声学实验室等。

二、亘古不变的人类梦想，科学家们的努力方向

从远古时代开始，人类就开始仰望星空、了解宇宙。随着现代天文学的发展，不断进步的天文观测设备，让人们看得更远，看得更清楚。在中国，有贵州深山中的"天眼"射电望远镜；在国外，则有法国、美国、智利合作建在智利沙漠中的大口径全天巡视望远镜 LSST。LSST 不仅能观测几十亿光年外的星系，还带人们了解宇宙中"黑暗区"的神秘领域、了解暗能量和暗物质，从而逐渐揭开宇宙之谜。

除了了解宇宙，人们对生命起源与人类起源之谜也始终保持着热情和好奇心。书中所讲述的法国的雅克·莫诺研究所与比利时的皇家

科学学会，带我们深入探究这些问题。雅克·莫诺研究所主要研究的是古生物 DNA 的复原。那些千万年前古生物化石中的 DNA，早已碎成了片段，但研究所的古生物学家在严格纯净的实验条件下，利用 PCR 等最新技术，让我们了解了不同古生物的 DNA，以及它们是如何进化的。而比利时的皇家科学学会则把研究目标聚焦在尼安德特人身上。尼安德特人是欧亚大陆的一种古老人类，比利时皇家学会复原出了尼安德特人的模样，让我们可以一睹人类的这个远亲。

三、无处不在的实验研究，孜孜不倦的真理探求

对于一些学科来说，实验不仅仅可以在有屋顶的实验室里做，只要是在科学需要探究的地方、问题需要解决的地方，都可以是实验的场所。本书中写到的许多实验室，都是这样的"实验室"。

法国著名景点凡尔赛宫里最大的喷泉"拉托娜"，年久失修，但它是不可移动文物，不可能把它搬到实验室里进行修复，于是喷泉现场变成了露天实验室，在对供水管道、水阀、喷泉底座等进行修理后，这座喷泉恢复了它刚刚修建时的喷水盛况。

实验室可以建在地下。书中所提到的高卢—古罗马遗址的现场，就是一处由地下挖掘而来的露天实验室。考古学家们研究现场挖掘成果，用 X 光照射等科学方法识别文物，建立不同文物之间的关联，从而追溯历史。

实验室也可以飞上天。法国"富加教练机"是飞在天上的实验室，这是一种可以翻筋斗、横滚与桶滚的飞机。飞机性能的不断改进，就必须在天空这个实验场中完成。

读完《实验室的秘密》这本书，给人的感受是实验无处不在，科学无处不在。对于小朋友们来说，虽然暂时还不能进入世界前沿的实验室做实验，却可以时刻努力学习和探索科学知识，每个人将来都有可能进入全球顶尖的实验室，成为浇灌科学之花的精灵。

当你成为一头狮子

郭　梓

乌墨般的夜晚，一头小狮子被困在摇摇欲坠的树枝上。

猛然听得远处鼓钹声炸开人群、湖水，劈头盖脸地砸过来，划破让人心颤颤的黑暗，吓跑了树下龇着獠牙的鬣狗。强烈稳健的鼓点逐渐安抚小狮子的心，生于丛林，注定为王。小狮子在柔和的晨光中，睁开双眼，纵身跃入泥潭，抗争中发现自己拥有金色的翅膀，如今受难才算涅槃，羽翼伸展，铺天盖地，小狮子周身流光溢彩，噗嗤噗嗤，迎着光柱，向上生长。

《雄狮少女》是这样一部讲述生长疼痛的作品，它以非遗项目舞狮为大背景，聚焦女性力量，描绘了一群少年少女的成长片段。本书既有精巧的构思、细腻的笔触，也展现出野草般的自由和磅礴的气势。

在每一个黎明破晓的时刻，驱赶走野兽的不是雄狮，而是守卫家园的母狮子。《雄狮少女》从高一一的视角出发，不仅仅勾画了同龄人之间的互动，也展现了上一辈人的故事。本书触动我最大的一个角色，就是高一一的母亲高凤。高凤确是一位伟大的女性，她真真实实地变成了一头母狮子，坚韧、勇敢，又兼有母亲的远见、慈爱。热爱漫漫如潮水，她本是北狮传人，来到南方生活后，她对南狮的写意灵动着了迷，立志要融合南北狮舞，更要打破传统舞狮的性别歧视，展现女性在狮舞上的优势和能量。雨是不能阻碍一头飞跃的红狮子的。

她孜孜不倦地练习创新高难度动作，每一次腾跃，每一个招式，追求尽善尽美，她遭遇过无数次失败和挑战，可她从未叫苦，又从未放弃。所有人都为她着迷！高凤是一头必定成功的狮子！高凤的摔倒到底是不是刘阿南没拿走的口香糖导致的，还是高凤没有摘掉的线头，这个问题的答案其实不再重要。高凤在意外发生后，一开始消沉无法面对无法舞狮的现实，不过很快坚定要重新站起来的意志。这不仅是对女儿的鼓励，同时更是坦然面对梦想无法完成的现实，不沉溺在苦难之中，摆脱黑暗才发现生命不只局限于此。高凤是女儿希望的寄托，是刘阿南复杂情感的所在。她是真正的狮子啊，不依靠腿也能在精神上站起来。她最后选择截肢，怎么不能说这是高凤成长的完成呢？巨大的摧折也压不碎风雨中的玫瑰，她永远昂首，朝着太阳升起的方向。

在写法方面，我很钦佩作者虚实结合的写法，我认为这是这本书写作的一个亮点。每一个章节都是以梦起笔，梦中的小狮子就是高一一的化身，二者成长轨迹重合。虽然害怕深渊和鬣狗，但远处有母亲的支持，小狮子渐渐学会不依靠他人的帮助，独立面对困境。龙三爷让高一一自己化解溺水，它对应着小狮子陷入泥潭这个经历，一心念着别人会来救你是消极的，救命的只有自己。

《光明日报》对这本书作评时有这样一句话：醒狮的精神力量最终成为他们成长的信念之源。高桩上的狮子神气地摆头，鬃毛随风飘扬，少年们向世界宣告着他们的存在，嘶吼着，欢脱地奔跑，不屈不挠，每一次跌倒，都是成长的烙印；每一次跃起，都是对自由的诠释。醒狮让每一个少年都成为一头狮子，在生活的舞台上，咆哮出属于自己的辉煌。

少年啊，当你成为一头狮子，你也会少了人类的焦虑慌张吧。你会是一头自由轻快的狮子，在茫茫天地间奔跑；你会是一头勇敢的狮子，不在乎流言蜚语，追逐最高的理想，直到撞碎一切的桎梏，得到淋漓尽致的绽放。那么我相信，这头小狮子可以抚平"下车"的悲伤，理解自然的残酷，坦然面对，然后可以骄傲地说一句：我不怕你了，放马过来吧！

20

文津图书
20周年纪念文集

廿廿之间

第四章

硕
果

文津图书奖获奖图书分析及对大众阅读引领作用研究

吕俊平　孙　卿　王玲环

摘要：文津图书奖作为国家图书馆主办并联合全国图书馆界共同参与的公益性图书奖项，自 2004 年设立至 2024 年，已成功评选 19 届。该奖项不仅是对优秀出版物的权威认可，更是引导大众阅读风向、提升文化素养的重要标志。本文从文津图书奖获奖书目的角度出发，探讨其对大众阅读的引领作用，提出针对文津图书奖推广及大众阅读引导的策略建议，以期进一步发挥奖项在文化建设中的积极作用。

关键词：文津图书奖；图书评奖；大众阅读；全民阅读

一、引言

2014 至 2024 年，"全民阅读"作为国家文化战略连续 11 年被写入《政府工作报告》，从最初的"倡导全民阅读"到"深化全民阅读"，持续高位推进。党的二十大报告中更是将"深化全民阅读活动"作为明确的任务提出。随着社会的进步和科技的发展，阅读已成为人们获取知识、提升素养、丰富精神生活的重要途径。文津图书奖作为一项具有广泛影响力的图书奖项，设立于图书馆界正式提出"全民阅读"的 2004 年，它的发展与"全民阅读"息息相关。自设立以来，文津图书奖始终致力于发掘和表彰优秀的图书作品，秉持着"评选出引导大众阅读的优秀图书、汇聚传递正能量、弘扬优秀传统文化、推动全民阅读"的理念，评选出一批又一批具有较高思想价值、学术品质和阅读价值的获奖图书，对提升公众阅读质量具有潜在的影响力。因此，对历届文津图书奖获奖图书进行分析，并探究其如何引领大众阅读，不仅有助于理解奖项的社会功能和文化价值，对促进全民阅读也具有重要意义。

二、文津图书奖概述

（一）文津图书奖的发展历程

作为服务全民阅读的重要品牌，文津图书奖是由国家图书馆主办并联合全国各界图书馆共同参与的公益性图书奖项。奖项以"文津"命名，不仅缘于国家图书馆镇馆之宝"文津阁《四库全书》"，也寓意着"文化津梁"的使命，彰显着国家图书馆作为传承文化的桥梁，为促进作者、出版者和读者之间的良性互动发挥积极作用[1]。

文津图书奖以宋代《耕织图》里的《簸扬图》为标识，有"读书如稼穑，勤耕致丰饶"之意[2]。该奖项每年评选一次，通过推荐、初评和终评等程序，由读者、专家、图书馆和媒体共同参与推荐，最终评选出各类别获奖图书和推荐图书。第 1 届评选结果于 2005 年揭晓，截至 2024 年，已成功举办 19 届，共计评选获奖图书 231 部和推荐图书 827 部。文津图书奖以其公益性、独立性、权威性和专业性，迅速在出版界、图书馆界和读者群体中建立了良好的声誉，逐渐成为国内颇具影响力的图书奖项。它不仅是对优秀出版物的权威认可，更是引导大众阅读风向、提升文化素养的重要标志。通过评选和推广优秀图书，文津图书奖在促进全民阅读、提高公众科学素养和人文素养方面发挥了积极作用。2009 年荣获中宣部、中央文明办、原新闻出版总署颁发的"全民阅读活动优秀项目"奖。

（二）文津图书奖的评选标准与流程

1. 设立专门的组织机构

文津图书奖的组织机构包括组委会和评委会，组委会下设秘书处，专岗专责。组委会负责制定章程，组织聘任评审专家，确定评选、推广和发布方案，并对文津图书奖的其他重大事项进行决策以及统筹联合评审单位参与图书推荐、评审和推广工作。评委会负责统筹管理评审工作。评委会由初评评委、终评评委和审读专家组组成。秘书处负责评选工作和推广活动的组织实施[3]。

2. 多方推荐参评图书

参评图书由读者、专家、图书馆、出版社 / 出版公司共同推荐产生，读者推荐没有数量限制，图书馆推荐上限为 10 种。出版社（或出版公司）推荐上限为 5 种[4]。图书内容侧重于能够传播知识、陶冶情操，提高公众思想道德素质与科学人文素养的普及性图书。

3. 公开透明的流程

评委由不同领域的专家学者组成，初评评委对有效参评的图书进行初评，产生进入终评环节的图书。终评评委进行终评工作，产生最终的获奖图书和提名图书。组委会秘书处将评选结果报馆务会、组委会和相关主管部门审定，在每年的世界读书日前后予以公布。

（三）文津图书奖获奖书目特点

1. 多元主题与内容深度

文津图书奖获奖书目覆盖人文社科、科普、少儿等领域，展现了丰富多元的主题内容。这些书目不仅深入挖掘了历史文化、科学技术、社会现象等方面的知识，还通过独特的见解和扎实的研究，挑战既有认知，启发读者进行深入思考。如《中华文明五千年》（第 18 届）全景展现了中华文明的发展道路，好读又有学术含量；《人类简史：从动物到上帝》（第 10 届）从全新的视角观察人类的起源和发展，这些作品都体现了内容的深度和广度。

2. 文化传承与社会责任

获奖图书中不乏具有深厚文化底蕴和社会责任感的作品。这些作品通过对历史人物的生动描绘、社会现象的剖析以及传统文化的挖掘，弘扬了民族精神，传递了普世价值。如《漫长的余生：一个北魏宫女和她的时代》（第 8 届）在宏大的历史图景中书写小人物的命运；《走到人生边上》（第 4 届）则通过对人生、生与死等问题的思考，引导读者探索人生的价值，这些作品在文化传承和社会责任方面发挥了重要作用。

3. 科普教育与科学精神

科普类获奖图书在普及科学知识、传播科学精神方面发挥了重要作用。这些作品以严谨的科学态度和生动的语言，普及了前沿科技知识，激发了公众对科学的兴趣。如《上帝掷骰子吗？：量子物理史话》（第 3 届）通过通俗有趣的讲解，无限拉近读者与量子物理的距离；《芯片简史》（第 19 届）聚焦热门话题，完整呈现芯片发明和发展的 60 多年历程，这些作品在科普教育和科学精神传播方面做出了积极贡献。

三、1—19 届文津图书奖获奖图书统计分析

1—19 届共评选出获奖图书 231 部。〔说明：一条获奖书目信息所含图书计算为一部，如《中华传统文化百部经典（首批 10 种）》（第 13 届），这 10 种图书算一部。〕

（一）原创图书与翻译图书分布情况

231 部图书中共有原创图书 165 部，翻译图书 66 部。部分图书作者有非中国国籍，如《亲爱的安德烈》（第 5 届）作者为龙应台和其子德国安德烈；《是什么带来力量：乡村儿童的教育》（第 10 届）作者为德国卢安克，但因其非翻译图书，也计入原创图书。

从年度获奖图书来看，翻译图书占比从 10% 到 44.44% 不等（见表 1），总体来看，翻译图书的占比弱于评奖总数的三分之一，证明了文津图书奖对原创图书的重视。

表 1　1—19 届文津图书奖原创图书和翻译图书数量及占比

届次	获奖图书数量 / 部	原创图书 / 部	原创图书占比 /%	翻译图书 / 部	翻译图书占比 /%
1	9	5	55.56%	4	44.44%
2	10	6	60.00%	4	40.00%
3	10	7	70.00%	3	30.00%
4	10	6	60.00%	4	40.00%
5	10	7	70.00%	3	30.00%
6	10	7	70.00%	3	30.00%
7	10	8	80.00%	2	20.00%
8	10	6	60.00%	4	40.00%

届次	获奖图书数量/部	原创图书/部	原创图书占比/%	翻译图书/部	翻译图书占比/%
9	10	6	60.00%	4	40.00%
10	10	6	60.00%	4	40.00%
11	10	9	90.00%	1	10.00%
12	10	7	70.00%	3	30.00%
13	9	7	77.78%	2	22.22%
14	10	7	70.00%	3	30.00%
15	15	11	73.33%	4	26.67%
16	20	15	75.00%	5	25.00%
17	19	14	73.68%	5	26.32%
18	19	15	78.95%	4	21.05%
19	20	16	80.00%	4	20.00%
合计	231	165	71.43%	66	28.57%

　　66部翻译图书共涉及14个国家（见图1），原著为美国的图书有29部，原著为英国的图书有17部，遥遥领先。其他原著国家为法国、德国、日本、加拿大、西班牙、奥地利、澳大利亚、巴拿马、荷兰、挪威、葡萄牙、以色列。

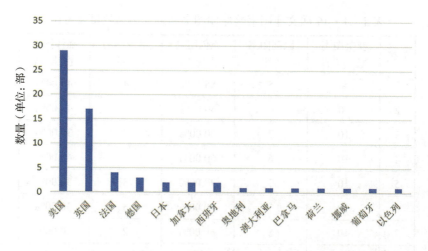

图1　1—19届文津图书奖翻译图书原著国别分布

（二）出版社分布情况

231 部图书共分布于 99 家出版社，总体来看出版社分布比较分散（见图 2），同一出版社同一届次最多两种图书获奖。

相对而言，获奖图书所在出版社较集中，其中生活·读书·新知三联书店以 16 部图书独占鳌头，获奖图书数量大于 5 部的出版社共有 8 家（见图 3）。这 8 家出版社共有获奖图书 73 种，占全部获奖图

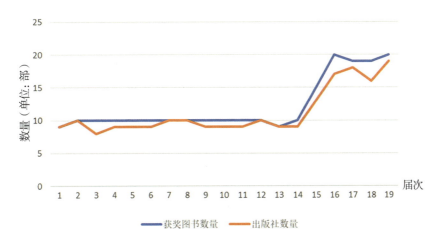

图 2　1—19 届文津图书奖获奖图书和出版社数量

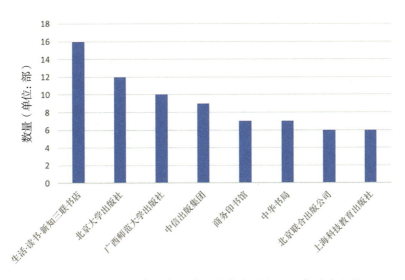

图 3　1—19 届文津图书奖获奖图书数量大于 5 部的出版社

书的 31.60%。从这 8 家出版社所在地也可以看出，京版老牌出版社在评奖中占有绝对优势。

（三）责任者分布情况

对 231 部获奖图书责任者信息进行梳理后发现以下几个特征：

一是获奖图书责任者多为各行业内名家或者专业组织机构，个体责任者如艺术家陈丹青、学界泰斗季羡林、国学大师汤一介、药学家屠呦呦、古书收藏家韦力、画家吴冠中等，团体责任者如中国科学院物理所等。

二是大多数责任者仅有一部图书获奖，有两部以上图书获奖的责任者仅有 5 位，其中 4 位著者、1 位译者。《拾贝集》（第 7 届）和《逝年如水：周有光百年口述》（第 11 届）的作者：中国语言学家、"汉语拼音之父"周有光；《独立知识分子》（第 9 届）和《仅此一生：人生哲学八讲》（第 17 届）的作者：北京大学哲学系教授何怀宏；《良训传家：中国文化的根基与传承》（第 13 届）和《从封建到大一统：〈史记〉中的历史中国》（第 19 届）的作者：复旦大学历史系教授韩昇；《砂粒与星尘》（第 15 届）和《脚印》（第 17 届）的作者：当代儿童作家薛涛，还有《牛奶可乐经济学：最妙趣横生的经济学课堂》（第 4 届）和《人体简史：你的身体 30 亿岁了》（第 16 届）的译者闾佳。

还有几位合作责任者获奖的情况，如《丧家狗：我读论语》（第 4 届）的作者李零同时也是《了不起的文明现场：跟着一线考古队长穿越历史》（第 16 届）的合著者之一；刘斌与不同责任者合著《五千年良渚王国》（第 15 届）和《了不起的文明现场：跟着一线考古队长穿越历史》（第 16 届）；《中华文明史（4 卷本）》（第 3 届）的主编之一袁行霈也是《中华传统文化百部经典（首批 10 部）》（第 13 届）的主编。

（四）中图法大类分布情况

按中图法大类号对获奖图书进行学科类别的划分，内容涉及两个及以上大类的，在统计分析时根据图书内容归入其中一类。如《学哲学 用哲学》（第 2 届）是真实记录李瑞环同志学习运用马克思主义哲学的论著，在书目数据中有两个分类号 B0-0（马克思主义哲学）和 D2-0（党的领导人著作），本文在做数据统计分析时根据图书内容将其归入 B 哲学宗教大类;《网民的狂欢:关于互联网弊端的反思》(第 6 届)重新审视了互联网时代的匿名、用户生成内容、免费和长尾理论等现象,指出 Web2.0 的流行背后可能会带来一系列严重后果,在书目数据中有两个分类号 C913(社会生活社会问题社会保障)和 TP393.4(国际互联网),本文在做数据分析时根据图书内容将其归入 C 大类。

统计发现,除 A 马克思主义列宁主义毛泽东思想邓小平理论、E 军事、U 交通运输三大类外,都有图书获奖,中图法类别分布情况见图 4。I 文学、K 历史地理、D 政治法律、P 天文学地球学、N 自然科学总论、G 文化科学教育体育、O 数理科学和化学、R 医药卫生、Q 生物科学大类都有多于 10 部图书获奖,这 9 类共有获奖图书 178 部,占获奖图书总数的77.1%。

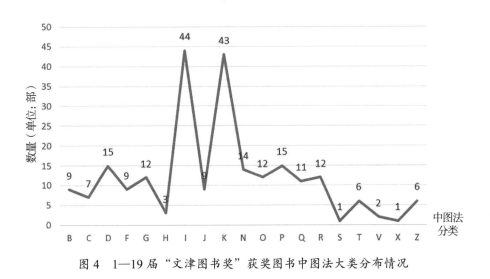

图 4　1—19 届"文津图书奖"获奖图书中图法大类分布情况

特别说明的是 T 大类工业技术共有六种图书获奖,分别是二级类目 TH 机械仪表工业《中国古代机械复原研究》(第 15 届)、TN 电子技术通信技术《芯片简史》(第 19 届)、TP 自动化技术计算机技术《数学之美》(第 8 届)以及 TU 建筑科学《城记》(第 1 届)、《营国匠意:古都北京的规划建设及其文化渊源》(第 4 届)、《造房子》(第 12 届),这些科普类图书均为原创图书。

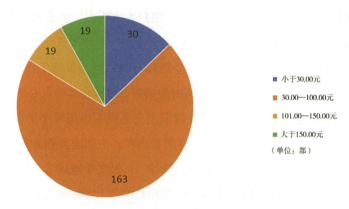

图 5　1—19 届获奖图书价格分布情况

（五）获奖图书价格分布情况

231 部图书按区间小于 30 元、31—100 元、101—150 元、大于 150 元四个区间统计，见图 5。100 元以内图书 193 部，占比 83.5%，若把套价高于 100 元的多册图书也计入，如《太好玩了，京剧！（7 册）》（第 16 届）、《彩图科技百科全书（5 卷本）》（第 2 届）、《中国传统童谣书系（全 10 册）》（第 8 届）、《中华文明史（四卷）》（第 3 届）、《写给儿童的中国历史（全 14 册）》（第 10 届），100 元内图书占比则达到 85.7%。

文津图书奖设立之初即以推动全民阅读为己任，奖项定位为公益性、普及性和以读者为主体，获奖书目可作为个人藏书或家庭藏书的参考。价格区间的分布情况也从侧面反映了文津图书奖在推广全民阅读和普及方面所做的积极努力。

四、文津图书奖对大众阅读的引领

随着社会的发展和人们生活水平的提高，大众阅读需求也在不断变化。越来越多的读者开始追求知识的广度和深度，对有思想深度、文化底蕴丰富的图书表现出更大的兴趣。同时，个性化和定制化的阅读服务也逐渐受到欢迎，读者希望能够根据自己的兴趣和需求获得更加精准的阅读推荐。此外，公共图书馆、社区书店等传统阅读空间的转型升级，也为满足大众多元化阅读需求提供了新的可能。

（一）提升阅读品质，引领阅读风尚

文津图书奖获奖图书以其高质量的内容和独特的视角，引领着大众阅读的品质提升。这些获奖图书涵盖了人文社科、科普、少儿等领域，既有深入剖析社会现象、激发读者思考的深度作品，也有普及科学知识、提升科学素养的科普佳作。奖项的公信力和专业性使得获奖书目成为大众阅读时的重要参考，从而在一定程度上提升了整个社会的文化素养和阅读水平。

国家图书馆组织积极参与的各省市图书馆一起联合推广这些优秀图书，文津图书奖引领着大众的阅读风尚，使阅读成为一种高品质的精神追求。图书馆借阅排行数据也证实，图书获奖信息对于激发大众阅读兴趣具有积极作用。此外，获奖图书常常成为各类媒体讨论的焦点，进一步放大了其对大众阅读兴趣的影响。

（二）拓宽阅读视野，丰富阅读体验

文津图书奖获奖书目以其多元的主题和丰富的体裁，拓宽了读者的阅读视野，丰富了阅读体验。这些图书涵盖多个领域，通过不同的叙述方式和表现形式，满足了大众不同的阅读需求。通过阅读这些图书，读者可以跨越时空的界限，领略不同文化的魅力，体验不同思想的碰撞，从而拓宽视野、启迪智慧。

通过对获奖书目的内容分析，可以看出这些作品不仅在专业领域内具有创新性，而且在普及科学知识、传承文化遗产等方面发挥了重要作用。奖项的多样性和包容性有助于打破公众阅读的界限，鼓励读者探索不同领域的知识，从而拓宽公众的阅读视野。

（三）弘扬人文精神，优化阅读结构

文津图书奖获奖图书中不乏弘扬人文精神的优秀作品，这些图书通过对历史人物的生动描绘、对社会现象的深入剖析，展现了人性光辉和民族精神。通过阅读这些图书，读者可以感受到人文精神的滋养，从而增强社会责任感和历史使命感。

在奖项的推动下，一些极具价值的学术著作得以进入大众视野，此外，文津图书奖还通过举办讲座、研讨会等活动，直接向大众普及阅读知识，提高了大众的阅读理解和鉴赏能力。这些活动不仅丰富了大众的阅读体验，也有助于构建更加均衡和多元的阅读生态。

（四）吸引业界参与，共推全民阅读

图书馆界作为全民阅读服务的阵地，文津图书奖设立之初，图书馆界便积极响应，参与联合评审图书馆数量逐年增加，2013年（第8届）时有21家，2015年（第10届）时达到64家，2018年（第13届）时达到81家[5]，到2024年（第19届）则达到136家，图书馆类型也扩展为省区市/县三级公共图书馆、高校图书馆、医校图书馆以及企事业单位图书馆等[6]。

2004年第1届启动时参评图书仅有376部，2020年（第15届）有1890部，2024年（第19届）时达到2500部，从参评图书数量上也可以看出，文津图书奖的影响力与日俱增。

五、文津图书奖对地方图书奖的启示

作为地方图书的公益性评奖活动，陶风图书奖自2010年起由南京图书馆主办，奎虚图书奖2016年起由山东省图书馆主办，目的都是为了表彰和推广地方版优秀图书。文津图书奖的发展值得陶风图书奖和奎虚图书奖学习和借鉴。

（一）完善奖项的评选机制

文津图书奖的评选过程和评选标准非常严格，这种公正的评审过程保证了奖项的权威性，对于其他图书奖项来说，这是一个非常重要的启示。进一步完善评选机制，确保公益、公平、公正，明确评选范围、评选标准和流程；组建一个包含多领域专家的评审团队，以提升评选的专业性和权威性。

（二）扩大奖项的影响力

文津图书奖之所以具有重要影响力，是因为它能够吸引众多出版社、图书馆、作者以及读者的广泛关注，这对其他图书奖项而言，无疑是一个宝贵的启示。加大宣传推广力度，通过多渠道宣传不断提高奖项的知名度：一是利用传统媒体和新媒体平台发布获奖图书信息和推荐理由；二是联合省内图书馆举办获奖图书展、设置专题书架、在线展示等活动，方便大众及时获知和了解；三是与网络平台合作举办书评等活动，激发读者的阅读兴趣和交流热情。

（三）保持奖项的持续性

截至 2024 年，文津图书奖已经连续举办了 19 届，每届都有优秀作品获得这个奖项。这种持续性的奖项，一方面极大地鼓励了作者的创作热情和出版社出版优质作品，另一方面也有效地促进了读者阅读兴趣的培养。为了确保奖项的持续性和热度，评选结束后，持续开展获奖图书的阅读推广活动，注重与读者的互动和反馈，以此不断吸引公众的关注。

六、结语

文津图书奖作为优秀出版物的代表，以其独特的魅力引领着大众阅读的风向，在深入推进全民阅读等方面发挥着重要作用。未来，随着文津图书奖影响力的不断扩大和评选机制的不断完善，我们有理由相信它将为大众带来更多优质的选择和丰富的阅读体验。同时，图书馆作为推广阅读的重要力量，应继续关注文津图书奖获奖图书，充分发挥其在大众阅读引领中的桥梁和纽带作用。我们也期待更多优秀图书通过文津图书奖的平台得以推广和传播，为全民阅读和文化繁荣贡献更大的力量。

参考文献

［1］ 文津图书奖简介［EB/OL］.http://wenjin.nlc.cn/wjtsj/jianjie.

［2］ 国家图书馆.又见文津——历届"文津图书奖"获奖图书书评集萃［M］.北京：国家图书馆出版社，2015.

［3］ 文津图书奖章程［EB/OL］.http://wenjin.nlc.cn/static/file/wj/wjzc.pdf.

［4］ 文津图书奖报送须知［EB/OL］.http://wenjin.nlc.cn/wjtsj/newInfo?id=34.

［5］ 金龙.一本书的图书馆之旅［M］.北京：商务印书馆，2019.

［6］ 第十九届文津图书奖联合评审单位［EB/OL］.http://wenjin.nlc.cn/wjtsj/reviewDepartment.

文津图书奖阅读推广品牌分析及启示

杜亚丽

摘要：文津图书奖作为影响力深远的阅读推广项目，多年来在品牌发展、品牌评选机制、推广与传播、管理与维系等方面已形成良好的机制，但也存在着提升空间。文章基于品牌化视角，借助品牌营销学和传播学理论，对文津图书奖品牌的运作路径进行全方位分析，以期为业界开展阅读推广品牌化建设提供借鉴与思考。

关键词：国家图书馆；文津图书奖；全民阅读；阅读推广；品牌建设

一、引言

品牌概念来源于经济领域，随着品牌价值逐渐被社会所认可，其概念已泛化到多个领域[1]。各个公共事业机构也纷纷实施品牌化战略[2]。随着全民阅读概念的持续推广，丰富优秀出版产品供给，加强优秀出版物的推荐引导，成为出版行业及其相关行业发展的重要决策依据，同时也成为公众阅读选择的重要参照[3]。

文津图书奖以开放、包容、共享的理念，引导社会力量共同参与推动全民阅读，创新了图书馆倡导读书的新形式，体现了图书馆在公共文化服务体系建设中的示范作用，提升了图书馆在全民阅读领域的影响力。

目前，关于文津图书奖的研究大多围绕某类型图书展开，分析奖项品牌特征的文章并不多见。因此，本文借助品牌营销学和传播学的理论，再结合品牌本身的独特性，从多个角度梳理文津图书奖的品牌建设之路，以期为业界开展阅读推广工作提供参考和借鉴。除特殊标注外，文章引用的数据、素材，均来自文津图书奖组委会秘书处（以下简称"秘书处"）的工作资料汇编。

二、荐书类阅读推广品牌现状

在理论研究上看，与国外相比，国内基于品牌视角对阅读推广品牌的系统性研究较少，其中专门针对荐书领域的品牌建设研究更少，大部分是针对著者所在地或者机构开展的具体阅读活动的介绍性研究。

从现实基础来看，国内开展的荐书类阅读推广品牌种类繁多，但质量良莠不齐。从级别可分为权威奖项和榜单推荐，权威奖项有中国出版政府奖、"五个一工程"奖、中华优秀出版物奖、文津图书奖等全国性综合大奖，也有南京图书馆的陶风图书奖、山东省图书馆的奎虚图书奖等地域性大奖；榜单推荐有网络媒体、纸质媒体、文化机构推出的年度好书榜，也有某一类图书的专业榜单，比如童书榜、文学榜、学术榜，还有各大电商平台反映市场数据的畅销书排行榜。这些好书通常会成为行业风向标，受到读者、出版界和文化界的关注。

美国品牌研究专家凯文·莱恩·凯勒建设了品牌 CBBE 模型，该模型为企业品牌的建设提供了理论分析范式。CBBE 模型是一个金字塔结构的呈现，说明建立强大的品牌资产需要遵循的四个步骤：品牌标识、品牌内涵、品牌反应、品牌关系（图 1）。学者莫林虎在出版企

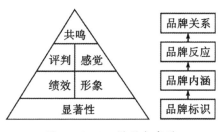

图 1　CBBE 模型金字塔

业特有的传播模式和文化传递的特性上，在品牌资产打造的基础上提出了出版品牌建设模型，具体为以下三个环节：品牌定位、品牌传播、品牌关系[4]。以上这些模型仍然需要进行改造和再加以运用。

在品牌建设模型的基础上拓展，本研究的品牌建设概况为以下几个步骤：品牌的形成和发展——品牌的评选机制——品牌的形象和定位——品牌的传播与推广——品牌的管理与维系。

三、文津图书奖的品牌建设分析

（一）文津图书奖品牌的形成和发展

1.品牌的形成

2004年文津图书奖（以下简称"奖项"）正式启动，这是由国家图书馆主办，全国图书馆界共同参与的一个公益性图书奖项，至2024年已成功举办了19届。奖项的评选范围是以版权页记载的时间为准，每个自然年内由国家出版行政管理部门批准成立的出版机构在国内正式出版、公开发行（包括限国内发行）的汉文版图书，其中不包括重印本和已获过文津图书奖的再版图书。

奖项自第15届起，通过社会参与和专家评审相结合的方式评选出获奖图书20种和推荐（提名）图书60种（均可空缺）[5]。奖项评选每年举办一次，参评图书分为社科类、科普类和少儿类3类，侧重于评选出具有知识性、趣味性、大众性、科学性以及普及性的非虚构类图书（少儿类除外）。

2.品牌的发展

奖项从第1届开始制定《文津图书奖评选工作办法》，后将其演变为《文津图书奖章程》。评选图书为近三年社科和科普图书，不作详细分类。

从第2届开始，奖项对出版物的出版时间作了严格规定，只评选前一年度出版的新书。

从第5届开始，奖项正式吸纳全国各级各类图书馆共同参与联合评选。

从第7届开始，奖项开始分为社科、科普、少儿三大类进行评

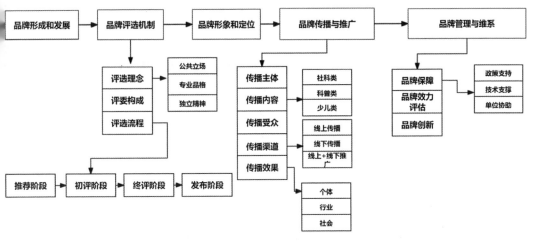

图 2 文津图书奖品牌建设路径

选。流程分为两大阶段进行，评委也相应进行专业分类。

从第 8 届开始，奖项开始吸纳全国各级各类图书馆共同参与联合推广。

从第 12 届开始，奖项增加了审读工作。

从第 15 届开始，奖项增加获奖图书数量，从以往的获奖图书 10 种和推荐图书 60 种（均可空缺），增加到获奖图书 20 种和推荐图书 60 种（均可空缺）。

从第 17 届开始，奖项制定了《文津图书奖评委工作办法》和《文津图书奖评审细则》，进一步对评委的聘任及其评选流程作了详细规定，并细化了评选工作纪律和评选标准。奖项还组建专家委员会，以动态抽签加轮值的方式选择评委，并不断扩充审读员队伍，服务整个评选流程。

从第 19 届开始，为了增强奖项传播的辨识度，提高评选图书的认知度，奖项将原来的"推荐图书"正式更名为"提名图书"（后文统一使用"提名图书"），且开始增加贴纸标识的使用。

（二）文津图书奖品牌的评选机制分析

1. 评选理念

多年来，奖项在评选的公共立场、专业品格、独立精神等方面体

225

现了其显著的品牌评选理念。

（1）公共立场

作为服务全民阅读的重要品牌，奖项创设的初衷就是为更好地履行图书馆文化传播和社会教育的职能[6]。与其他组织机构评选好书榜的目的不同，国家图书馆开展好书评选活动，主要站在公共立场进行评选，并引导读者读好书，充分体现公共图书馆的职能。

（2）专业品格

评审工作由专门的文津奖组委会负责实施，国家图书馆作为责任主体承担组织领导工作，专业评委会发挥学术和社会导向的职能。与此同时，各级各类图书馆作为联合评审单位也一同参与评审工作。因此，获奖及提名图书的产生，并不是单一的渠道，而是由社会参与和专家评审共同决定的。评委会的成员主要由馆内外专家和学者共同组成，评委专家从参评图书的价值导向、学术质量、阅读普及性、出版质量等角度出发，严格按照评审原则、标准、纪律、程序客观公正开展评选工作。

除了评委以外，秘书处还通过专业化工作团队的搭建，培养100余位馆员服务于整个评选过程，馆员们能够紧密围绕评选标准、方法与技巧、数据资料检索工具、评选报告的编写等内容来辅助评选工作，保障奖项的权威性。

（3）独立精神

自奖项创立之初，便坚守着独立的精神内核，时刻铭记自己的使命与担当，以专业而独到的眼光审视图书出版行业的发展轨迹。在评选中，评委并不以图书的销量作为衡量图书价值的标准，始终保持着独立而客观的评价标准，重视图书本身的质量，力图为读者推出一份专业、权威、独立的榜单。

2.评委构成

文津图书奖从第1届开始成立评委会，评委共计13人，其中不乏作家和书评人。从第17届开始，组建专家委员会，以动态抽签和轮值的方式确定评委。从最新一届评委专家阵容来看，共有初评评委29位，终评评委24位。初评和终评评委涵盖图书的各个领域，都是由高校及科研院所的知名专家担任。

3. 评选流程

| 推荐阶段
（11月-12月） | 初评阶段
（次年1月） | 终评阶段
（次年3月） | 发布阶段（次年4月23日发布） |

图3　评选流程

评选工作一般从每年的11月份开始启动，接受来自社会各界的参评图书推荐。

在初评阶段，评选会从读者、出版机构、图书馆和其他社会组织推荐的几千种图书中筛选出100种左右的图书入围终评书单。

在终评阶段，评选会从100种左右的图书中，经过严格的评审，评出20种获奖图书和60种提名图书（均可空缺）。

在发布阶段，每年4月23日前后，国家图书馆举办世界读书日特别活动，将评选结果多面向推广。

（三）文津图书奖品牌的形象与定位

1. 品牌形象设计

品牌设计主要包括品牌的命名、主题的确定、品牌标识的设计以及活动方案等内容。文津图书奖的标识是《簸扬图》，有"读书如稼穑，勤耕致丰饶"的美好寓意（图4）。奖项命名为"文津"，不仅直

图4　文津图书奖 logo

图 5　获奖图书标识图（效果图）　　图 6　提名图书标识（效果图）

接取自国家图书馆四大专藏之一的"文津阁《四库全书》"，同时也寓意"文化津梁"[7]。奖项品牌形象要素的设计，主要注重文化内涵的体现。2024 年，奖项开始注重品牌形象标识的注册和认证，提高品牌辨识度，对获奖图书签署授权使用金标（图 5），提名图书签署授权使用银标（图 6）。

活动方案是品牌的具体表现形式，奖项每年与电视台、电台、短视频平台等各类媒体合作，借由音频、视频、文字、图片等载体，采取直播、录播等模式举行颁奖仪式，并围绕奖项举办"文津读书沙龙"等阅读推广活动。

2. 品牌定位

品牌定位主要是指"公共图书馆以服务对象的需求为导向，来建立一个与服务对象相关的形象的决策过程，品牌的定位在一定程度上可以反映出公共图书馆阅读推广活动所要达到的最终目标"[8]。文津图书奖是唯一一个由国家图书馆联合全国各图书馆开展的奖项，有着清晰的公益定位，彰显了图书馆作为传承文化的桥梁，为促进作者、读者和出版者之间的良性互动，发挥积极作用的责任与担当[9]。

（四）文津图书奖品牌的传播与推广

借助传播学者拉斯韦尔提出的 5w 传播模式，从传播主体、传播内容、传播受众、传播渠道、传播效果五个角度出发，来分析奖项的传播与推广模式。

1. 传播主体

从奖项创立起，其传播主体主要是秘书处和各大联合图书馆，传播主体范围相对有限。随着奖项的影响力愈加深远，广大的读者用户和各大文化机构也开始自发在各大媒体平台传播奖项，使得传播主体逐渐多元化，传播方式也开始丰富起来，组织传播、大众传播、人际传播都开始发挥作用。

2. 传播内容

奖项的传播内容，主要是历届评选出来的优质图书。奖项创设至今，已经向大众推介了大量优秀作品，共计 1058 种，其中获奖图书 231 种，提名图书 827 种。

表1　文津图书奖历年图书数量（截至第 19 届）

文津图书奖历年图书数量/种		
分类	获奖	提名
社科	122	422
科普	65	220
少儿	44	185

（1）社科类整体情况

历届选出的社科类获奖图书 134 种，提名 440 种，也是三类中最多的一类。评选的社科书题材多样，其中，历史题材获奖作品较多。整体风格一方面突出时代主题，弘扬主流价值，贴近人民群众，把握发展趋势；另一方面弘扬和传承优秀传统文化，讲好中国故事，传播好中国声音。

（2）科普类整体情况

历届选出的科普类获奖图书 65 种，提名 250 种。奖项紧跟科学前沿，评选的科普图书涉猎范围较广泛，包括数学、物理、化学、天文、地理、动植物、系统科学、生态环境保护、医学健康等诸多方面。

（3）少儿类整体情况

历届选出的少儿类获奖图书 70 种，提名 239 种。奖项的少儿图书题材丰富，种类多样化、学科融合化趋势明显；原创图书的质量逐年上升，兼备文学性、艺术性、现实性和思想性；绘本类图书数量较多，主题多元化。

3.传播受众

读者是大众化阅读推广活动的传播受众。由于奖项的定位主要是为作者、出版者和读者构建沟通的桥梁，所以其传播受众也较为多元，而非单一的读者群体。多年来，奖项在出版界的声誉要大于在普通读者中的声誉，这也反映出奖项在读者群体中还有很大的提升空间。

4.传播渠道

随着网络生态持续向好，奖项不囿于传统媒介，摸索出各类线上线下相结合的方式推广品牌。

（1）线上传播

一是通过国家图书馆微博、微信及文津图书奖专题网站发布各类推广资源，同时打通字节跳动各平台服务，同步在今日头条、抖音等平台进行资源推送。比如"文津好书"系列栏目，邀请更加广泛的群体参与书籍推荐的工作中，在多个平台发布文章和图书推荐视频。

二是逐步开展与线上商业机构的合作。比如第16届文津图书奖与豆瓣网合作推出"共振书评周"活动，网友从当届获奖书单中选择心仪的书目撰写书评并分享，奖项得以通过网络和读者共振、共读。联合阅文集团多年来在QQ阅读平台设置专区，提供历年部分获奖和推荐图书的限时免费阅读[10]。

（2）线下传播

奖项积极参与线下跨界合作，为不同读者提供立体服务。比如2021年参与中国科幻大会，以"高科技+"的形式，吸引参观者了解优秀的科普类获奖作品，体验沉浸式阅读的乐趣。奖项也多次走入学校、社区、书店等开展推广活动。

（3）线上线下推广

通过不断尝试，奖项打开了线上线下共同参与的立体化阅读推广局面。如依托奖项打造的阅读主题讲座"文津读书沙龙"，邀请获奖图书的作者、相关学者录制视频，另有专题展览等资源，各地图书馆或文化机构可免费下载、转载，形成"线上线下巡展+巡讲"的推广模式。

5. 传播效果

奖项对创作者、读者、出版界、图书馆界、社会从"微观—中观—宏观"层面产生综合影响。

（1）个体

传播学中传播效果对个体的影响主要分为认知—态度—行动三个层面。

对于创作者而言，奖项鼓励原创作品，能激励本土创作者的创作成果，激发进一步的创作热情。

对于读者而言，身处信息爆炸时代，图书市场纷繁复杂，书籍质量参差不齐，如何筛选出内容优质的作品，就成了难题。奖项能影响读者的认知，帮助读者提升阅读兴趣，培育阅读习惯，强化读者忠诚度，最大限度上减少读者对书籍的担忧，降低筛选成本，简化读者购买行为。

（2）行业

源于细致、严谨并具人文关怀的评审风格，奖项所评获奖及提名图书质量较高，收获了来自社会各界的广泛认可，参与评选推广的出版社和图书馆数量逐年增加。例如，第19届参与推荐的出版机构已达到314家，相比上届增长41%。借助中国图书馆学会平台开展推广，截至2024年10月底，全国共有600家图书馆参与第19届文津图书奖的推广，相比上届增加14.7%，品牌影响力进一步扩大。

对出版界而言，打造高品质、有影响力的图书奖，对于促进出版高质量发展，提升出版竞争实力和传播力等方面都具有重要意义。对图书馆界而言，奖项通过联合评选、发布和推广，能提升各图书馆对读者的吸引力，提升读者的用户体验，扩大图书馆的社会影响力。

（3）社会

对社会而言，多年来奖项试图扩大社会效益，联合社会力量共同推进公共文化事业，与专家学者、图书馆、学校、社区、企事业单位、媒体、出版社等，建立互信、互通的工作机制，引导了阅读文化，为构建书香社会做出重要贡献。

（五）文津图书奖品牌的管理与维系

图书馆的阅读推广品牌管理主要有品牌保障、品牌效力评估和品牌创新三方面的内容[11]。

1. 品牌保障

品牌保障主要指政府的政策支持、技术支持以及业界推广机构的联动。

（1）政策支持

早在 2006 年，中宣部等 11 部委就联合发布了《关于开展全民阅读活动的倡议书》，由此拉开了我国开展全民阅读的序幕[12]。党的二十大报告提出"深化全民阅读活动"，"十四五"规划和 2035 远景目标纲要明确"深入推进全民阅读，建设'书香中国'"。自 2014 年以来，全民阅读连续 11 次写入《政府工作报告》，如何促使全民阅读向制度化、常态化转变，应该是作为精神文化产品提供者所要思考的重要问题之一。如何让大众读者能够接触到高质量的阅读内容，充分发挥好书的价值，提高读者的阅读体验，从而促进整个社会的精神文明建设，也应该是实现全民阅读的重点之一。

（2）技术支撑

为了方便各机构申报，也为了评选工作顺利进行，多年来不断进行网络技术平台的升级改造，为奖项的顺利评选提供了技术支撑。比如近年来，平台不断完善图书相关信息的申报细节，为后续宣传推广工作做了铺垫。

（3）单位协助

奖项在选书、评审、发布、推广的整个过程中，多年来得到了全国百余家图书馆和千余家文化机构的参与和协助。全国各级各类图书馆包括公共图书馆、高校图书馆、专业图书馆等，不仅参与前期文津图书奖的联合评审，还会和图书馆、出版社、学校联动，形成阅读推广品牌建设的合力。

2. 品牌效力评估

品牌效力评估主要围绕品牌科学的评估体系展开。奖项多年来不断完善评价标准，在图书质量、市场表现、读者反馈等方面建立科学合理的成效评估体系，对品牌的效果进行综合评价。奖项给出版社发放过问卷，征集意见，以评估传播效果，便于后期制订针对性改进策略，优化服务流程，也为后续品牌推进提供参考。

3. 品牌创新

品牌创新主要指需要及时补充品牌的现实内涵。奖项不仅在评选环节不断创新工作流程，同时也在推广方面做好品牌服务的延伸创新。比如：颁奖典礼也曾走出国家图书馆，在颐和园霁清轩举办，引领读者在行走的阅读空间里品味文字之美、感受自然之趣；与盲文出版社、中国狮子联会、中央人民广播电台等机构合作推出有声读物，以方便特殊群体读者通过声音来感受优秀读物的温度；与京港地铁合作，在地铁站推出文津主题活动，最大限度地推广和宣传获奖图书；与紫竹院学区管理中心深度合作，联手打造"阅文津 品经典"学区阅读项目，推出学生专属的"阅读指导手册"，开设"家长阅读大讲堂"，使阅读不仅仅停留在文字表面。

四、文津图书奖对阅读推广品牌建设的启示

（一）深化品牌内涵，以现实价值促发展

目前国内各机构在开展阅读推广活动时，整体品牌意识相对欠缺，因此，阅读推广活动需要不断培育品牌意识，建立长期的品牌建设思维，深化品牌内涵，用更优质的体验服务广大读者，探索读者在对品牌具有认同感、归属感的基础上，能够实现对其长久青睐和忠诚的模式，从而形成读者与品牌之间的良性循环，以品牌的现实价值促进品牌的长远发展。

（二）尊崇社会效益，以公益责任树权威

阅读推广活动可以从自身拥有的竞争优势出发，来确定目标受众，基于此制定发展策略，从而把有限的资源发挥出最大的价值[13]。互联网时代，读者和品牌之间已不再是传播与接受的单向关系，读者既是品牌内容的触达者，又是品牌发展的驱动力，要想品牌获得长远发展，培育读者对品牌的忠诚度就很重要[14]。因为，阅读推广品牌要积极尊崇社会效益，以公益责任树立在读者心中的权威度和美誉度，集聚用户的黏性，获得读者的认可。

（三）注重品牌形象，以巩固定位提认知

目前各个机构开展的阅读推广活动，存在着以下问题：对于精心挑选的品牌名称不通过法律审查，进行商标注册保护商标；品牌缺乏营销手段与措施，欠缺跟踪与监管，服务质量无法保证[15]；品牌定位模糊，品牌认知度和活动参与度有限；渠道整合能力不足，品牌信息未能触达受众等。通过独特的品牌设计，提高阅读推广可识别性。因此，各机构要注重品牌形象，提升对品牌的营销和保护，通过找准并巩固品牌定位，寻求差异化发展，提高受众认知，打造具有特色的阅读推广项目。

（四）借助多元矩阵，以联动效应助传播

阅读推广机构在社会影响力和关注度较低的现实情况下，可加强和媒体、各类组织机构、社会知名人士之间的合作，推动多主体协同宣传，叠加各传播主体影响力；积极开发品牌资源，寻求内容跨界合作；洞察读者，了解读者行为变迁，提高读者参与度，并鼓励读者参与到阅读推广品牌建设中；打造传播媒体矩阵，创新营销方式，扩大品牌传播力；注重传播效果，做好品牌触达率及受众满意度的数据追踪检测。通过将传播的五个要素结合起来，以联动效应助力传播效果。

（五）重视品牌维系，以管理优化带创新

有些阅读推广品牌存在重活动轻品牌管理、重宣传轻品牌维系的问题。因此，品牌需要在横向上扩展新内容，引入新形式，保持老读者的新鲜感，同时吸引更多的新读者，比如以福利赠送的方式激励读者参与，利用新理念和新技术，建立起品牌的读者用户画像，为开拓服务品牌形式提供支撑；纵向上，深化服务内容，整合传播资源，不断延伸品牌价值，做好品牌反馈和评估，针对读者发放问卷，积极采纳读者意见，建立长效发展机制，通过管理优化带动品牌创新。

图书馆是推动全民阅读的重镇，因此各大图书馆通过创建具有特色的品牌，来开展阅读推广活动。近年来，除了文津图书奖，国家图书馆秉持"深入推进全民阅读"的理念，精心策划开展多元化、各类型的阅读推广品牌活动，重视全民阅读习惯培养，提高全民阅读能力和水平。我国阅读推广领域要走出自身品牌化特色之路是一个长期积累的过程，需从品牌设计、品牌传播、品牌管理等方面建设路径上多下功夫，深耕阅读推广事业，努力满足公众阅读需求。

参考文献

［1］ 张丞然,王锴.高校图书馆影像阅读推广模式研究——基于我国42所"世界一流大学建设高校"图书馆的调研［J］.大学图书馆学报，2021,39(3):83-90.

［2］ 石继华.国外阅读推广的品牌化运作及启示［J］.图书情报工作，2015,59(2):56-60.

［3］ 庄莹.图书排行榜与媒介公共领域的图书评价体系［J］.青岛科技大学学报（社会科学版），2015,31(3):116-120.

［4］ 杨春蕊.基于短视频平台的出版品牌建设研究［D］.青岛科技大学，2023.

［5］ 国家图书馆揭晓第十八届文津图书奖［N］.新华书目报·图书馆报，2023-04-28(1).

［6］［7］［9］潘常青.文津图书奖的发展及社科类获奖作品初探［J］.新阅读，2023(10):7-10.

［8］ 吉杰.基于公众影响力的图书馆阅读推广品牌建设研究［J］.图书馆学刊，2017,39(4):12-15,28.

［10］金涛.读书日，每个图书馆都等待你的到来［N］.中国艺术报，2022-04-25.

［11］王丹，陈雅，谢紫悦.我国图书馆阅读推广品牌建设创新策略研究［J］.图书馆理论与实践，2023(2):83-89.

［12］王晓晨，王天泥.基层公共图书馆阅读推广活动的实证研究——以辽宁省地级市公共图书馆为例［J］.图书馆学刊，2018,40(12):76-81.

［13］［15］刘容超.活动品牌化：图书馆推广活动的品牌创建［J］.图书馆学刊，2017,39(12):13-17.

［14］秦泽宇.社科文献出版社品牌建设策略探析［J］.编辑学刊，2022(1):115-120.

向新而行：数字化阅读时代图书评奖活动的创新推广路径

李巍男

摘要：随着数字技术的深层应用，数字阅读已经成为全民阅读的重要形式。阅读形态的多元与创新，互动性的显著增强，阅读媒介的延伸与融合，以及网络影响的深化构成数字化时代的崭新阅读生态。为了促进优秀图书作品的广泛传播与深度阅读，需积极探索并实践一套与数字化阅读时代相适应的图书评奖活动推广策略，具体包括：拓展合作平台，深化线上线下融合；强化互动体验，提升读者参与度；丰富活动形式，拓展阅读边界；坚持内容为王，引领阅读风尚。在全新的时代，以"向新而行"的姿态，拥抱阅读生态变化，才能打造经典阅读品牌，引领大众阅读风尚，激发文化创新活力。

关键词：数字阅读；图书评奖；阅读推广

　　图书是知识传播与文化传承的重要载体，图书评奖活动是发现经典与引导阅读的重要渠道。在日新月异的数字化技术驱动下，传统阅读方式和知识传播方式发生深刻变革，数字阅读快速兴起并发展成为21世纪阅读领域最具革命性的变化，成为当下国民阅读的主导方式[1]，可以说，社会进入数字化阅读时代。面对数字化时代的阅读生态变革，图书评奖活动如何适应新环境、迎合新需求，更好地传播高质量文化、推进高质量阅读，成为图书评奖活动组织者亟待思考的问题。

一、以评鉴为翼：当前权威图书评奖项目及其特色

图书评奖活动在发现优秀作品、推进全民阅读方面发挥着重要作用。长期以来，国家层面通过举办高层次的图书评奖活动以促进图书传播与阅读活动的开展。当前，我国具有广泛认可度和深入影响力的图书评奖项目主要有三个，分别是：中国出版政府奖、中华优秀出版物奖、"五个一工程"奖。这三个图书奖项被称作"中国图书三大奖"，均由国家机构设立并组织评选，权威性高、影响力强，在推进精神文明建设、助力社会主义文化强国建设进程中发挥着导向和激励作用。

除此之外，还有一项图书馆界主导的全国性图书评选活动——文津图书奖。文津图书奖是由国家图书馆主办并联合全国图书馆界共同参与的公益性图书奖项，自2004年创办至2024年已成功举办19届。该奖项致力于服务大众阅读，提高公众的人文素养和科学素养，20年来，社会影响力不断扩大，在读者群体、图书馆界和出版界获得了良好口碑，已成为我国颇具影响力的图书评奖项目之一[2]。与其他图书评奖项目相比，文津图书奖呈现出鲜明特色：

一是专业性。就主办单位来看，文津图书奖由国家图书馆发起组织并联合全国图书馆界共同参与，是由专业藏书机构、公共文化服务机构主办的评奖活动，不仅体现了图书馆在公共文化服务体系建设中的示范作用，也提升了图书馆在全民阅读领域的影响力。此外，文津图书奖的评奖对象类目单一，专门针对图书领域。该奖项每年评选一次，其评选图书范围为上一年度由国家出版行政管理部门批准成立的出版机构在国内正式出版、公开发行的汉文版图书。评奖机构的专业性、评选对象的集中性都使这一奖项更具专业价值。

二是普及性。文津图书奖的评选范围是哲学社会科学、自然科学和少儿类的大众读物，侧重于能够传播知识、陶冶情操，提高公众人文素养和科学素养的普及类图书。与其他奖项更关注作品的学术价值相比，该奖项是面向大众的，主要评选具有一定普及性和推广价值的图书，体现了其作为国家图书馆在引导公众阅读、建设书香社会方面的努力。

　　三是引导性。文津图书奖于每年的 4 月 23 日世界读书日之际揭晓评选结果并通过媒体宣传。同时组委会倡导并征集联合推广单位开展获奖书单推荐、获奖图书展览、文津读书沙龙讲座等形式多样的阅读推广活动。该奖项通过多项宣传推广措施着力打造阅读服务品牌，曾获"全民阅读活动优秀项目"奖，不仅开创了图书馆界倡导读书、组织读书、服务读书的新形式，也充分发挥图书馆在推动、引导、服务全民阅读中的作用[3]。

表 1　当前权威的图书评奖项目

序号	奖项名称	主办单位	创办时间	评奖周期	奖项设置	评奖宗旨
1	中国出版政府奖	国家新闻出版署	2005 年（其前身是 1992 年创立的中国国家图书奖）	三年一次	图书奖；期刊奖；音像制品、电子出版物和网络出版物奖；印刷复制奖；装帧设计奖；先进出版单位奖；优秀人物奖	推动出版工作更好地承担举旗帜、聚民心、育新人、兴文化、展形象的使命任务，推动多出精品、多出人才，推动出版业高质量发展，助力社会主义文化强国建设
2	中华优秀出版物奖	中国出版协会	2006 年	两年一次	图书奖；音像、电子出版物奖；优秀出版科研论文奖	促进出版业高质量发展，大力推进社会主义文化强国建设
3	"五个一工程"奖	中共中央宣传部	1992 年	一年一次	一部好的戏剧；一部好的电视剧；一部好的电影；一部好的图书（限社会科学方面）；一部好的理论文章（限社会科学方面）；一首好歌、一部好的广播剧	进一步加强对精神产品生产的引导，充分发挥"五个一工程"在精神文明建设中的导向和激励作用
4	文津图书奖	国家图书馆	2004 年	一年一次	图书奖，奖项分为社科类、科普类和少儿类	旨在评选出引导大众阅读的优秀图书、汇聚传递正能量、弘扬优秀传统文化、推动全民阅读

二、为阅读导航：数字化阅读时代图书评奖活动的意义和价值

数字化时代，移动阅读、指尖阅读等数字化阅读成为主流阅读方式。不管阅读方式如何变化，优质图书依然是读者精神层面的必需品和稀缺品。在数字化阅读潮流之下，图书评奖活动的意义与价值更加凸显，主要表现在以下几个方面：

（一）深化全民阅读，滋养民族心灵

就个人层面而言，阅读不仅是人们获取知识、开拓视野的有效渠道，更是人们提升自身素养、培养创新能力的重要途径。就社会层面而言，阅读具有改变人类生活、推动社会进步的力量[4]。全民阅读在文化强国建设、提高文化软实力方面发挥着不可或缺的作用。多年来，党和政府高度重视阅读推广工作，全民阅读已成为一项国家文化战略。以文津图书奖为例，以国家图书馆这样高级别、权威性机构组织大规模图书评奖活动，向公众提供经业内专家与专业人士评选的"阅读书单"是向民众提供阅读服务的一种有效形式。这样的图书评奖活动，是对阅读的广泛和深入倡导，权威性高、规模大、影响力强，对社会阅读风尚的形成发挥有力引导作用。

（二）发现优秀作品，引导阅读方向

图书评奖活动通过读者、图书馆、出版社推荐参评图书，组织专家评选的方式，能够在浩如烟海的书籍中发现优秀作品。数字化时代的碎片化阅读呈现浅表化、零散性等特征，这样的方式导致阅读缺乏系统性和连贯性。阅读内容以被动接收到的信息为主，偏重娱乐性而缺乏思想深度。而且在大数据和算法等技术加持下，指尖阅读方式极易形成"信息茧房"，使信息获取同质化，从而导致阅读面狭窄。图书评奖活动能够给公众提供一份高质量"阅读书单"，对公众的阅读选择提供正向引导，对提升公众的阅读能力、阅读层次和阅读质量大有裨益。而且，图书评奖活动通过评选出具有深度、广度和创新性的优秀作品，能够引导读者深度思考，更新阅读理念，培养阅读兴趣，促进深度阅读习惯的养成。

（三）搭建沟通桥梁，提升创作品质

图书的生产、传播与接受涵盖了一本书从诞生到抵达读者的过程，形成一本书的完整生命闭环系统。图书评奖活动在作者、读者、学者、出版者与图书馆之间搭建起一座联通的桥梁，有利于促进图书生产、图书传播、图书接受领域参与者之间的交流沟通与良性互动，营造写好书、出好书、读好书、荐好书的社会氛围[5]。图书评奖不仅是一种评价，同时也是一种激励。通过评选优秀图书，能够促进高质量创作和高质量图书生产，从而提升文化品质。可以说，图书评奖活动凝结了业内专家学者与社会公众对图书的评价，是从阅读与接受层面对图书传播的关注，不仅有利于调动社会公众广泛参与，更有利于优质图书和阅读文化的广泛传播。

三、演绎新潮流：数字化时代阅读生态的变化

每一次技术的革新都带来阅读文化的重塑。在数字化浪潮的席卷下，阅读生态正经历着前所未有的变革，展现出多元、互动、跨界融合的新面貌。

（一）阅读形态的多元与创新

数字技术的飞速发展促使阅读向数字化、平台化、智能化的全新维度迈进。具体而言，技术的演进催生了多样化阅读平台，也促进了阅读形态的多元化与创新发展。一是移动阅读成为主流阅读方式。在手机等移动智能设备普及化的当下，移动阅读因其便捷性而取代传统的纸质书籍，成为最受欢迎的阅读方式。二是有声阅读平台蓬勃兴起，喜马拉雅、蜻蜓FM、荔枝FM、云听等在线音频平台为读者提供了大量音频阅读资源，有声阅读市场不断壮大[6]。三是在线阅读平台受到热捧，在线阅读平台是指提供数字化阅读服务的网站或应用程序，如微信读书、知乎盐选、豆瓣阅读等，如今在Z世代年轻人中越来越流行，进而引发墨水屏阅读器的流行。四是虚实融合成为阅读新可能。智能媒体时代，大数据、云计算、区块链、VR/AR等智能技术为数字阅读提供了新的契机和动力[7]。借助VR/AR等先进技术赋能，可以使读者突破空间限制，享受沉浸式阅读，获得全新阅读体验。然

而，这些阅读新形态并不是对传统纸质书籍阅读形态的简单替代，而是提供了数字时代阅读新选择，满足了读者个性化阅读需求。多元化并存与创新性发展，共同构成数字化时代的阅读新样貌。

（二）互动性的显著增强

数字化时代，由于先进技术的加持和平台的普及，阅读活动的交互性得到强化，具体表现为读者与读者、读者与作者、读者与出版社之间的互动增强。一是即时反馈。在抖音、B站等视频平台，读者可以通过发送弹幕等方式实时反馈阅读感受，还能在评论区内发表自己的观点、与其他读者交流心得。数字化阅读平台如豆瓣等，通过在线评论、社区分享等功能，极大地提升了读者之间的互动性。二是社交性互动。在数字化阅读时代，阅读还被赋予了社交属性。许多阅读平台设置虚拟社群，如微信读书通过组建读书小队、小红书设置读书频道、抖音推送阅读直播及短视频等多种形式，基于共同的读书偏好与趣味集聚而成读书社群，将阅读从"一个人的独处"推向"一群人的狂欢"[8]。三是创作自由形成更深意义的互动。在抖音、B站、小红书等平台，有大量读书类博主、UP主，他们通过解读书籍等方式形成对阅读内容的二次创作，并通过自媒体平台便利发表，生成新的内容，实现读者与作者的深层互动。

（三）阅读媒介的延伸与融合

在数字技术和融媒体技术的推动下，阅读不再局限于纸质书籍等传统阅读媒介，而是从纸质媒介扩展到电子媒介、视听媒介及数字媒体，在文字阅读基础上延伸出有声阅读、视频阅读、直播间共读等阅读新形式。第二十次全国国民阅读调查结果显示，我国有77.8%的成年国民进行过手机阅读，有35.5%的成年国民有听书习惯，成年国民中数字阅读趋势愈加明显[9]。据《2024抖音读书生态数据报告》披露，抖音上时长超过5分钟的读书类视频总数量达1143.43万个，收藏量达3.91亿次；读书类直播累计730万场，场均观看人数3076人；读书书评相关内容共有541万个，总评论量为2306万次[10]。可见，音视频等新型阅读媒介正渗透并改变着读者的阅读习惯。融媒体的发展又使阅读内容声画结合，比如视听方式带来的形象化表达让文字以更加立体、生动的面貌走向读者，增加了阅读的趣味性。不同媒介载体下的阅读各有优势与不足，多样化的媒介为阅读内容赋予了更加多样化的呈现形式，在一定程度上也拓展了阅读人群的覆盖面，为深化全民阅读起到助推作用。

（四）网络影响的深化

网红人士、社交媒体等网络力量对数字化时代普通读者的阅读行为产生一定影响。网络世界衍生出一批网络意见领袖，比如公众人物型意见领袖、知识分享型意见领袖、大众草根型意见领袖等[11]。他们通过推荐好书、分享阅读心得等方式，引导读者的阅读选择和阅读习惯，成为推动阅读文化发展的重要力量。比如，2023年世界读书日当天，由抖音发起的"春天开阅季"主题活动邀请莫言、俞敏洪等百位名人通过直播的方式与用户分享阅读经历，引发用户互动浪潮的同时也营造了浓郁的阅读氛围[12]。作家迟子建的小说《额尔古纳河右岸》获第七届茅盾文学奖，该书经"网红主播"董宇辉多次推荐后，被更多读者认识并受到读者自发推广，一年半里总印量超600万册，达成10倍增长[13]。可以说，网络通过影响力传递的方式深刻渗透进阅读领域，引领着数字时代的阅读新风潮。

四、走创新之路：数字化阅读时代图书评奖活动的推广路径

面对阅读生态的新变化，图书评奖活动也需要适应时代发展的需求，不断创新推广策略，使图书评奖活动的推广更加精准、有效和富有吸引力，以提升活动的知名度和影响力，推动优秀图书的传播和阅读文化的推广。

（一）拓展合作平台，深化线上线下融合

图书评奖活动是一个多方参与的活动，其推广更需要汇聚多方力量、调动各界资源，通过跨界联合、深度协作，实现广泛传播。一方面，要促进传统机构之间合作的融合与深化。出版界、图书馆界、文化机构等核心力量要在积极参与的基础上建立深度合作关系，共同举办推广活动，扩大活动影响力。另一方面，要紧跟数字时代步伐，拓

展与新兴数字阅读平台的合作。图书评奖组织机构要积极与微信读书等数字化阅读平台合作,将图书评奖活动嵌入到这些平台的日常运营中,融入数字时代读者的阅读日常。利用微博、微信公众号、抖音等社交平台,以图文并茂、视频直播等形式,发布活动资讯、获奖图书深度解读,发起话题讨论,邀请知名作者、文化学者线上"说书",吸引更多年轻读者的关注和参与。同时,加强线上线下融合,通过举办线下颁奖典礼、读书分享会、作者见面会等活动,增强读者的参与感和归属感。通过传统与现代结合、线上与线下结合的方式,加大图书评奖活动的推广力度,提升图书评奖活动的品牌影响力。

(二)强化互动体验,提升读者参与度

在图书评奖活动的创新实践中,需摒弃传统的以"传—受"为特点的单向传播模式,转而构建一种以读者为核心,强调双向互动的参与机制。通过双向互动,赋予读者更广泛的话语权和参与空间,让读者不仅作为旁观者,更是作为积极的参与者和评判者,深度融入图书评奖的全过程。具体而言,应充分利用数字化平台的强大互动功能,精心设计并实施一系列创新环节,如增设在线投票系统、读者评论专区、专家与读者实时互动论坛,以及作者直播访谈等,吸纳读者的意见和建议。通过这些方式,读者的声音被听见,他们的偏好与需求成为推动图书评奖活动不断进步的重要力量。同时,在数字化时代,人们对于情感交流的需求愈发迫切。图书评奖活动应积极探索情感共鸣的传播策略,比如通过开发富有文化创意的衍生产品、打造具有鲜明特色的活动品牌等方式,为读者提供充满人文关怀的体验。此外,借助大数据等现代技术手段,可以更加精准地描绘读者画像,深入了解读者的阅读兴趣、阅读习惯及潜在需求,实施更加精准的图书信息推送策略,通过以数据为驱动的个性化服务,增强读者的满意度和忠诚度,从而进一步提升图书评奖活动的针对性和有效性。

(三)丰富活动形式,拓展阅读边界

图书评奖活动不能止于"评",更要做好获奖图书发布之后跟踪阅读推广活动的策划与组织。一是有声读物的开发与推广。针对当前数字化阅读潮流,要积极推动获奖图书有声书版本的出版,并使其纳入相关电子阅读平台，拓宽读者获取优质图书的渠道。二是做好针对不同群体的阅读推广。运用传播学中的分众理论审视，针对不同年龄层、职业背景、文化层次的群体，要根据其阅读习惯和阅读兴趣定制专属的阅读推广计划。三是拓展阅读边界，实现全民覆盖。如今，短视频成为大众喜闻乐见的阅读方式之一，可以以获奖图书为素材，制作高质量、形式活泼的短视频，以创意方式解读图书，通过更加"亲民"的方式将经典的、精英的优质图书内容推广出去，使其获得更多读者。只有积极拥抱新媒体，才能打破传统图书的"圈层化"，吸引并覆盖更广泛的阅读群体，突出图书评奖活动的公益性、大众性和普及性，真正实现全民阅读。

（四）坚持内容为王，引领阅读风尚

"书卷多情似故人，晨昏忧乐每相亲"，优质图书是每个读书人、爱书人的精神食粮。数字时代催生海量信息，同时也引发了数字阅读资源内容浅薄化、品质和层次下降等问题。随着社会的发展进步，人们的科学素养和文化素养不断提升，读者对品质化、高端化的阅读资源有了更高的要求，对愉悦化、高层次的阅读体验有了更高的期待。在这样的背景下，图书评奖活动更要始终坚持以优质内容为核心，甄选出具有思想性、艺术性与可读性的优秀图书。此外，数字化技术的发展对传统的纸质图书而言是新的机遇，能够为优质图书的传播与推广赋能。图书评奖组织机构要善于利用新媒体，使新兴媒介成为带动精品图书推广、引导深度阅读的关键环节，从而实现经典作品传播、深度阅读推广的目标。同时，图书评奖活动要秉持讲好中国故事的核心价值观，弘扬中华优秀传统文化，通过精品文化输出点亮自身"文化标签"，赢得读者青睐。图书评奖活动通过优秀图书的评选和推广，引领阅读风尚，提升全民阅读素养，增强民众文化自信。

结　语

图书评奖活动只是起点，其最终旨归是使精品图书抵达读者，将真正的好书带到读者身边，达成阅读推广的目标。面对日新月异的数字化环境，图书评奖活动必须因时而变，顺势而为，为优质图书的阅读与传播带来新活力，绘就数字阅读时代全民阅读崭新图景。

参考文献

［1］ 刘芳.国民数字阅读：现状、问题与提升［J］.科技与出版，2022
(4):60-66.

［2］ 国家图书馆.文津图书奖章程［EB/OL］.［2021-12-16］.http://
wenjin.nlc.cn/static/file/wj/wjzc.pdf.

［3］［5］国家图书馆.文津图书奖简介［EB/OL］.（2024-04-19）
［2024-09-15］.http://wenjin.nlc.cn/wjtsj/jianjie.

［4］ 吴赟."全民阅读"概念史考析——基于知识建构、制度演进、
文明交融三重脉络［J］.编辑之友，2024(9):10-21.

［6］ 朱双健.数字时代阅读的变与不变［N］.经济日报，2023-04-
26(9).

［7］［12］袁媛，尹雯慧.社交媒体中的数字阅读行为研究［J］.编
辑学刊，2023(6):27-31.

［8］ 李继东，韩飞.数字阅读的平台化转向：知识传播、社会互动与
价值共生［J］.中国出版，2024(17): 11-14.

［9］ 尚征.数字阅读的功能价值与实践进路［J］.出版广角，2023
(14): 48-52.

［10］［13］在抖音学习.2024抖音读书生态数据报告［EB/OL］.（2024-04-
23）［2024-09-15］.https://www.douyin.com/note/7360915614887726348.

［11］王晴.基于微信视频号的公共图书馆数字阅读营销策略研究［J］.
图书馆工作与研究，2022(8): 116-122.

新时代文津图书奖儿童类推荐读物阅读推广策略研究

吴密

摘要：书籍是人类进步的阶梯，图书馆作为图书收藏之地，不仅承担着图书管理和保护等工作，还承担着全民阅读推广的文化宣传和国民素质提升的重要责任。尤其是在儿童类读物阅读推广上，图书馆只有做好包括文津图书奖儿童类推荐读物在内的一系列阅读推广工作，才能更好地贯彻落实全民阅读的基本要求，更好地培养和激发儿童阅读积极性和文学素养，更好地推动书香中国建设。基于此，本文将以新时代文津图书奖儿童类推荐读物阅读推广为研究核心，通过对相关概念进行阐述，并对儿童读物的基本需求进行深入分析后，提出指导图书馆更好开展文津图书奖儿童类推荐读物阅读推广工作的具体对策，为更好挖掘文津图书奖儿童类读物阅读推广价值，发挥图书馆阅读推广作用，促进儿童全面发展和阅读素养提升提供有价值的研究参考。

关键词：文津图书奖；儿童类推荐读物；阅读推广；公共图书馆

一、相关概念与理论研究基础界定

（一）相关概念界定

1.公共图书馆

我国关于公共图书馆的定义较为明确，在我国颁布实施的《中华人民共和国公共图书馆法》中就有明确的规定，公共图书馆指的是具有公共性质的，为满足民众文化基本需求的，对公众免费开放的基本公共文化设施。公共图书馆的功能主要包括图书的收集、整理、保存和借阅，还包括一些古籍图书的保护等。我国公共图书馆的构成结构为五级，分别为国家图书馆、省市图书馆和县乡镇街道村居委图书阅览室等。由此可见，公共图书馆是国家为了传播文化、满足民众基本文化需求的重要场所，不仅是图书的聚集之地，更是信息处理与公共服务的开展之地。此外，除了基本的图书管理保存和服务之外，公共图书馆还承担着图书的阅读推广活动，本文研究的儿童类推荐读物阅读推广活动也属于公共图书馆阅读推广的责任范畴之内。

2. 文津图书奖

文津图书奖是我国重要的图书馆类公益性质的奖项，其主办单位是国家图书馆，奖项自 2004 年设立创办以来，截至 2024 年已经成功举办了 19 届。文津图书奖每年举办一次，图书参评程序严格，所获奖或者是受推荐的图书都具有一定的文学价值和阅读价值，对推动文化传承、陶冶民众情操、提升民众素养都具有十分重要的作用。本文研究的儿童类推荐读物为文津图书奖的重要奖项构成，自 2012 年第 7 届文津图书奖设立少儿推荐图书以来，已经成功举办了 11 届，除社科类、科普类中的儿童类推荐读物不计，文津图书奖中的儿童类推荐读物单项入围获评的图书读物就达百本，因此做好这些儿童类推荐读物阅读推广对图书馆来说至关重要。

3. 儿童阅读推广活动

目前关于儿童阅读推广活动的定义也较为明确，首先关于儿童的定义在联合国《儿童权利公约》中有较为明确的阐述，儿童主要指的是 18 岁以下的人，因此从这点上来看，儿童阅读推广活动主要指的是为 18 岁以下的儿童开展的图书阅读推广活动，当然不同国家关于儿童年龄的界限是不同的，我国遵照的是联合国《儿童权利公约》的有关规定，即 18 岁以下的都为儿童。

在儿童阅读推广活动的含义上，我国学者的观点基本与国外学者相一致，指的是通过各种方式方法来为儿童提供优秀的阅读素材和书籍，帮助儿童树立正确的阅读理念和阅读习惯，指导幼儿正确认识阅读的好处，培养儿童终身阅读的理念和习惯。在儿童阅读推广活动中，图书馆发挥了极为重要的作用，只有形成基于图书馆为核心的主客体和推广方式的相互统一，才能够更好地为儿童提供一个优质的阅读环境，更好地激发儿童的阅读兴趣和积极性。

（二）理论基础界定

1. 分级阅读理论

分级阅读理论最早是在西方国家出现的，这一理论是将儿童的认知水平、身心发育等做进一步的细化分类，继而根据这一分类划分出不同的阅读等级，再根据不同的阅读等级来开展精细化的阅读推广活动。目前国际上常用的分级阅读理论主要有三种，分别为字母表、年级和数字。这三种分级阅读理论中字母理论运用得最为广泛。字母理论也就是将图书划分为 26 个级别，从 A 开始，图书的阅读难度会依次上升。年级理论则是将儿童与学段相结合，从幼儿园到六年级共划分为七个等级，随着儿童学段的提升，图书的难度也会逐渐增加。数字理论则是通过具体的评估技术来对图书和阅读进行分类评估，在评估中会根据儿童的具体情况进行相应的阅读能力等方面的事，从而精准化地推荐给儿童合适的图书。

目前来看，我国在分级阅读理论的实践探索上还有很大的提升空间，我国的分级阅读理论还需要引起更多的重视并进行更为广泛的运用。

2. 最近发展区理论

最近发展区理论指的是儿童主要有两种发展状态，一是儿童已经具备的能力，二是儿童正处在发展中的能力，这两种能力之间即最近发展区。儿童发展中的能力需要经过大量的努力才能完全具备，在儿童阅读推广活动中，最近发展区理论发挥了极为重要的作用。在儿童阅读推广活动中，儿童作为推广活动的主体，其阅读能力是有很大差异的。有的儿童阅读能力较强，不需要其他帮助就可以完成阅读；而有的儿童则需要外界的帮助才能够完成阅读活动，其阅读能力也处在发展阶段。这就需要图书馆在阅读推广活动中，充分认识到儿童的最近发展区，进而开展针对性的阅读培养和指导。

3.有意义学习理论

有意义学习理论指的是儿童学习知识的过程是一个不断建构积累新知识的过程，在新知识积累的过程中，儿童的知识储备和新知识之间会有所关联，继而形成自己的知识体系。在阅读推广活动中，有意义学习理论能够更好地指导图书馆根据儿童的知识体系、认知水平来推广更加适合儿童阅读的书籍，能够帮助儿童在阅读中建构知识体系，从而激发儿童阅读的积极性和兴趣，达到最好的阅读推广效果。

二、新时代儿童类推荐读物的阅读需求分析

（一）个性化推荐读物阅读的需求

个性化儿童类读物的阅读需求，主要体现在以下三方面：

一是阅读的基本载体需求。阅读的基本载体需求主要指的是图书馆针对儿童阅读需求来选取适合儿童个性化发展的图书资源。当前随着我国经济社会的快速发展，公共图书馆在阅读推广活动中，开始更加关注儿童类读物的个性化阅读。在传统的儿童类推荐读物的阅读推广上，图书馆很少根据儿童的个性化需求来制定和选取图书进行推广，随着儿童个性化阅读需求的不断提升，要求图书馆员在实际工作中了解儿童读者的个性化需求，并针对这一需求制定更加专业化的个性化阅读推广书目。目前来看，我国青少年儿童对个性化推荐读物的阅读需求很高，尤其是一些科普类和故事类的儿童读物深受他们的喜爱，文津图书奖中的儿童类推荐阅读读物能很好地满足儿童对个性化阅读读物的基本需求。

二是阅读氛围的需求。新时代我国儿童对阅读氛围的需求也是普遍较高的，儿童从小就有爱玩的天性，更加愿意快乐阅读，亲身体验和感知阅读内容，因此，在文津图书奖儿童类推荐读物阅读推广中，必须关注儿童的这一需求。在推广中要充分尊重儿童的天性和阅读方式，给儿童提供一个良好的阅读氛围，同时还要注重挖掘一些文津图书奖中的趣味性较高的儿童类读物，将趣味性与阅读情境相结合，更好地满足儿童日益增长的个性化阅读需求。

　　三是分享阅读的需求。分享阅读近些年来也成为儿童比较喜欢的一种阅读方式，主要指的是儿童在阅读中与他人或者伙伴一起分享图书，一起阅读分享。针对这一需求，图书馆应该给儿童阅读提供完善的分享平台和空间，要在阅读推广活动中鼓励幼儿大胆表达，敢于分享，继而提升儿童阅读兴趣，树立儿童正确的阅读观念和对阅读活动的期待，激发儿童在阅读分享中的成就感，提高文津图书奖儿童类推荐读物的推广效果。例如，重庆市万盛经济技术开发区图书馆连续六年开展的品牌活动"曲水流觞"诗文诵读会、"诵读千声 品阅万盛"全民阅读短视频接力、"书香重庆 红岩少年"万盛诵读大赛、讲故事比赛等活动，图书馆邀请专家学者参加，并对有声阅读活动进行指导和点评，通过线上线下宣传推广的方式对活动进行点赞投票，设置等级奖和优秀奖，鼓励和肯定少儿在诵读活动中的表现，极大地提升了儿童读物的推广效果，也让儿童在诗文诵读中感受到中国传统文化的魅力，增强了儿童的文学修养和底蕴。

　　（二）传统文化的需求

　　当前随着我国互联网技术特别是人工智能技术的不断发展，儿童在阅读方式和条件上都有了巨大的转变，大量的智能设备和数字阅读设备的出现，让儿童的阅读理念和行为方式上都有了很大变化，但总体来看，这些新技术、新设备的运用并没有降低儿童阅读中对中华传统文化的需求，他们渴望在经典书目中了解和认识中华传统文化和民族发展的历史。从这点上来看，文津图书奖儿童类推荐读物可以更好满足儿童对传统文化的需求。

　　（三）科普类阅读需求

　　儿童是有着极为强烈的好奇心的，科普类读物能较好地满足和激发儿童的好奇心和求知欲，通过科普阅读，能够培养幼儿崇尚科学的精神和素质，对我国创新性人才的培养起到极为重要的基石作用。文津图书奖儿童类科普读物中有大量的与儿童生活紧密相关的阅读书目，主要是以儿童生活中常见的生活现象为核心，通过揭示其中蕴含的科学知识，来激发儿童的探索欲望，为儿童学习提供帮助。

三、新时代图书馆加强儿童类推荐读物阅读推广工作的对策

（一）要加强对文津图书奖儿童类推荐读物的阅读推广

一是图书馆要做好阅读指导和图书推荐的宣传内容。图书馆要将阅读活动信息与图书推荐目录相结合，通过推荐书目扩展儿童阅读视野，满足儿童的个性化阅读需求。

二是图书馆要运用好多媒体和自媒体相结合的手段来做好儿童读物的推广。由于智能化设备的普及，微信公众号、微博、抖音、视频等APP、小程序更是成为生活必不可少的一部分，综合运用好新媒体矩阵，及时快速地接收和分享阅读活动信息，保证活动信息发布的时效性，提升阅读推广活动的宣传效率。实施双向交流，图书馆不仅是阅读活动信息的发布者也是解答者，儿童及家长可以随时随地与馆员进行交流。

三是图书馆要以社区为宣传中心，广泛开展阅读活动宣传。合理利用社区宣传栏、展板、LED屏等，提高宣传覆盖面，从而达到较好的宣传效果。

（二）要三位一体开展儿童类推荐读物阅读推广活动

一是学校阅读推广。教育主管部门整体规划学校课程设置，鼓励各学校将公共图书馆作为第二课堂，将阅读活动课程作为必修课程的一部分。图书馆提供儿童集体参观图书馆、参加集体阅读等活动的机会，帮助儿童尽早建立图书馆意识、培养阅读习惯。

二是社区阅读推广。与学校阅读推广活动相比，社区开展阅读活动的时间和场所更随意，儿童阅读氛围也更轻松。放学后和周末是开展社区阅读推广活动的最佳选择，可以与学校阅读活动完美衔接。社区作为家庭的集合，开展阅读推广活动能解决儿童放学后家长下班前的学习和安全问题，打造一个不走出社区就可以享受阅读的空间。首先是在公共图书馆的帮助下，完善社区阅读点、图书阅览室和图书角的建立工作，保证阅读推广活动的阅读资源。其次是组建社区阅读推广活动服务队伍，以有文化专长的社区居民和有志愿服务意向的学生

为主体，由公共图书馆提供阅读活动志愿者的培训工作。再次开展自下而上的社区阅读推广活动，社区阅读推广活动是一个自由的分享空间，儿童可以随时随地反馈阅读喜好，展现阅读需求。活动组织者根据儿童阅读活动需求精心策划各项主题活动，通过社区宣传栏发布通知，提醒儿童参与社区阅读推广活动。

三是家庭阅读推广。家庭在阅读推广活动中扮演着重要角色，既是阅读推广活动的场所，又是阅读推广活动的实施者。提升家庭阅读推广的影响力主要在于提高家庭的阅读意识、提供阅读资源和指导家庭进行亲子阅读。首先是帮助家庭提高阅读意识。对于阅读，少数家长会有抵触情绪或者并不情愿，说服家长是十分必要的。通过两个角度提升家长的阅读意识，一是公共图书馆积极宣传，在民政部门、医院等场所，利用多种渠道和媒体资源，以新闻、动画和视频等多种形式向家长介绍阅读的价值。二是公共图书馆馆员走进企事业单位、工厂等工作场所，为家长介绍家庭阅读文化的重要性，劝诫家长在孩子面前减少手机等电子设备的浏览，与孩子多些语言交流，通过亲子互动共同构建良好的读书氛围。其次，由公共图书馆、出版机构提供阅读资源，借鉴国外"阅读礼包"的经验，为家庭赠送与儿童阅读需求相符合的图书。第三，公共图书馆创建适合父母与孩子共读的空间。通过定期开设针对家长的阅读指导类活动，帮助家长获取指导儿童阅读的方式以及陪伴儿童阅读的方法，形成良好的家庭阅读的氛围。借助家长的榜样力量，培养儿童从被动阅读转变为主动阅读，主动阅读并不是从不读书到读书或少读书到多读书的转变，而是从浏览式阅读到思考式阅读的转变。

（三）图书馆要重视特色服务的创建

特色服务创建主要是通过多样化的宣传方式提高图书馆的社会地位和知名度、树立图书馆阅读推广品牌形象，可以影响更多的儿童参与图书馆阅读活动。

受传统观念影响，不少人依然认为公共图书馆仅仅是看书、借阅图书的场所，对图书馆的教育功能、社会功能和开展的儿童阅读推广活动知之甚少。公共图书馆应该从两个方面提升自身形象，一是加强儿童阅读推广活动的深度和广度宣传。二是建设儿童阅读推广活动品牌，深化特色服务。公共图书馆儿童阅读推广活动应继续以图书馆官方网站、微信公众号、微博和媒体报道等方式进行宣传，重视与社区、电视、电台建立合作关系，通过张贴活动通知、电视节目、广播实时播报活动信息、在人口密集地区发放宣传资料，努力做到与儿童及家长的阅读推广宣传方式需求相一致，实现宣传方式的广度。公共图书馆通过刊发馆刊的方式，记录各项儿童阅读推广活动的开展情况，并开展 24 小时在线阅读指导服务，采用人工与自动回复相结合的方式，分析并解决家庭阅读过程中出现的问题，对亲子阅读给予恰当的指导，实现深度宣传儿童阅读推广活动。

公共图书馆需要将品牌意识渗透到儿童阅读推广活动的各个环节，用心设计，精益求精，通过细分儿童用户，开展具有针对性的阅读推广活动；以征集阅读活动标语、活动吉祥物和活动主题音乐的方式，增加与儿童家长的交流机会，掌握其对阅读推广活动的需求；通过发放阅读活动的纪念品以强化阅读推广活动品牌。公共图书馆阅读推广活动的品牌打造应从小做起，慢慢发展，但需要长时间、持续性的开展同一阅读推广活动，只有把一项阅读推广活动长期坚持下去，才能吸引儿童广泛关注，形成特色服务。

四、结论

综上所述，本文在研究后认为，文津图书奖作为图书馆最为知名和代表性的奖项之一，新时代不仅要做好文津图书奖的评选工作，还要做好图书的阅读推广特别是儿童类推荐读物的阅读推广工作。公共图书馆要充分发挥公共服务职责，承担起培养全民阅读理念和儿童阅读能力的责任，根据新时代儿童对阅读的需求，重点挖掘一些优质的有代表性的文津图书奖中的儿童类推荐读物，让这些读物真正的在图书馆活起来，成为儿童的文化大餐，从而为提升我国文化软实力，为实现中国式现代化和文化强国做出贡献。

参考文献：

［1］ 朱婧薇，孙宏艳.中国原创儿童读物的挑战与突围［J］.出版广
　　　角，2023(24): 37-43.

［2］ 潘常青.文津图书奖的发展及社科类获奖作品初探［J］.新阅
　　　读，2023(10): 7-10.

［3］ 辛德萱.跨文化视角下的童书出版本土化与国际化融合策略研究
　　　［J］.国际公关，2023(17): 44-46.

［4］ 杨兴.数字时代儿童有声读物阅读推广研究［D］.桂林：广西师
　　　范大学，2023.

［5］ 李皓钰.我国儿童汉语分级读物的出版状况研究［D］.南昌：南
　　　昌大学，2023.

［6］ 汤雪琳.公共图书馆亲子型家庭阅读推广策略研究［D］.沈阳：
　　　辽宁大学，2023.

［7］ 彭佳.我国公共图书馆儿童阅读及阅读推广述略［J］.兰台世
　　　界，2022(12): 136-139.

［8］ 第十七届文津图书奖获奖图书书单［J］.阅读，2022(72): 63-64.

［9］ 徐冰冰，马强."文津图书奖"科普类图书书目分析及启示［J］.
　　　科普创作评论，2022,2 (2): 16-23,52.

［10］刘颖.图书馆阅读推广品牌化运作研究——以国家图书馆"文津
　　　图书奖"为例［J］.兰台内外，2020(11): 53-54.

［11］董明伟.书话类图书出版与全民阅读推广研究——基于2006—
　　　2017年书话类图书出版［J］.出版广角，2018(3): 38-40.

文津图书阅读推广中短视频的应用

岳梦圆

摘要： 随着数字技术的快速发展，短视频已成为一种重要的信息传播方式。文津图书奖作为中国图书馆界的重要奖项，近年来开始积极运用短视频进行推广，旨在吸引更多读者关注图书阅读，提升图书品质和文化影响力。本文通过分析文津图书奖运用短视频推广的策略、效果以及面临的挑战，并结合短视频传播的优势，探讨短视频在图书推广中的应用前景，从而提出相应的建议。

关键词： 文津图书奖；阅读推广；短视频

2021 年全国两会《政府工作报告》指出，要"推进城乡公共文化服务体系一体建设，创新实施新文化惠民工程，倡导全民阅读"，自此"全民阅读"连续多次被写入《政府工作报告》。在《国民经济和社会发展第十四个五年规划和 2035 年远景目标纲要》中也提出，要"深入推进全民阅读，建设'书香'中国"，"全民阅读"被提升到国家发展战略的层面。国家图书馆作为国家文献信息资源总库，始终秉承"传承文明，服务社会"的宗旨，弘扬优秀传统文化，推动全民阅读。

文津图书奖设立于 2004 年，由国家图书馆主办，全国图书馆界、出版界以及专家、读者、媒体共同参与，已经成功举办了 19 届，共评选出文津图书 231 种、提名图书 827 种，成为国内公信力和美誉度较高的全民阅读活动品牌。每年评选社科类、科普类和少儿类获奖图书20种，推荐图书60种。其评选的结果通过多家平台公布，发布现场直播观看人数破千万，并覆盖到全国400余家各级各类图书馆。优秀作品汇聚了数百位各学科领域大家，涵盖了200余家国内的出版机构。文津图书奖旨在评选出引导大众阅读的优秀图书，培养公众读书兴趣，为个人、家庭和机构藏书提供参考的同时，建立全国图书馆界推动全民阅读的示范平台，促进作者、读者、学者、出版者、图书馆的交流沟通，鼓励社会公众参与，营造写好书、出好书、读好书、荐好书的社会氛围。

近年来，随着短视频以独特的魅力重塑着人们的信息获取模式，短视频平台随之兴起，中国网络信息中心发布的第52次《中国互联网络发展状况统计报告》中提到，截至2023年6月，我国的网民规模约为10.79亿，其中短视频用户达10.26亿，文津图书奖也开始积极探索运用短视频进行阅读品牌推广的新模式。传统的阅读推广以线下活动为主，受限于场地、时间、参与人数及活动形式；短视频则以瞬息万变的内容、极致的视觉体验以及较高的互动性，更直观、更生动、更易传播等优势，进一步扩大了受众。如何更好地将短视频融入文津图书奖的阅读推广中，创作出既符合当下时代风格的优质内容，又不失去文津图书奖的学术价值，无疑是我们面临的新挑战，也是新机遇。

一、短视频传播情况

短视频的传播速度非常快，能够在短时间内迅速传播到各个角落。同时，短视频平台拥有庞大的用户群体，能够覆盖更广泛的受众。这使得短视频成为一种高效的传播方式，能够快速地将图书信息传递给更多的人。它的形式多样，包括动画、微电影、Vlog等多种类型，能够满足不同受众的喜好和需求。同时，短视频的内容通常简洁明了，易于理解和接受。这使得短视频成为一种受欢迎的传播方式，能够吸引更多人的关注和参与。短视频平台通常具有强大的互动性，观众可以通过评论、点赞、分享等方式与创作者进行互动。这种互动性不仅能够增强观众的参与感和归属感，还能够促进观众之间的交流和学习。对于文津图书奖推广工作来说，这种互动性有助于扩大品牌的影响力，吸引更多潜在读者。

抖音、快手、B站、西瓜视频、火山小视频等各大短视频平台，各自有各自的平台优势和流量优势，应该如何掌握各平台的功能和属性，如何全平台精准分发创作的短视频，如何形成全短视频媒体平台的传播矩阵、扩大文津图书奖阅读推广的传播范围，成为非常值得研究和探讨的问题。各大短视频平台会根据内置的去中心化算法对短视频进行分发和推荐。系统算法是基于用户年龄、地区、性别、学历、兴趣爱好、浏览痕迹等信息，然后提取关键字、层级分类操作，形成用户画像的；各平台再将用户画像与内容画像匹配，在流量池中匹配出用户可能喜欢的视频内容进行精准分发。去中心算法还可以对用户喜欢的内容进行排序工作，为用户挑选出更想观看、更想了解的短视频内容。这样的机制让文津图书奖推广类视频获得了同其他垂直类视频平等传播的机会。

目前文津图书奖阅读推广类短视频充分调动审读员的参与积极性，秉持"审读人即是推广人"的创新理念，邀请审读员参与获奖及推荐图书的推广视频录制；联合抖音、今日头条、微信读书、新浪微博等多个平台联合发布及推广，如今日头条设置相关活动的手机开屏画面，相关话题登上今日头条的文化榜热搜，话题阅读量近2500万；结合抖音的"春天开阅季"世界读书日主题活动，发布周国平、梁晓声、罗翔、春妮、田青等名人文津图书奖获奖及推荐图书的荐书短视频，播放量累计千万。

二、短视频平台的特点

短视频的用户群体特点是他们大多数更倾向于选择灵活的学习方式和更广泛的信息获取渠道。对他们而言，通过短视频的内容能够迅速地了解某一领域的信息，也更容易获取新知。文津图书奖的阅读推广内容应当考虑到短视频的用户习惯，以更接地气的内容策划和语言文字表达，满足他们的需求。短视频用户偏好利用碎片化时间获取知识，文津图书奖的推广需要对内容进行整理和节选，以轻松或者娱乐的方式吸引更多用户的注意力。

短视频的技术特点是短视频平台的优化算法对用户的浏览习惯和偏好进行深度分析和解读，阅读推广类的内容也可以通过算法有针对性地触达目标受众。如果运用一些技术手段获得了活跃度不高的非真实用户，对后续的内容推送来说是不利的。短视频创作形式灵活多样，可以通过剪辑、特效等手段呈现丰富多彩的内容，但是短视频的内容通常具有很强的时效性，因此短视频带有热点的话题或者结合热门的事件更容易传播。

一般短视频内容质量由它的可读性、情感倾向和语言表达 3 个指标来衡量。可读性是文本信息的一个重要特征，通常一段文本被读者理解的程度决定了读者对短视频的评价。可读性可以决定读者理解文本所需的认知努力水平，从而对读者的感知和阅读意愿产生显著影响[1]。文津图书奖推广短视频的创作初心是为了传播知识，因此用户能否理解短视频中的内容尤其重要。当然短视频的文本情感倾向会影响用户的分享行为，也会影响到短视频的传播效果。文本中的代词是展现作者意图、等级意识等最直接的表达途径，能够影响读者的情感认同和心理距离[2]。不同的代词对于用户而言有不同的说服力，如果用"我"来诠释，则更容易增加用户对阅读文本的真实感知和认可度。

三、面临的挑战

目前短视频时长和风格均不一致。文津图书奖现阶段的推广短视频中，视频素材质量有高有低，已经成为一个不容回避的重要问题。部分素材是由出版社提供的，另一部分是由文津图书奖组委会专门策划并进行拍摄的。所呈现出来的文津图书奖推广类的短视频不形成系列，风格不够统一，影响了用户的体验感。已发布的较长视频，主要呈现形式为"横屏 + 落版封面"，其他为竖屏，还有少量是将横屏记录活动片段直接转换为竖屏，导致画质压缩，画面制作力不足。

阅读类短视频的创作内容参差不齐。受限于制作成本和人力不足等因素，短视频文本在体现获奖图书内容方面挖掘得不够深入，影响了用户的黏性和关注时长，例如存在同质化严重、艺术水平不高、剪辑手法不够新颖等诸多问题。用户对该视频如果很快地划走，不到6秒钟的停留被视作不感兴趣，当然会影响后续未来同类视频及该账号的曝光率。所以，如何提升短视频内容的质量，是文津图书奖阅读推广视频的重中之重。文津图书奖应该加强与专业机构、知名学者的合作，邀请他们参与短视频的前期创作和审核。同时，建立激励机制，鼓励创作者不断提高短视频的创作水平。

短视频的创作缺乏情感表达和创意。现阶段我们上线的文津图书奖阅读推广类短视频大多数注意力都放在技术操作和书本身故事的讲述方面，而缺少情感的传达和情绪氛围渲染。视频内容往往显得平淡无奇，视频的浏览量偏低，无法引起观众的共鸣，而缺乏创意的短视频则难以吸引观众的注意力，也无法在众多内容中脱颖而出。在未来的短视频内容创作过程中，优先选择合适的背景音乐和音效，通过音乐的节奏、调式和强度影响观众的情感体验，增强情感氛围；根据情感强度调整剪辑节奏，通过特写镜头捕捉角色的表情和情感，传达不同的情感。例如，冷色调可能传达孤独或忧郁，而暖色调则传达温暖或幸福；通过重复某些镜头或动作来建立情感模式，加深观众的情感印象等。

短视频推广中还可能面临版权保护问题。有些视频素材是没有经过授权的，当然也存在一些侵权行为。例如篡改、抄袭他人的原创内容、擅自复制他人作品等行为，这些做法会导致原作者无法获得相应的收益，影响创作热情和积极性。所以，这无疑提醒我们，短视频媒体发展迅猛，大家创作欲望高涨的时期，应当尽量避免抄袭等侵权行为。目前在文津系列阅读推广进校园活动中也举办了校园短视频征集活动，为了保障创作者的合法权益，文津图书奖应该在后续的发布过程中加强版权保护意识，确保短视频内容的合法性和合规性。

四、短视频推广优化策略

1. 精心创作的意识

精心策划是短视频内容生产的重要环节，研究发现，大多数图

259

书馆的短视频账号存在运营定位模糊、相较于市场账号管理机制更为涣散、短视频作品发布的时间随意、缺乏互动性等问题。文津图书奖的品牌推广应该从思想上认识到只有加强营销，加强运营管理，并将此项工作纳入全年重点宣传工作计划之中，才能推动品牌服务创新与可持续发展。精心策划包含好的包装，注重细节，对标题、封面、字幕、话题、音乐、片头、片尾、音效、动画、拍摄、剪辑和视频内容结构等[3]进行加工。只有做好、做精、做活，信息密度高、专业化程度高的视频才能给予用户良好的浏览体验。

2. 真情实感的表达

在众多的阅读类热门短视频中，实拍视频和采访视频能够得到很好的流量，且受到广泛关注，很重要的一个原因就是它们能给用户真实感，单纯的文字、图片很难实现这样的效果。因此，善于利用各种情绪体验，用真情实感去获得人们的共鸣，是短视频制作中非常重要的环节。有一些具体的问题非常值得讨论，也值得在后续的短视频创作中进行尝试：关于在文津图书奖阅读推广类系列短视频中要不要刻画一个人格化的形象，如朔州市图书馆在短视频中自称"朔图君"；关于文津图书奖的主题音乐设计，利用音乐来营造让用户触动、感动、激动的情绪氛围，如用舒缓的旋律烘托的阅读氛围；关于文案中的标点符号设计，虽然是细节的呈现，但也对调动用户的情绪起到了不容忽视的作用，如"号外！！""太有趣了吧？"等；关于真人出镜的形式，用户对真人出镜的短视频更容易产生信任感，互动性强，情感的传达也更容易，如打造网红图书馆馆员荐书等。

3. 多元合作的拓展

以往文津图书奖推广视频中尝试通过邀请获奖图书作者、馆员录制"读书推荐"，以及组织短视频创作大赛等方式，这些短视频在视频号和抖音平台上的播放量累计超过千万次。未来还需要分析文津图书奖受众的用户画像，构建影响文津图书奖推广短视频的传播效果影响因素模型，根据已有数据进行特征描述性统计分析，如短视频时长、短视频标题时长、有无话题引导、有无字幕、视频出场的人物角色、短视频种类、短视频封面等[4]，在有用性、趣味性、易理解性、易用性、信源可信度和社会影响等角度下功夫。未来我们可以积极探索与短视频平台共同制作的短剧集形式，创作系列故事，如突出"小人物阅读的小故事"等内容。提高用户的积极参与度，建立话题讨论，还可以继续通过评论、点赞、分享等方式与创作者进行互动。

4.线上线下相结合

短视频推广可显著提升文津图书奖的知名度和影响力，毋庸置疑，它也可以带动图书的销量和阅读率。以抖音平台为例，平台上专业的说书、讲书创作内容已过万，超1500位图书作者在平台分享读书心得，这些短视频内容吸引了大量观众，大大促进了图书的销售量和阅读率。文津图书奖未来可以探索与抖音、小红书、哔哩哔哩等平台上的知名博主、网络名人进行合作，共同推出一些有挑战性的短视频活动，如读书挑战、故事接龙等，吸引更多人参与文津图书奖的图书分享短视频创作。

文津图书奖还可以积极与其他社交媒体平台进行跨平台合作，实现资源共享和用户导流。通过微博、微信、抖音等官方账号同步直播和发布信息，扩大品牌影响力，吸引更多潜在读者。建立读者之间的微信群和社群，通过用户在短视频平台上的评论、点赞、分享，分析不同用户的不同需求，根据不同地域把他们邀请进社群，不定期举办读者交流活动。建立良好的阅读氛围和社区文化，进一步拓展文津图书奖的服务方式。

通过上述优化措施，文津图书奖可以进一步提升短视频推广的效果，推动全民阅读和文化传承的深入发展。同时，这些经验和策略也可以为其他阅读推广类项目和出版机构提供有益的参考和借鉴。

参考文献

［１］ 朱侯，张明鑫，路永和.社交媒体用户隐私政策阅读意愿实证研究［J］.情报学报，2018(4):362-371.

［２］ Tausczik Y R，Pennebaker J W.The Psychological Meaning of Words:LIWC and Computerized Text Analysis Methods[J].Journal of Language and Social Psychology，2010,29(1):24-54.

［3］ 沈丽红.图书馆热门短视频内容规律探究——基于抖音平台的实证研究［J］.图书馆,2020(12):80.

［4］ 杨达森,李诗轩,丛颖男.抖音阅读推广短视频传播效果影响因素研究［J］.图书馆学研究,2021 (23):3.

图书奖海报设计的理念、特征与思考

——以文津图书奖海报设计为例

周丹丹

摘要：图书奖海报是图书奖价值旨归的视觉化呈现，也是宣传图书奖最直接的媒介与载体。图书奖海报设计遵循统一性、秩序感、融通性的设计理念。多年来，文津图书奖海报设计呈现出赓续标识元素、缔造阅读场景与强化情感联结三个层面的鲜明特征。图书奖海报设计应该重视用户感知，从符号三分法视域下审视图书奖海报，明确自身特色，凸显图书奖品牌属性。

关键词：文津图书奖；海报；设计；视觉；秩序感

文津图书奖设立于2004年，是国家图书馆主办并联合全国图书馆界共同参与的公益性图书奖项。作为文津图书奖相关工作重要组成部分的文津图书奖主题海报设计，从文津图书奖开启伊始就受到了广泛关注。图书奖海报是图书奖价值旨归的视觉化呈现，也是宣传图书奖最直接的媒介与载体。在作为图书奖相关信息传递载体的基础上，图书奖海报更是诠释图书奖人文精神并与时代相呼应的重要视觉符号。

一、图书奖海报的设计理念：统一性、秩序感与融通性

1. 统一性实现协调的整体感

统一性是平面设计的重要理念，在图书奖海报设计中也要重视把握统一性。图书奖海报设计的统一性指的是注重图书奖海报设计空间

的整体感，在图像、色彩、文字、比例等等诸多设计元素的配搭中讲求协调的统一。

图书奖海报设计中表现统一的要素主要有：在色彩的运用与表现上，注重色彩的协调与对比，重视色彩的组合和平衡带来的美感，也可以通过色彩的对比构建视觉层次。在文字的排版设计上，要保持易读性与美感的平衡，文字的字体、排版方式、字间距、行间距等因素应该首先服务于文字信息传递，在此基础上兼顾美感。事实上，这些也无可避免地影响着海报设计的整体美感。在图形（包括图像）元素的选择和组合上，既要顾及图书奖的定位和特色，选择相关图形元素，也要注重图形元素的视觉效果，通过不同方式的有机组合，保持整体的美观与协调，避免海报空间过于松散或拥挤[1]。三种元素并不是完全割裂的，它们相互影响，建构整体上的协调统一。

2. 秩序感引导视觉流动

秩序感同样是平面设计的重要原则之一。海报设计中的秩序感是指海报空间中的图形、色彩、文字等元素按照一定的规律、顺序和比例组合，形成一种和谐有序的美感。秩序感既要符合形式美的原则，还要满足观众的视觉审美需求[2]。

图书奖海报设计的秩序感可以引导读者的视觉流动，有利于阅读和理解海报所要传达的信息，可以进一步提升图书奖的品牌识别度，树立专业的品牌形象。图书奖海报设计的秩序感，主要通过对称与均衡、虚实与疏密、重复与渐变、节奏与韵律、对比与统一五种形式原理来实现。对称与均衡是指在图书奖海报设计中，诉诸对称式布局与均衡式布局来创造视觉上的稳定感与和谐感。虚实与疏密是指根据图书奖海报设计主题的要求，合理运用虚实关系对比、不同程度的疏密感来实现海报的秩序感，增强视觉效果。重复与渐变是指在图书奖海报设计中合理运用元素的重复和渐变在实现版面装饰性的基础上强化视觉的秩序感。节奏与韵律是指在图书奖海报设计中，对版面中的相同或相似元素按照一定的规律排列布局，形成节奏感与韵律美，这也是视觉秩序感的呈现。对比与统一是指在图书奖海报设计中，既可以利用设计元素的差异化来突出重要信息，还要注重整体设计的协调与统一[3]。

3.融通性诉诸设计要素的融会贯通

作为视觉设计范畴的图书奖海报设计集公益性、商业性与艺术性于一身，因此在设计中还要注重融通性。所谓融通性是指在坚持平面设计的基本原则的基础上，不避讳打破领域边界，围绕主题实现元素的融会贯通，具体体现在图书奖海报的设计元素择选、布局排版、应用场景等过程中。

在图书奖海报设计的元素择选时，基于图书奖的定位等因素，图形、文字、色彩等具体元素既可以倾向传统文化元素，也要注意视觉的现代性呈现。在图书奖海报的布局排版时，图形、文字、色彩等具体元素并非呆板或一成不变的，除了对比统一，甚至某种程度上可以实现相互的转化，比如文字通过字体、布局、色彩等手段可以构建为图形化的视觉效果。在当今媒介融合背景下，图书奖海报设计的形态与应用场景也迎来了变革与创新[4]。动态海报、有声海报、信息图海报、智能化海报等多元海报设计形态可以满足不同场景的需求。此外，多元主体介入图书奖的阅读推广实践也呼吁图书奖海报的融通性。

二、文津图书奖海报的设计特征：赓续、缔造与联结

图书奖通过海报展示阅读的魅力，是聚焦文津图书奖形象塑造的重要环节。自2004年以来，每届文津图书奖都有匹配的视觉形象设计，向公众传递文津图书奖的阅读文化观和人文精神，呈现文津图书奖的形象与诉求。多年来，文津图书奖海报设计呈现出赓续标识元素、缔造阅读场景与强化情感联结三个层面的鲜明特征。

1.赓续标识元素，呈现形象风格

作为重要的视觉符号，文津图书奖海报设计诉诸简洁直观的图文元素和简约的色彩，以视觉传达的方式传播图书奖相关信息。多年来，文津图书奖所创造的鲜明又独具匠心的视觉形态，成为国家图书馆文津图书奖形象风格化的有力承载。

人物、文字、色彩、场景是构成海报设计的主要元素。图书奖海报设计是图书奖精神的外化视觉表现，其主要元素包括图书奖图形图

像、字形字体、纹样、色彩体系等。作为文津图书奖重要标识的《簸扬图》，取自南宋《耕织图》，图中农人高扬手中的簸箕，沉甸甸的粮食缓缓落地，杂质随风而散，隐喻着"读书如稼穑，勤耕致丰饶"的理念，传递着主办方以文津图书奖为桥梁，践行图书馆文化传播、公民终身教育的职能，推动全民阅读活动的使命。"文津图书奖"题名手迹出自国家图书馆原馆长任继愈先生。作为我国著名哲学家、宗教学家、历史学家，任继愈先生在中国哲学、宗教学和传统文化研究领域作出了重要贡献，对我国图书馆事业发展也有深刻影响。任先生提出，书法是中国独有的一种艺术，也是中国传统文化的重要组成部分，书法不纯粹是个技术问题，包括文化素质在其中。整个文化修养一部分表现在书法上，表现在学问上，表现在做人上。任先生的字谨守楷则，更显传统功力，充盈着蔼然儒者的浩然正气。有学者撰文指出，"任先生的书法，是一种颤颤巍巍、平凡的、正统的、重细节、充盈且自信的隶楷字，充盈无疑来自大学问，平淡大概来自泰山经石峪，正统或者来自印光法师？总之很丰富，确实彰显了不少学问的神髓"[5]。任先生"文津图书奖"题名手迹的赓续某种程度上呈现的是主办方致敬任先生对图书奖甚至图书馆事业的关怀与贡献，以及矢志做好图书奖的决心。

此外，在纹样、色彩等方面，文津图书奖坚持使用中华优秀传统文化元素，比如卷轴纹样、如黛远山形象等等。通过归纳、重组、渲染等设计手法对这些中国传统文化元素进行再创造，使其作为海报设计中的辅助元素，与主体图形相得益彰，呈现出和谐统一之美。这种对民族精神与审美情趣的延续与创新，体现出文津图书奖的气质品格与文化价值。

2. 缔造阅读场景，构建气氛美学

图书奖海报除了传递图书奖相关信息，还作用于缔造阅读主题文化场景，构建气氛美学。具有纯视觉符号的语境极易唤起人记忆和思维的运动，从而进行丰富的联想与移情，并最大化地使人产生沉浸感和认同感[6]。

图书奖海报对阅读文化场景与气氛美学的营造不仅在于良好的视觉符号系统，更需要与读者发生直接或间接的关联，在多元环境与丰富载体中有所呈现。以文津图书奖为例，仅在馆内实体空间就包括文津图书奖评审会场、颁奖现场、相关讲座会议室、获奖图书展陈区、馆内室外空间等不同场景；在北京市内更涵盖地铁专列车厢空间、出版社展示空间、书店展示空间等多元空间场景。图书奖阅读空间环境是图书奖文化展现的重要组成部分，面对丰富的空间环境构造，需要对其整合分类来寻找适宜的装饰契机，通过不同的视觉符号叙事来实现阅读场景与气氛美学的氛围营造[7]。对于非图书奖专题空间，在相关海报设计时应该尽量避免色彩鲜明的视觉符号干扰其原本的场景和气氛。在图书奖专题空间，海报设计时则可以调动视觉设计多重元素，使图书奖海报充分融入相关活动的场景与氛围中，使其在环境信息中以醒目的视觉效果吸引读者的注意力，强化读者对相关活动的感知度与参与度。

3. 创新视觉叙事，强化情感联结

源远流长的中华文化为海报设计创作提供了用之不竭的源泉，图书奖海报应该在继承传统设计的基础上被赋予更多当代设计的叙事，这样才能更为有效地强化读者与图书奖之间的联结，引起更深层次的共鸣。

在现代化文明发展的背景下，人类的精神需求转向了融合民族情感、审美及历史文化的有意识传承[8]。近年来，源于中国古典美学又具有独特文化内涵的潮流风尚"国潮风"风靡，不仅深受年轻群体青睐，在文博领域更是影响颇深。如何回应这种当代文化视觉化表达的新方式，并在图书奖海报设计中利用国潮元素也就成为设计工作者必然面临的课题。国潮风尚主张中国传统元素与时代潮流的融合，打造出符合当代年轻人审美的潮流文化[9]。因此，图书奖海报设计时就要注重运用中式绘画元素，如祥云纹、古风建筑、传统古籍元素等构成画面，在形象刻画上偏向中式审美，在字体上优先使用中国传统字体，尤其可以借鉴优秀书法等文化遗产，色彩主要集中在红、蓝、黄、绿等色调，饱和度高。图书奖设计只有向内深耕中国传统文化元素，在创作上更加注重传统文化元素和现代视觉叙事的结合，才能创作出符合当代视觉语言需求的优秀海报作品，也才能充分发挥图书奖海报联结读者与引发共鸣的作用。

三、关于图书奖海报设计的思考：用户感知、意涵化与品牌化

随着阅读环境的不断演变以及图书奖的持续发展，图书奖海报的运用空间和场景也发生了较大的改观。图书奖海报早就超越了基础的宣传功用，更是图书奖事业形象与品牌战略的直观展现。

1. 重视用户感知，探索与时俱进的海报设计方法

当下的融媒体媒介环境下，读者获取信息的方式和渠道呈现多元化和繁复性。在此背景下，如何使图书奖更好地获得读者相对有限的注意力，图书奖海报的创意设计被寄予众望。让"古老"的海报重新进入用户视野，焕发出新的生命力，创意海报越来越成为用户所熟识的一种主流融媒体产品形态，其创作要点、发布机制和制作规律有着重要的现实意义[10]。

图书奖海报设计时，除了遵循一般的海报设计原则，在准确传达图书奖相关信息的基础上，还要站在用户的视角，也就是读者的视角，关照其感知实现视觉符号的建构。在设计元素选取上，既考量有思想意蕴又注重有时代吸引力的元素。在海报版式构成上借鉴中国传统诗学精神，并立足于现代设计语境，让读者通过海报这一载体有效感知图书奖的意旨。在此基础上，图书奖海报设计师可以通过创新的视觉叙事技巧和象征性元素来阐释与表达图书奖相关的信息。随着数字媒体的兴起以及 AI 技术的发展，图书奖海报设计应该探索与时俱进的海报设计方法，进一步突破传统的平面界限，融入更多互动化和数字性元素。

2. 意涵化：符号三分法视域下的图书奖海报设计

皮尔斯认为，符号可以被人所理解或解释并具有一定的意义，他开拓性地提出了符号表征、客体、诠释的三元关系。在皮尔斯的符号三分法中，最重要的是把符号分为图像符号、指索符号和象征符号三大类。皮尔斯符号的三元关系理论可以为图书奖海报设计提供解析思路。在符号提取上，"图像符号"从海报相关主题的图像表达、色彩构成、版式

设计等角度进行提取；"指索符号"从设计风格、叙事模式等角度进行提取；"象征符号"从情感表达、文化隐喻等角度进行提取[11]。

图像符号建立在相似性的基础上，所以图书奖海报中图像符号的运用必须与它所表现的主题具有某种外在形态的高度相关性，而且是明显可感知的。标识符号与所要表达的主题对象之间具有因果关系或者具有含义接近的联系，能起到相互联系且互相提醒的作用。标识符号属于指示性符号，需要把图书奖海报观众的注意力引导到主题内容元素上。象征符号属于规约符号，即在图书奖海报设计中所采用的创意图像等元素与对象间存在着某种约定关系。规约符号的理解脱离不了一定的文化背景、社会环境等因素。依据符号的三元关系与设计的统一性原则，图书奖海报设计更具有序化、个性化，并与图书奖整体视觉形象达成一致性与一贯性。以皮尔斯符号学为视角进行图书奖海报设计，相关设计师能够较为准确地选择和运用符号，准确传达信息，带来深刻的感染力与感召力，甚至激发读者的互动与参与行为。

3. 品牌化：图书奖影响力的缩影

图书奖承担着推广优秀图书、促进阅读推广的重要职责，具有一定影响力的图书奖尤其如此。图书奖海报作为图书奖最直观的宣传介质之一，不仅承载着吸引读者和参与者的功能，更是图书奖文化价值和读书品格的直接体现。作为图书奖品牌影响力缩影的图书奖海报，在设计上要明确自身特色，凸显图书奖品牌属性。

作为图书出版文化盛会的图书奖，其海报不仅是传播信息的工具，更是图书奖形象与品牌战略的直观展现。这就要求图书奖海报设计师找到一种创新的方式，将中国文化的美学精髓和图书奖的形象相结合，创造出既具有鲜明特色又能够被广为接受的设计。这种融合的主要目标应该是强化图书奖的文化身份和独特性，而非一味地堆砌符号和元素。

结　语

全媒体环境下，海报设计对于图书奖形象塑造与传播的意义不言而喻，优秀的图书奖海报能够宣传图书奖、丰富图书奖品牌形象、营造阅读推广氛围、为图书奖相关文化传播提供优质的传播载体。如何用海报的艺术语言呈现图书奖鲜明风格的设计范式，设计出体现时代精神的视觉叙事的图书奖海报，是图书奖海报设计工作者的职责与使命。

参考文献

［1］唐静.面向文化旅游的动态海报设计［J］.文化产业，2023（11）:31-33.

［2］何诗诗.平面设计中的秩序及其作用探析［J］.美与时代（上），2018(4):65-66.

［3］谢文创.秩序感在海报设计中的实现方式研究［J］.上海包装，2023(11):147-149.

［4］童斐雯.媒介融合语境下海报设计的新形态探析［J］.丝网印刷，2024(9):70-72.

［5］续鸿明.如其学，如其才，如其志——任继愈、季羡林先生的书法［N］.中国文化报（美术周刊)，2009-08-06.

［6］陈洛奇，马赛，范寅良.国家形象展示中的场域性空间符号研究——以天安门广场"红飘带"设计为例［J］.装饰，2020（10）: 85.

［7］吕游，陈楠.基于文化再生产的大学校庆形象景观设计策略研究［J］.设计，2024(7):44-45.

［8］徐鸣，谭以纯.基于文化生态理论的瑶族非遗文创设计研究——以《渡海传说》生成式海报设计为例［J］.创意设计源，2024(4):5-6.

［9］赵璐，奉涛.建构新时代的视觉表达——冬奥会海报设计谈［J］.美术观察，2022(2):30-31.

［10］颜斌，彭彭.浅析融媒时代创意海报的创新［J］.新闻战线，2021(22):95-98.

［11］李博昊.基于皮尔斯符号学视角的公益海报设计解析［J］.长春大学学报，2024(3):90-93.

从文津图书推广工作看图书馆读书推荐的融媒体宣发策略

郭比多

摘要： 本文聚焦国家图书馆文津图书奖的融媒体推广工作。通过"文津读书沙龙·馆员访谈录"和"读书推荐短视频探索"等特色案例，分析推广方式与成效，并据此提出灵活运用平台差异、转变服务对象认知等融媒体推送技巧，以及发挥矩阵力量、建立阅读社群、线下带动线上、关注新型传播方式等线上推广建议，借助融媒体服务提升文津图书奖的影响力，推动图书馆阅读推广工作发展。

关键词： 文津图书；融媒体；图书馆；阅读推广

阅读推广作为图书馆履行社会教育职能的关键表现形式，一直以来是图书馆重要的业务工作。国家图书馆自 2004 年设立文津图书奖以来，致力于借由优质书单的评选，联合图书馆界共同发挥图书馆作为公共文化服务机构的阵地作用，助力全民阅读。

融媒体是通过互联网、移动通信等技术，将传统媒体与新媒体相结合，使各种媒体相互融合互补。随着时代的发展，以文津图书奖为抓手的优质书单推广工作，逐步由仅依靠传统媒体推送向融媒体宣发转型。

一、文津图书奖融媒体推广基本趋势

图书馆作为公共文化服务体系的重要组成部分，其身份与职能伴随公众需求不断发生变化。根据图书馆服务人群统计数据分析可知，公众对于数字资源的需求日益增长，并且进行知识学习与电子阅读的行为更倾向于通过惯用平台来实现。因此，诸多图书馆开始在各头部平台建立自媒体账号，以融媒体的方式拓展服务、扩大服务群体，以实现建立宣传阵地与进行线上服务的双重目的。

文津图书奖融媒体推广的范围是由发布渠道划定的。截至2024年底，文津图书奖融媒体推广路径主要有以下几类：官方媒体、网络媒体、文津图书奖官网、国家图书馆自媒体矩阵。其中，官方媒体包括纸媒、电视台，网络媒体指官方媒体的网络平台以及各大门户网站；国家图书馆自媒体矩阵由国家图书馆网站、手机门户、国家数字图书馆APP，国家图书馆微信订阅号、微信服务号、微博、抖音号、哔哩哔哩号、小红书账号，以及国家图书馆不同部门运行维护的自媒体账号共同组成。

（一）传统媒体稿件发布趋势分析

笔者选择了慧科中文报刊搜索平台、CNKI中国重要报纸全文数据库为检索对象，设置关键词"文津好书""文津图书奖"，按照年度进行文章标题及全文搜索，得到以上图表。通过两个平台趋势互为参考可知，文津图书奖媒体报道总体呈上升态势，尤其自2019年以来，报道量稳定在150次/年，上限稳定在200次左右。文津图书奖的影响力和宣传力度逐年增加，近三年基本上趋于饱和。

从稿件主题上分析，报道内容主要分为消息类和读书推荐类，消息类主要内容有新一届图书奖发布、文津奖巡展信息、国家图书馆活动一览；对具体获奖作品的报道，则聚焦于对获奖作品内容或作者进行解读、采访。

（二）文津图书奖网站及专题页面

最新改版的文津图书奖官网兼顾了获奖书奖项评选与资源推广的双重功能，该网站除了可以完成奖项申报、证书下载等评选相关事项外，也通过公告栏发布文津图书奖的相关宣传稿件及活动通知。页面主体为获奖书展示，内容包含全部获奖书的基本信息，并且提供在线试读内容，同时用户可通过网站搜索查找历届获奖书籍内容。该网站是全面、集中了解文津图书奖的消息集合体和权威渠道。

图 1　文津图书奖媒体报道量

作为国家图书馆官网的二级页面，用户可在国家图书馆官网"资源服务"栏点击进入文津图书奖官网。在文津图书奖启动阶段、结果发布阶段，国家图书馆官网都会设置首页轮播图进行展示，引导读者关注。

文津图书奖获奖结果发布是国家图书馆每年世界读书日的重要活动之一，在国家图书馆世界读书日专题页面、移动客户端专题、数字图书馆推广工程阅见美好小程序，其他合作平台（如光明网、抖音等）的世界读书日专题页面中，文津图书奖书单都是其中的主要组成部分。此外，国图公开课项目设置了读书推荐栏目，主体选题即为文津图书奖获奖图书，世界读书日文津图书奖发布活动也常作为国图公开课特别活动在该平台上线。

（三）国家图书馆各自媒体账号的文津图书奖推广

1. 文津图书奖的自媒体账号推广

国家图书馆自媒体矩阵由国家图书馆各平台自媒体账号组成，根

图 2　2022 年光明网世界读书日专题页面设计示意图

据运维机构不同可分为官方账号与部门账号。文津图书奖的自媒体账号推广主要经由以下平台展开：

新浪微博诞生于 2009 年，截至 2024 年第二季度末，微博的月活跃用户数量为 5.83 亿。国家图书馆官方微博创建于 2013 年，粉丝量 85.8 万。根据"2023 年度政务微博影响力排行榜"[①]，国家图书馆微博位列全国十大图书馆微博第六。微博设有 # 文津图书奖 # 话题，阅读量破 3000 万次。

微信订阅号功能于 2012 年上线，依托微信用户，截至 2024 年，微信订阅号月活跃用户数量已超过 13 亿。国家图书馆官方订阅号创建于 2014 年，用户总数已超过 116 万人。2023 年全年阅读量年阅读总量近 200 万人次。账号连续入选"大众喜爱的阅读新媒体号"[②]。订阅号发布内容以文字为主，文津图书奖在公众号的推广内容从书单发布的方式延伸到书评推荐，2022 年文津图书奖在订阅号开设了"文津好书"专题，邀请作者、编辑或者荐书馆员为获奖书撰写推介语，推送当届获奖书，并将推荐书按照不同内容主题进行分类推送，提升了推广效果。2023 年起，"文津好书"栏目调整为按照每周两期的频次发布书评，为每一本当届图书单独撰写推荐文章，进一步提高推广精度。

抖音平台 2016 年上线服务，激发了短视频市场裂变，月活跃用户数现已达到 9.89 亿，人均单日使用时长超过 2 小时。为了对应抖音账号垂类特点，2022 年，国家图书馆社会教育部，即文津图书奖秘书处所在部门，开设了"方寸大观 国图视听"抖音号，集中推送短视频资源，账号用户 8.6 万人。账号内容以知识类服务为主，下设"读书推荐"栏目，集中推送文津图书奖获奖书。

[①] 政务微博影响力排行榜由微博出品，人民网舆情数据中心、人民网数据研究院提供学术支持，评价对象包括全国所有通过微博认证的机构官方微博，评价体系包括四个维度：传播力、服务力、互动力和认同度。数据统计周期为 2022 年 11 月 1 日至 2023 年 10 月 31 日。

[②] "大众喜爱的阅读新媒体号"推荐活动由中国新闻出版传媒集团、中国全民阅读媒体联盟、全民阅读与融媒体智库共同举办。

2. 从各平台发布资源类型分布看平台推送特色

表 1 国家图书馆自媒体平台信息发布类型一览表

平台 资源类型	文稿 （篇幅长）	文案 （篇幅短）	多图	长图	短视频 （3分钟 以内）	中视频 （3—10 分钟）	长视频 （10分钟 以上）	直播
国家图书馆微博		√	√	√	√	√	√	√
国家图书馆订阅号	√			√			√	√
国家图书馆视频号					√			
国家图书馆服务号	√			√				
国家图书馆小红书		√	√		√			
国图视听哔哩哔哩	√	√	√			√	√	√
方寸大观国图视听抖音号		√			√		√	√

　　由于不同头部平台的推送机制与信息发布结构各有差异，文津图书奖在各自媒体平台的推送内容也各有不同。相较于其他平台，微博最不受资源类型限制，与文津图书奖相关的图片、文字、长视频、短视频都可以纳入话题之下，能够最大限度地满足文津图书奖推广需求。

　　基于微信平台的公众号推送方式以文章为主，文章中可以插入图片及视频，但公众号的阅读量需要依靠内容品质来维持，对于稿件质量要求较高，考验文章写作者的话题设置水平、文笔高度、思想深度。为了应对短视频平台的爆发性扩张，微信于 2019 年开通了视频号功能，填补了公众号不适宜推送视频的短板。但在页面设置上，公众号与视频号分属不同的页面，推送逻辑也有差异，显示出了一定的割裂感。

小红书有视频发布及直播功能，但从用户习惯来看，用户偏好短文案＋多图形式，内容以分享经验及归纳干货为主。它对于图片质量要求较高，不适宜推送长篇书评或者读书推荐视频。

哔哩哔哩平台属于综合性视频社区，用户黏性较高，Z世代[①]用户是其主要受众群，新增用户平均年龄20.2岁，35岁以下月活用户占比86%。该平台用户对知识类长视频需求较高。由于平台社区属性，在信息发布方式上资源类型受限较小，但囿于其推送机制，资源主要依靠长尾效应进行持续传播推广，不适宜发布新闻消息类、时事话题类内容。

抖音平台带动了短视频制作的热潮，平台根据用户的观看习惯、停留时间进行大数据统计，精准向用户推送视频资源。视频总时长一般在1.5分钟，对画面质量宽容度高，以话题为视频内容核心。由于视频长度限制，难以成体系呈现完整的知识性内容。

二、文津图书奖推广特色案例分析

（一）文津读书沙龙·馆员访谈录

"文津读书沙龙"是主要围绕文津图书奖获奖书目策划推出的讲座项目。2020年，为应对疫情防控形势，项目以线上服务为创新突破点，策划推出了"文津读书沙龙·馆员访谈录"。

表2 "文津读书沙龙·馆员访谈录"栏目内容一览

节目名称	对谈嘉宾	播放量
第一期|考证与哲思——对话《播火录》	主讲人：赵致真 主持人：李静	45.6万
第二期|你是想做实干家的空想家吗？——对话《两个天才》	主讲人：徐萃、姬华 主持人：曹丽萍	2.3万
第三期|硬核的科普需要有趣的灵魂——专访《1分钟物理》创作团队	主讲人：成蒙、李治林、刘新豹 主持人：宁秋丹	2.6万

---

① Z世代，指1995—2009年间出生的人群，一出生就接触互联网、即时通信、智能手机和平板电脑等科技产品。

续表

节目名称	对谈嘉宾	播放量
第四期｜看见中国文化里的教育智慧——对话《两个小妖精抓住一个老和尚》	主讲人：黄小衡、李卓颖 主持人：杨经玮	286.3万
第五期｜《迷人的液体》背后迷人的故事——对话译者孙亚飞	主讲人：孙亚飞 主持人：李静	626.3万
第六期｜故城与故事 二条那十年	主讲人：赵珩 支持人：张宇	7.9万
第七期｜说"西"道"东"话丝路——对话《胡天汉月映西洋》	主讲人：张国刚 主持人：刘文睿	8.5万
第八期｜国语运动与现代中国	主讲人：王东杰 主持人：黄静	18.7万
第九期｜千古风流看苏轼——对话《苏轼十讲》	主讲人：朱刚 主持人：郭比多	56.8万

"文津读书沙龙·馆员访谈录"系列围绕第15届文津图书奖获奖及推荐图书展开，探索出了一条图书馆阅读服务新模式，该案例是文津图书奖推广方式的一次有益探索。文津图书奖图书推广长期以来有一个瓶颈，即推广内容只局限于书单，缺少拥有版权的自建资源。如何进一步挖掘书籍内容，采用何种形式有效进行书籍的推广工作，是亟待解决的问题。

由于2020年特殊时期，图书馆服务向线上转型的工作要求，文津读书沙龙的工作模式改为了视频录制。工作人员在选题策划上做到了充分挖掘每一本获奖书的核心内容，找到亮点与重点，并经过与作者（译者、绘者）的充分沟通，确定采访提纲与讲述方式，提前把控访谈质量；在后期制作时严格遵循三审三校流程，对特殊字词进行专业核证。推送的文案紧抓视频亮点，采用新媒体话语体系进行写作，激发用户兴趣。最终该系列视频一经推出，阅读总量破1000万次。

（二）读书推荐短视频探索

"方寸大观 国图视听"抖音号是一个依托国家图书馆社会教育部各类资源，以知识类视频为主要内容的账号，下设读书推荐栏目。对于栏目形式、更新频率、内容策划、文案写作等方面，账号在运维的两年多内，进行了一系列尝试与探索。

1. 与已有资源匹配尝试

国图公开课是国家图书馆 2015 年推出的在线"慕课"，下设读书推荐栏目，该栏目至今已发布视频 120 期。读书推荐栏目，每期视频 5 分钟左右，采用双机位录制，除了主讲人对书籍进行推荐以外，视频中还加入了国图外景、阅读场景等镜头，制作成本较高。

从节目时长上来说，该系列视频属于中视频，时长远高于短视频平台的视频时长要求。从节目节奏上来看，10 秒的片头有效信息过少，投放在短视频平台会造成视频前 2 秒的高跳出率。

经过与短视频平台特点的匹配尝试，虽然国图公开课·读书推荐视频内容与抖音账号栏目策划理念一致，但在视频叙事结构上，不符合短视频平台的叙述方式，无法直接进行投放。

2. 个人 IP 打造

确定统一的视觉形象，打造个人 IP 是 UGC[①] 模式下最为有效的账号打造方式。"方寸大观 国图视听"账号在平台中属于知识、读书赛道。同类赛道下，"意公子""都靓读书"都是利用硬核内容 +IP 打造方式成功进军该领域头部账号。很多公共图书馆也在尝试通过推出"明星馆员"，增加机构自媒体账号的辨识度。

瑞安市图书馆将馆员"小曹"打造成图书馆推广 IP，在短视频中以幽默、时尚的表述方式吸引读者，围绕"小曹"策划制作了《小曹碎碎念（Xiao Cao's Channel）》《瑞邑有书》《你好，瑞安》《瑞安有意思》等栏目，取得了良好的宣传推广实效。《小曹碎碎念》项目获得 2024 年国际图联（IFLA）图书馆营销奖。

2022 年"方寸大观 国图视听"账号与 MCN 公司合作，试图通过主播出镜的方式确立读书推荐视频栏目样态。通过话题选定，《我

---

① UGC，User Generated Content，即用户原创内容。视频的生产主要可以划分为 PGC（Professionally-Generated Content，专业生产内容）、UGC（User Generated Content，用户原创内容）、MCN（Multi-Channel Network，多频道网络）三种模式类型，其中 UGC 模式是 Web2.0 时代与传统媒体内容生产不同的新型内容生产方式。

们为什么要睡觉》《病人家属，请来一下》获得了较高的互动评论量。但图书馆明星馆员打造较多地要依托馆员的个人表现力，并且需要有固定的出镜形象，不符合账号运维的实际。

3. 围绕热点话题进行读书推荐

2023 年，读书推荐短视频栏目保持以两周三条的频率更新，并进行了视觉呈现升级。配合时事热点进行内容策划，画面中插入更丰富的视频资源，提高了视频的可看性，用户观看兴趣得到有效提升。围绕电影《长安三万里》热映，策划了"游盛世长安·揽诗书锦绣"系列，推荐了《诗仙·酒神·孤独旅人：李白诗文中的生命意识》《莫砺锋讲唐诗课》等文津图书奖获奖书；在中秋国庆假期，推出了"带上书本去旅行"系列，以旅行 Vlog 的形式，展现自然风光，推荐《心向原野》《五千年良渚王国》《敦煌如是绘》等文津图书奖获奖书。固定更新频率、固定叙述模式，可以在一定程度上提高账号辨识度。

（三）融媒体推送技巧

1. 灵活运用平台差异，倍增阅读推广成效

从上文各平台发布资源类型表可知，不同平台优先推送的资源类型及用户使用习惯各不相同，不同资源类型也各有特点，但充分认识各平台的推送机制，可以将文津图书奖不同类型的推广物料进行有效调配，以适用于各平台推送。通过这种内容互通与细节调整，降低资源重复建设率，提升宣传成效。

2. 扭转对服务对象的认知，完成从受众到用户的转变

从事文津图书奖推广工作，首先要从本位转变服务思路。受众和用户，都是知识资源的服务对象。区别是要有意识地建立知识输出的反馈机制。学会使用互联网思维，根据用户画像，选择能够激发用户兴趣的叙事方式来策划内容。

3. 细化内容制作颗粒度

充分采用富媒体（Rich Media）形式进行内容构建，增强用户体验。集合影音图文各类文献形式，提升用户体验感，通过接收信息的丰富度，刺激大脑的记忆功能。同时也要注意避免由于干扰信息过多（如超链接、延展阅读等）造成的专注力减弱，影响主要信息的接收。

4.学会设置记忆"锚点",打造完整知识体系

当人们遇到新事物时,会尝试将其与已有的知识和经验进行联系,这一过程被称为记忆的迁移或同化。人们利用已有的记忆内容作为"锚点"或"桥梁",帮助理解和解释新事物。利用好记忆的迁移与同化机制,通过视频打点①、贴标签等方式,体现知识间的关联,可以提升知识类视频的服务效能。

5.为读者提供阅读动机,提高读者阅读能动性

给用户一个阅读的理由,是提高其能动性的主要方法。通过将视频内容与时事热点相联系、将理论与日常生活相结合等方式,可以帮助用户找到阅读动机,使阅读行为有效延续。

三、文津图书奖线上推广方式建议

(一)发挥矩阵力量的同时保持账号特色

2024年世界读书日期间,第19届文津图书奖发布由馆方协调国图自媒体矩阵,对书单结果进行了集中推送,充分利用国图自媒体能量,形成合力,最大限度地为评选结果进行了推广。

但在宣传效能形成合力的同时,要保留不同平台的特色,找准定位,并根据账号定位进行所发布内容的策划与选取。按照发布节奏持续强化账号风格,才能不流于同质,有效积累活跃用户。

(二)建立以阅读推广为核心、文津图书书单为范围的阅读社群

以书为媒介是一个良好的知识交流方式,豆瓣等阅读社区的建立,就是成功的参考案例。

罗伯特·洛根基于麦克卢汉的媒体交流理论,提出了目前所属时代是数字化的交互媒体时代。这种提法强调了新媒体的交互性属性。图书馆与带有移动社交功能的新媒体结合时要利用好平台社交功能所带来的用户集聚能力。

---

① "视频打点"是一个在视频技术、运营分析和用户体验领域广泛使用的概念,是指在视频播放时间轴上设置特定的标记点(打点),用于触发和标注视频内容。

文津图书奖可以围绕获奖书单建立一个或多个阅读社群，书友可以通过社群交流阅读心得、获取相关活动信息。其中，应在充分利用各平台社交功能的同时，认识到各平台防止向外引流的保护机制，依托各个平台建立不同的阅读社群，由专人专岗负责社群运维，加强与书友的交互沟通，通过黏性用户的维系，进一步提升文津图书奖推广工作水平，扩大文津图书奖影响力。

（三）以线下带动线上，加强业界联动与社会合作，进一步扩大奖项影响力

从媒体报道统计中可以看出，线下活动一直是媒体的主要关注点。历年与各级各类图书馆合作的文津图书奖巡展、2011年与京港地铁合作的文津图书奖地铁漂流活动、2024年文津图书进校园等活动，都成功通过活动带来了报道量，有效提升了文津图书奖的影响力。

更重要的是，通过丰富多彩、形式多样的线下活动，文津图书奖建立起了自主建设的独有资源，比如专家讲座、访谈、展览等内容。这些资源都可以加工成为数字资源，用于线上传播，还可以根据不同需求进一步进行成果加工转化，以适配各平台的推送逻辑，达到文津图书奖融媒体推广的最终目标。

（四）关注新型传播方式，把握趋势脉搏，获得更好的推广效果

文津图书奖推广可以瞄准近年来异军突起的媒体形态，抓住扩张期的用户积累优势，提升推广效果。建议考虑读书推荐内容向音频领域探索，比如播客[①]与听书形式。

喜马拉雅发布的《中文播客品牌力洞察报告》显示，以2020年小宇宙APP上线为标志性节点，中文播客数量自2020年至今增长6倍，仅喜马拉雅站内的原创播客节目就已达到24万档。用户增长率连续两年超过15%。中文播客听众规模在2022年超过1亿人次，并在2023—2024年间保持年均15.8%的增长势头。按市场研究机构eMarketer数据预测，播客几乎已经成为目前占领国内用户听觉时间

---

① 播客，指不必实时收听的广播音频节目。

最长的媒介。

根据第 21 次全国国民阅读调查结果[1]，"三成以上的国民通过听书的方式阅读……对成年国民听书习惯的考察发现，2023 年我国有三成以上的国民有听书习惯。从成年国民听书情况来看，有 36.3% 的成年国民表示在 2023 年通过听书的方式阅读，高于 2022 年的 35.5%。在 0—17 周岁未成年群体中，有 33.1% 的人表示自己在过去一年通过听书的方式阅读"。这与国民生活习惯及 AI 语音技术的普及密切相关。

文津图书奖很早就将音频制作纳入了推广方式。2015 年文津图书奖推出了"文津听书"，由出版社捐赠有声书版权，电台专业播音员进行录制，用于服务视障群体。

未来，文津图书奖推广工作中，应紧抓音频节目的用户需求，重拾"文津听书"品牌，推出高品质的以文津图书奖获奖书为内容的音频节目、有声书，甚至广播剧，进一步推升文津图书奖的服务深度，扩大受众面向。

互联网 + 背景下，融媒体服务成为图书馆营销推广的一次挑战与机遇。文津图书奖作为国家图书馆重要的阅读推广品牌，马上要迎来它的第 20 届。如何正确地认识图书馆的阅读推广职能，能否找准文津图书奖的定位，开展有创新性、前瞻性的成功推广实践，将是文津图书奖走向下一个二十年的关键。

参考文献

[1] 新闻出版研究院. 第 21 次全国国民阅读调查结果［EB/OL］.［2023-04-23］. http://www.wenming.cn/wmzthc/20240424/ec73211b8f2047d8af0e5b6be7b1671e/c.html.

文津图书获奖及提名
图书数据浅析

赵丹毓

摘要：本文围绕文津图书奖入选图书进行数据收集与分析，旨在探究入选图书在出版机构及学科主题等方面的统计特征，以及历届入选情况、获奖比例、内容主题和类别分布的变化趋势。通过对历届数据的梳理，展现社会文化背景对图书获奖的影响，以及读者偏好、市场表现对图书评价的作用。最后，本文结合市场需求，提出了对图书出版业的发展建议，即提升图书内在质量的同时增强其对社会的积极影响力，为深化全民阅读贡献出版人的一份力量。

关键词：文津图书奖；统计分析；影响因素；出版业

一、引言

文津图书奖设立于 2004 年，是国家图书馆主办并联合全国图书馆界共同参与的公益性图书奖项。评选工作每年举办一次，参评图书侧重于能够传播知识、陶冶情操，提高公众思想道德素质与科学人文素养的普及性图书。评审工作由国家图书馆牵头成立的组委会策划组织，聘请馆内外专家组成评委会，获奖及推荐图书通过社会参与和专家评审相结合的方式产生，并在每年的世界读书日予以公布。作为服务全民阅读的重要品牌，文津图书奖以开放、包容、共享的理念，引导社会力量共同参与推动全民阅读，开创了图书馆倡导读书、组织读书、服务读书的新形式，体现了图书馆在公共文化服务体系建设中的示范作用，提升了图书馆在全民阅读领域的影响力。

（一）研究目的与意义

文津图书奖作为国内知名的阅读推广与图书评奖项目，受到广泛关注和认可。评选范围广泛，涉及小说、随笔、历史、哲学、科技等各个文化维度，其评选结果成为学术界及大众收藏书目的重要参考，它不仅聚焦于图书内容的深度与广度，更重视作品在文化传承与创新性上的表现。通过专业评委团的严格评选机制，逐步评选出在文学艺术、社会科学、自然科学等多个领域中表现杰出的图书作品，旨在激发社会大众阅读兴趣，推广高质量阅读体验。

在当前信息化社会，文津图书奖作为一个重要的文化标志，不仅对作家创作有着重要的激励作用，还在促进图书行业健康发展和引领公众阅读方面扮演着不可或缺的角色。在信息纷繁复杂的今天，如何评估和分析优秀图书并加以推广，既是一门科学也是一种艺术。本研究紧随文津图书奖的步伐，通过深入探究入选图书的多维度特征，旨在为学界和出版业提供一份客观且全面的分析报告。

本研究的目的和意义在于提供一个多维度的分析框架，帮助理解文津图书奖的选评机制和市场影响力，同时对选题策划提出建设性的建议。通过科学合理的研究方法、严谨的数据分析，文津图书奖力图在学术领域和出版实践中产生积极影响，并为未来的市场趋势提供参考。

（二）数据来源与研究方法概述

本研究所采集的数据源于国家版本数据中心的图书馆藏数据库，包括文津图书奖设立以来的全部获奖作品信息。具体数据涵盖了作品名称、作者、出版机构、出版年份、ISBN、所属学科领域等信息维度，确保研究结果的全面性与准确性。为保障数据的可靠性与时效性，另行检索了相关新闻报道以及出版社公告，对原始数据进行了补充与验证。

在研究方法上，笔者采用描述性统计学方法，对入选图书的年度数量、类别分布进行了统计，深入探讨入选图书类别的分布与变化趋势。为识别并分析出版图书在不同历史阶段中的特点变迁，笔者运用时间序列分析法，追踪其发展的动态轨迹。此外，为了准确理解内容主题的变化，研究中笔者还利用了文本挖掘技术，通过构建主题模型，对入选图书的主题进行了系统的提取与分析。

在研究过程中，所有图书的细分类别均来自国家版本数据中心数据，统计及分析均严格遵循科学性与合理性原则，确保结果的可靠性与有效性。需要说明的是，本研究在进行类别分析时采用的是国家版本数据中心的学科分类，细分类别来自文津图书奖官方公布数据及CIP 主题词划分。

二、文津图书奖获奖及提名图书统计分析

本文在对文津图书奖历届入选作品进行数理统计和定量分析时，创建了一个涵盖多维度的数据框架。具体到每届获奖及提名图书数量的汇总和细分，采集了自文津图书奖成立以来的所有获奖及提名作品数据，并通过数据的清洗和整理去除重复和模糊数据，保证数据的统一性和独立性。

（一）历届文津图书奖入选图书数量变化

自 2005 年公布第 1 届评选结果以来，已经成功举办 19 届，评选出获奖图书 231 种，提名（推荐）图书 827 种，共计 1058 种图书（见图 1），其中，第 1—14 届每届获奖的总数在 10 种左右，从第 15 届开始，获奖总数由 15 种逐渐发展到 20 种左右。通过时间序列分

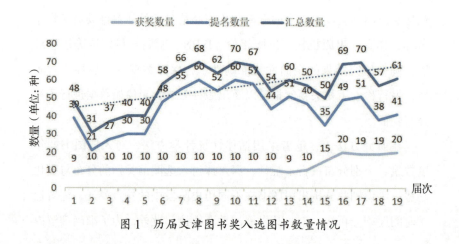

图 1　历届文津图书奖入选图书数量情况

析，可以看出每届获奖图书数量的变化相对规律，并未出现偶发性的变化和增减。每届入选的提名图书数量不等，并没有出现明显持续上升或持续下降的趋势。笔者认为，这取决于参评图书的品质，提名图书数量会随着参评图书的品质而变化，而并不会根据统一的标准去评选。

从历届数据来看，提名作品数量在第 6 届（2010 年）、第 16 届（2021 年）出现明显增长，进一步研究发现，这与社会大环境下公共文化消费需求的变化密切相关。在文化产业高速发展的时期，读者对优质图书内容的渴求推动了出版行业的创新发展，从而反映到图书奖的评选上。

综上所述，对年度入选图书数量的变化趋势进行深入、细致的探索和分析，不仅可以反映出文化消费的时代脉动，更为出版产业的发展和未来图书市场的趋势提供了数据依据和理论支撑。这些分析对于出版业界、文化传媒领域的策略调整和创新发展具有实质性的参考价值。

（二）历届文津图书奖入选出版机构情况

文津图书奖平均每届获奖的总数在 10 种左右，从第 15 届开始，获奖总数由 15 种逐渐过渡到 20 种左右，每届入选的获奖图书数量与出版机构数量相差不大（见图 2），但入选的提名图书数量与参与出版

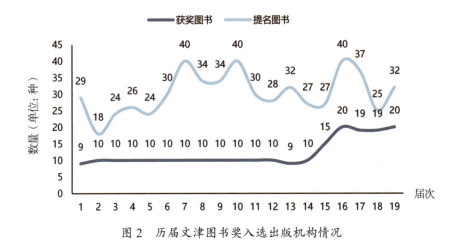

图 2　历届文津图书奖入选出版机构情况

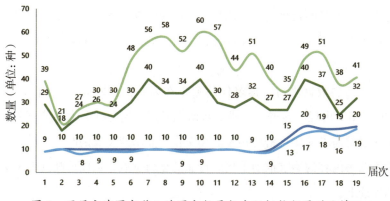

图 3 历届文津图书奖入选图书数量与出版机构数量对比情况

机构数量都有所不同，每届都会有相同出版社或出版集团入选多种图书的情况（见图 3）。经纵向对比显示，各出版机构入选获奖及提名图书数量相差很大，历届入选的 211 家出版机构中有 86 家仅有一种图书入选（见图 4）。

入选图书数量排名前十位的出版机构有 385 种图书入选（见图 4）。其中，中信出版集团股份有限公司入选 68 种（见表 1），共有 8

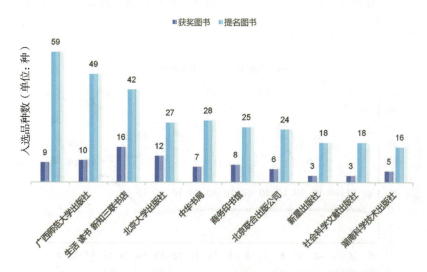

图 4 历届文津图书奖入选图书数量排名前十位的出版机构

次入选获奖，16 次入选提名，入选总数最多。广西师范大学出版社有 9 次入选获奖，18 次入选提名。生活·读书·新知三联书店有 12 次入选获奖，15 次入选提名，入选次数最多。

表 1　历届文津图书奖入选图书排名前三位的获奖情况

中信出版集团	入选数量/种	广西师范大学出版社	入选数量/种	生活·读书·新知三联书店	入选数量/种
首届提名图书	1	首届提名图书	1	首届获奖图书	1
第 5 届提名图书	3	第 2 届获奖图书	1	首届提名图书	3
第 6 届提名图书	3	第 2 届提名图书	1	第 2 届获奖图书	1
第 7 届提名图书	1	第 4 届获奖图书	1	第 2 届提名图书	1
第 8 届获奖图书	1	第 4 届提名图书	2	第 3 届获奖图书	2
第 8 届提名图书	8	第 5 届提名图书	2	第 3 届提名图书	1
第 9 届获奖图书	1	第 6 届获奖图书	1	第 4 届提名图书	2
第 9 届提名图书	4	第 6 届提名图书	3	第 5 届获奖图书	1
第 10 届获奖图书	1	第 7 届提名图书	4	第 5 届提名图书	2
第 10 届提名图书	8	第 8 届获奖图书	1	第 6 届获奖图书	2
第 11 届提名图书	2	第 8 届提名图书	3	第 6 届提名图书	5
第 12 届提名图书	3	第 9 届提名图书	5	第 7 届获奖图书	1
第 13 届获奖图书	1	第 10 届获奖图书	1	第 7 届提名图书	3
第 13 届提名图书	3	第 10 届提名图书	3	第 8 届获奖图书	1
第 14 届获奖图书	1	第 11 届获奖图书	1	第 8 届提名图书	4
第 14 届提名图书	6	第 11 届提名图书	5	第 9 届提名图书	5
第 15 届获奖图书	1	第 12 届提名图书	3	第 10 届提名图书	3
第 15 届提名图书	5	第 13 届提名图书	2	第 11 届提名图书	4
第 16 届提名图书	4	第 14 届提名图书	4	第 12 届提名图书	4
第 17 届提名图书	4	第 15 届提名图书	1	第 13 届获奖图书	1
第 18 届获奖图书	2	第 16 届获奖图书	1	第 14 届获奖图书	2
第 18 届提名图书	3	第 16 届提名图书	1	第 14 届提名图书	1
第 19 届获奖图书	1	第 17 届获奖图书	2	第 15 届提名图书	1
第 19 届提名图书	1	第 17 届提名图书	2	第 16 届获奖图书	2
		第 18 届提名图书	5	第 17 届提名图书	3
		第 18 届获奖图书	1	第 18 届获奖图书	1
		第 19 届提名图书	2	第 19 届获奖图书	1
总计	68	总计	59	总计	58

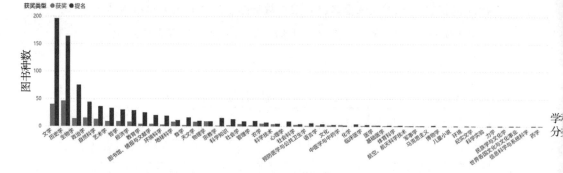

图 5　历届文津图书奖入选图书学科分类情况

可以看出，出版机构的分布总体相对分散，每届入选图书都不会只局限于某几家出版机构，但在入选总数和入选次数较多的出版机构中，还是表现出了一定的集中。说明这些出版机构对于文津图书奖的评奖定位把握得相对准确，所以才能在历届的评选中脱颖而出。

（三）历届文津图书奖入选图书类别情况

在深入研究文津图书奖入选图书的学科分布特征时，根据入选图书清单逐一标注其所属的学科类别，在历届获奖图书和提名图书中都可以直观地看出，入选图书中文学和历史学类的图书占比相对多一些（见图5），生物学、政治学、自然科学、艺术学、哲学、经济学、教育学等紧跟其后。此外，还包括了近年来新兴的环境科学、地球科学等。通过构建学科类别的频次分布表，可以直观地展现不同学科在入选图书中的占比情况。

通过分析文津图书奖历届入选图书的类别，笔者发现获奖作品的种类分布并非静态不变，而是出现一定的流动性。从样本数据中提取历届获奖及提名图书的类别分布特征，以及每类图书获奖类别的变化趋势（见图6、图7），可以发现科普、少儿类在早期数量较少，与此同时，社科类因其时效性与社会影响力的提升在早期占据了有利的地位。随着社会的发展，人们的需求越来越趋于多样化，所以在获奖图书中科普、少儿及社科类图书都出现了逐步增长的趋势，而提名图书中科普、少儿及社科类图书由早期相对集中的数量也逐渐趋于均匀。在社科类图书趋于稳定的同时，科普类和少儿类图书也都在早期数量

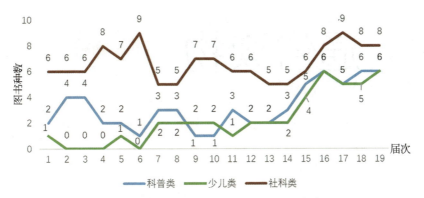

图 6　历届文津图书奖获奖图书类别分布情况

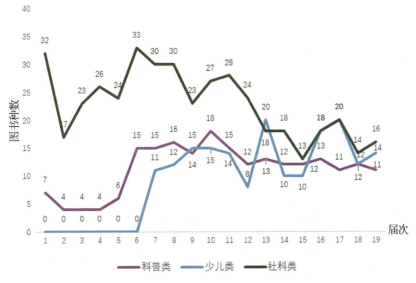

图 7　历届文津图书奖提名图书类别分布情况

基础上有较大的增长。

因此，在未来图书出版与评选实践中，应会逐步建立多元化、均衡化的评审体系，既注重文化传统的传承，也赋予新兴学科以更大的舞台。可以借此桥梁，使文津图书奖持续地反映时代精神与人类知识进步，进而促进整个图书市场与出版产业的高质量发展。

（四）历届文津图书奖入选图书主题词分布情况

在对历届 231 种获奖图书的 CIP 主题词进一步细分时，笔者采用了词频分析的方式。分析表明，某些词组如"中国"出现了 68 次，

图 8　历届文津图书奖获奖图书主题词分布情况

图 9　历届文津图书奖提名图书主题词分布情况

"研究"出现了 50 次，"普及读物"出现了 39 次，"当代"出现了 23 次，"通俗读物"出现了 17 次，这反映了文津图书奖评选过程中对能够传播中国文化与知识普及性作品的偏好。

接着，对历届 828 种提名图书中的 CIP 主题词词频分析。分析表明，某些词组如"中国"出现了 227 次，"研究"出现了 173 次，"普及读物"出现了 128 次，"当代"出现了 98 次，"现代"出现了 91 次，"儿童"出现了 63 次，"故事"出现了 51 次，"图画"出现了 48 次，"世界"出现了 48 次，"通俗读物"出现了 48 次，这反映了文津图书奖评选过程中依然表现出对原创作品和知识研究普及的倾向性。

在分析文津图书奖入选图书内容的主题词频次时发现，入选图书内容主题的演变不仅反映了文学创作的自然发展，也映射了社会文化动态和知识体系的演进。近年来，入选图书中除了文学艺术、历史哲学、社会科学等传统领域的作品，传播生态文明、信息科技、心理健康等现代热门话题的作品也逐渐走进大众视野。这种变化揭示了当代社会关注点的转移，以及作家和出版机构对读者需求的敏感反应。在此过程中，图书主题的多元化成为显著特点，主题的跨学科性得到强化，体现了综合性知识结构在图书评奖过程中的重要性。

三、文津图书奖入选图书的影响因素浅析

（一）评选标准与市场趋势的相关性

本研究通过详尽的统计学方法与量化分析，针对文津图书奖评选标准与历届入选图书趋势的相关性进行深入探讨，呈现了包含出版机构影响力及学科领域分布等因素的分布情况，以预估影响评选标准的有效变量。此后，通过对历届入选图书数据的梳理，分析了每一年度内这些有效变量的具体表现。

进一步的分析考虑到内容主题与社会热点事件的关联。通过研究内容主题与社会事件的关联度，探索社会转型期、科技突破期，与相关主题的图书获奖概率的变化趋势，可以体现出评选标准在不同时间节点的社会文化导向作用，同时揭示阅读市场和评委会共同推崇的价值导向。

综上所述，通过对评选标准科学性的量化分析，本研究解析了文津图书奖评选的内在标准与社会背景、市场表现等因素的相关性。这些发现为图书评奖机构提供了数据支撑的决策参考，并为后续研究奠定了实证基础。

（二）社会文化背景对图书选择的影响

在分析受众阅读偏好与市场需求的基准上，本研究聚焦在社会文化背景对图书选择的影响上，揭示其中的模式与规律。随着社会经济的发展与科技的进步，人们对知识的需求呈现多样化趋势，这直接反映在对图书内容的选择上。文津图书奖作为文学与学术界的风向标，其评选出的图书在一定程度上映射了这一时代的文化景观与思潮走向。

通过采集与分析历届文津图书奖入选作品，与同期社会文化事件、政策导向及公众关注度等数据进行交叉验证，明确图书选题与社会文化背景的相关性。采用内容分析和文本挖掘技术提取图书 CIP 数据中的主题词，继而运用网络分析工具绘制时期特征与图书主题的词云图。

结合以上分析可知，图书作为文化载体，其选题与流行趋势的演变不可避免地受到社会文化背景的深刻影响。未来图书出版与评选过程中，应当更多地考虑社会文化因素，在传承和弘扬优秀传统文化的同时，顺应时代发展与社会需求的变化，为读者提供与时俱进的阅读选择。

四、结论与建议

（一）结论

在对文津图书奖历届入选图书进行数据分析时，笔者集中研究了入选数量、出版机构和学科主题等多方面的统计特征，通过综合评价了解入选图书的发展趋势。就出版机构而言，大型出版机构仍然在获奖作品的出版中保持着领先地位，但随着各类出版社的崛起，多样化的局面逐渐形成。

在图书内容主题方面，随着科技的进步和社会议题的变化，社会科学类图书渐趋增多，自然科学类图书的获奖比例则保持相对稳定，体现了图书奖在重视科技发展的同时，不忽略人文社会科学的传播和普及。

从评选标准的角度讲，文津图书奖明确树立了丰富内容、深度主题和创新性的评审导向。这种导向不仅成为作者和出版社的创作方向，还直接影响了部分读者的购书选择和阅读习惯。在社会文化背景的影响下，图书奖设立的多元化类别有效促进了包容性和知识传播，同时反映出社会对特定议题的关注。

总的来说，文津图书奖作为一个评选标准日臻完善的优质奖项，不仅在激励高水平创作上发挥了显著作用，也在推动图书市场的健康发展上具有重要影响。此研究不仅揭示了图书获奖的多元影响因素，还为出版业界提供了有价值的发展参考和未来趋势的预测依据。

（二）建议

随着数字技术的风起云涌，未来图书出版业将面临更为多元和复杂的发展机遇与挑战。预期中，出版业将被进一步推向数字化转型的浪潮，多媒体互动图书、声音出版物等新型图书形式有可能变得更加普遍。电子书市场的占比将持续增加，而传统纸质图书出版的增速或会放缓，但特殊工艺和创意设计的图书将以艺术收藏的形式依然占有一席之地。

文津图书奖的评选机制及对创作与出版的指导意义，尤须综合考量作者、出版机构和读者三者关系。通过对获奖作品的深度剖析，可归纳出入选图书的共性特征，提供给作者及出版机构宝贵的内容制胜指南。

在内容创作方面，入选图书普遍聚焦于社会热点问题，反映现实的深刻变革和历史继承，这一点对于作者而言，意味着需深耕题材与内容，致力于对现实的独到洞察和历史的深刻理解。创作手法上，明显趋向多元化并贴近生活，强调文风与读者的情感共鸣，这给予作家很大自由度，要求在追求文学内涵的同时，还要注意技巧和表现形式的革新。

在出版发行方面，深入挖掘创意亮点和包装推广策略，成为一个不可或缺的关键环节。出版节奏和市场定位受到成功案例的影响而不断优化，为满足读者多样化需求，出版机构须提高对市场动向的敏感度，构筑针对不同群体的精准营销模式。在这一过程中，数据分析工具成为提升工作效率和创意启示的重要手段，本次通过分析历届入选图书的主题呈现，机构能够洞察市场趋势并据此作出战略性调整。

在营销推广方面，社交媒体营销与大众传播将会更加紧密地结合。出版机构不仅要提高图书质量，还需掌握互联网传播规律，利用新媒体进行有效推广。此外，图书出版与教育、文化、旅游等产业的融合发展趋势也日益明显，这将为图书工作者带来跨界合作的机遇。

总的来看，图书出版业将持续发挥传播知识、启迪智慧的重要角色，并在创新与传承之间寻找平衡，结合技术进步与市场需求，不断提升图书的内在质量，增强对社会的积极影响力，为推动人类文明进步做出更大贡献。

参考文献

［1］ 国家图书馆揭晓第十八届文津图书奖［N］.新华书目报·图书馆报，2023-04-28(1).

［2］ 徐冰冰，马强."文津图书奖"科普类图书书目分析及启示［J］.科普创作评论，2022,2(2):16-23,52.

［3］ 潘常青.文津图书奖的发展及社科类获奖作品初探［J］.新阅读，2023(10):7-10.

［4］ 刘颖.图书馆阅读推广品牌化运作研究——以国家图书馆"文津图书奖"为例［J］.兰台内外，2020(11):53-54.

［5］ 张盖伦.文津图书奖获奖图书作者:写就科普佳作的意义不亚于完成一次航天任务［N］.科技日报，2022-04-26 (8).

从荐书主体看文津图书奖影响力

徐冰冰

摘要：文津图书奖设立以来，已为公众推荐了一千余种图书。图书报送是评奖的第一个环节，这个过程中出版社和联合评审图书馆发挥了重要的作用。文章对出版社和联合评审图书馆参与文津图书奖的情况开展了深入分析，发现文津图书奖在前几届评奖已经显现出对两大荐书主体的影响力，并与之形成良好互动，但仍有必要开展进一步的影响力研究，以推动文津图书奖发挥全民阅读的引领作用。

关键词：文津图书奖；影响力研究；图书推荐；全民阅读

一、引言

文津图书奖设立的初衷是希望通过评奖活动发挥图书馆在倡导读书、组织读书、服务读书的重要作用，从而鼓励作者写好书，出版者出好书，读者读好书[1]。二十年来，文津图书奖坚持初心，在评选优秀图书引导大众阅读、推动全民阅读的过程中传递正能量、弘扬优秀传统文化，成为国家图书馆的阅读品牌，而且通过共读文津好书、举办线下推广活动、推送线上资源、构筑宣传矩阵等方式，营造全民阅读书香氛围，在公共文化服务体系建设中担负图书馆应有的职责，发挥示范作用[1-3]。

一本书从出版到被阅读，涉及图书出版管理、评审、销售等很多环节。图书评奖可以满足读者阅读需求，引领公众阅读、提高公众文化素养，而评奖结果往往影响图书的创作出版，也为阅读推广、图书采选和馆藏建设提供参考[4-6]。文津图书奖评选可细分为报送、初评、审读、终评、发布五个阶段[3]。其实每个阶段都涉及评选的过程，比如报送来的图书首先经过荐书者的筛选，初评到终评则有专家评委的评选和审读员的把关，发布后这些图书还会有读者来评选。在报送阶段，由出版社、图书馆、专家和读者推荐来大量的图书，经过复杂的评选，脱颖而出者才能推荐给公众。专家、出版社、图书馆以及普通读者的参与，极大地扩展了文津图书奖的选书范围，参评图书有了更广泛的代表性[7]。可以说，这些征集来的图书是文津图书奖的基础，决定了最终入选图书的质量和水准。荐书者在报送环节的广泛参与，尤其是出版社和图书馆这两大荐书主体参与情况，对于文津图书奖的评选和成功十分重要。

本文从出版社和联合评审图书馆参与评选的积极性、广泛性、持续性角度，着重梳理文津图书奖两大荐书主体的地域分布、参与次数、持续参与度等，分析其特征类型与参与意愿、参与程度的关系，探讨文津图书奖对荐书主体的影响力，即对出版界、图书馆界的影响力，为提升文津图书奖图书质量和文津图书奖影响力提供参考。

二、出版社的激烈角逐

截至第 19 届，文津图书奖已评出获奖图书 231 种，推荐图书 827 种，合计 1058 种，但是与征集来图书的总量相比，包括获奖和推荐图书在内，入选比例并不高。

这 19 届入选图书的总比例约 4.21%。但刚设立时，文津图书奖的影响力还比较小，首届征集来的图书共有 376 种，入选比例高达 12.77%。第 8 届的征集图书突破 1000 种，入选比例降至 5.91%。第 17 届突破 2000 种，第 19 届时约有 2500 种，最终入选的比例降至 2.44%（表 1）。

表 1　历届文津图书奖图书入选比例

届次	征集数量/种	入选数量/种	入选比例/%	届次	征集数量/种	入选数量/种	入选比例/%
1	376	48	12.77%	11	1500	67	4.47%
2	418	31	7.42%	12	1800	54	3.00%
3	563	37	6.57%	13	1874	60	3.20%
4	606	40	6.60%	14	1562	50	3.20%
5	541	40	7.39%	15	1890	50	2.65%
6	708	58	8.19%	16	1873	69	3.68%
7	897	66	7.36%	17	2212	70	3.16%
8	1150	68	5.91%	18	1990	57	2.86%
9	1300	62	4.77%	19	2495	61	2.44%
10	1400	70	5.00%	总计	25155	1058	4.21%

　　对第 13 届以来按社科类、科普类和少儿类分别统计显示，尽管评奖时分配给社科类图书的数量最多，但由于社科类图书推荐量大，其入选比例相对是最低的。科普类图书入选的比例相对最高，其次为少儿类图书（表 2）。从众多新书中挑出几十种上乘之作，从数字上看，文津图书奖可谓百里挑一。若单说获奖图书应算得上千里挑一了。

表 2　第 13—19 届各类别图书入选比例

届次	征集数量/种				入选数量/种				入选比例/%			
	社科	科普	少儿	合计	社科	科普	少儿	合计	社科	科普	少儿	合计
13	1221	240	413	1874	23	16	21	60	1.88%	6.67%	5.08%	3.20%
14	892	263	407	1562	23	15	12	50	2.58%	5.70%	2.95%	3.20%
15	863	303	444	1610	19	17	14	50	2.20%	5.61%	3.15%	3.11%
16	907	363	603	1873	26	19	24	69	2.87%	5.23%	3.98%	3.68%
17	1146	384	682	2212	29	15	26	70	2.53%	3.91%	3.81%	3.16%
18	1012	470	508	1990	22	18	17	57	2.17%	3.83%	3.35%	2.86%
19	1289	456	750	2495	24	17	20	61	1.86%	3.73%	2.67%	2.44%

　　对于出版社而言，出版物获奖是极好的宣传点和卖点。征集图书数量的快速增加首先反映了出版社积极参与文津图书奖的意愿。第 1 届的入选出版社[①] 有 35 家，到第 19 届总共已有 209 家入选，平均入

[①] 本文出版机构仅统计每种书的第一出版机构。为便于行文，将获奖图书与推荐图书统一称为入选图书，相应的出版社为入选出版社。

选图书 5.06 种。总体来看，大多数出版社的入选次数和入选图书数量
较低，小部分出版社入选次数和入选数量高。有 79% 的出版社入选图
书低于平均数，其中 84 家出版社仅有 1 种入选。21% 的出版社入选
图书高于平均数，共有 44 家。

入选图书数量最多的十家出版社中，中信出版集团以 69 种排名
第一，其次是广西师范大学出版社和三联书店，分别入选 59 种，之后
依次为北京大学出版社、中华书局、商务印书馆、北京联合出版公司、
湖南科学技术出版社、社会科学文献出版社和新星出版社（表 3）。

表 3　入选图书数量名列前茅的出版社

序号	出版社名称	入选图书数量 / 种
1	中信出版集团股份有限公司	69
2	广西师范大学出版社	59
3	生活·读书·新知三联书店	59
4	北京大学出版社	39
5	中华书局	35
6	商务印书馆	33
7	北京联合出版公司	30
8	湖南科学技术出版社	21
9	社会科学文献出版社	21
10	新星出版社	21

截至第 19 届，每届入选出版社数量在 23—49 之间，结合当届的
入选图书数量，每届每个入选出版社入选图书 1.25—1.94 种。由于入选
图书数量是有限的，相对于快速增长的征集图书数量，每届入选出版
社的数量比较稳定。随着届次的累积，前 9 届每届新增 10—17 家出版
社，第 10 届开始，每届新增 3—10 家。新增出版社越来越少（图 1）。
七成以上的入选出版社在前 10 届就已经获得过文津图书奖的推荐。

统计 209 家出版社在前 19 届评选中的入选次数，结果显示，有
91 家出版社仅入选过 1 次，占出版社的 43.54%，持续参与并入选 2 次
及以上的出版社有 118 家，占 56.46%。在前 10 届就已入选的 150 家
出版社中，有 96 家入选 2 次及以上，约占 64%。150 家出版社中有 76
家出版社在后 9 届也有图书入选，即在前 10 届就入选的出版社中，大

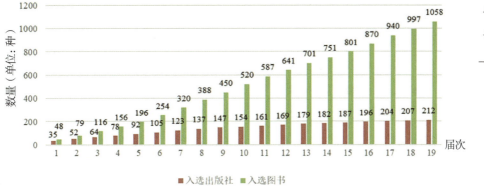

图 1　历届入选出版社和入选图书数量的累积增长情况

约一半在后 9 届也有图书入选。从第 11 届才开始入选的 59 家出版社中，有 22 家出版社入选 2 次及以上，约占 37.29%。入选总次数达到 10 次及以上的出版社不多，共有 15 家。其中生活·读书·新知三联书店 19 次全部入选，广西师范大学出版社和北京大学出版社有 18 次入选，入选图书排首位的中信出版集团有 16 次入选。　　　　.

　　总体上，在文津图书奖评选的前 10 届，出版社的参与度已经比较高，这些出版社的参与持续度也相对较高，说明比较认可文津图书奖。但是在出版社覆盖面不断扩大、参评图书连年增长的情况下，连续多次入选的出版社的比例还是很低的。第 10 届之后，入选出版社的数量增长变缓，文津图书奖对出版社的影响力似乎达到了相对饱和的状态。这种情况一方面说明文津图书奖多年来坚持推选大众精品的原则和一贯的评选标准；另一方面也可能是有些出版社的图书与文津图书奖的读者定位、专业难度、学术性水平等不匹配，从而限制了他们的参与。

三、联合评审单位的全国联动

　　参与联合评审的图书馆是文津图书奖推荐和评选环节的重要角色。从第 1 届文津图书奖就有多家图书馆提供可供参考的图书借阅数据参与联合评审，但从第 5 届组委会才开始正式对外公布联合评审单位数量[3]。至今已经持续了 15 届。从最初只有 7 家图书馆到第 19 届

136 家图书馆[①]，参与图书馆数量大幅增长。其中既有省市县各级公共图书馆，也包括各地大中专院校图书馆和企事业单位图书馆[②]。根据公开数据统计，目前已有 247 家图书馆参与过文津图书奖联合评审工作，其中公共图书馆 175 家，大中专院校图书馆 65 家，其他类型图书馆 7 家，地域覆盖 30 个省、自治区、直辖市[③]。

联合评审单位中公共图书馆参与度最高，占比 70.85%，这与国家图书馆在公共图书馆界的号召力有很大关系。但随着文津图书奖影响力逐步扩大，最近 3 届，大中专院校图书馆的参与度明显提升，分别占当届的 30.4%、19.8% 和 27.2%（图 2）。

根据文化和旅游部的公共图书馆评估定级名单，在 175 家公共图

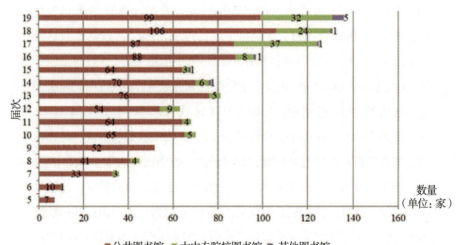

图 2　文津图书奖历届联合评审图书馆的类别

———————————

① 数据来自文津图书奖每年发布时的图册。第 9 届手册中广州图书馆重复标出，本文按去重后总数统计。

② 联合评审单位不统计国家图书馆，各公共图书馆定级依据《文化和旅游部关于公布第七次全国县级以上公共图书馆评估定级上等级馆名单》，名称也保持一致。

③ 少年儿童馆近年有合并入市馆的，按市馆统计，天津市少儿馆和天津市图书馆均参加第 7 届评审，除分届统计时按两家计算与当年的发布数据保持一致，其余统计均按合并处理。

书馆中，有一级图书馆 149 家，二级 19 家，三级 5 家。按行政级别分，有省级公共馆 32 家，副省级 14 家，地市级 88 家，直辖市下辖区 4 家，县级 37 家（表 4）。省级图书馆总数量是有限的，随着文津图书奖宣传推广的深入，地市级公共图书馆必将成为文津图书奖联合评审的主力。而调动更多的地市级、县级图书馆参与图书推荐评选，并开展文津图书奖联合推广，比如设置文津图书奖专架、开展主题阅读等宣传活动，一方面能扩大文津图书奖的关注度，另一方面也是促进阅读推广工作在基层图书馆深度开展的实践。

表 4　文津图书奖历届联合评审图书馆的行政级别
与公共图书馆定级级别

级别	省级 / 家	副省级 / 家	地市级 / 家	直辖市下辖区 / 家	县级 / 家	总计 / 家
一级	28	12	75	4	30	149
二级	4	1	10	0	4	19
三级	0	1	1	0	3	5
无评级	0	0	2	0	0	2
总计	32	14	88	4	37	175

联合评审图书馆参与度与所在地经济发展水平有一定关系。有 9 个省、自治区、直辖市的联合评审图书馆达到 10 家及以上，总数量约占全部联合评审图书馆的 57%。北京市最多，共有 26 家，其次是江苏省，24 家，安徽省和湖北省并列第三，各有 16 家。之后为广东省、四川省、浙江省、福建省和河北省。除北京和上海，其他地区联合评审图书馆都以公共图书馆为主，与总体的类别一致。北京市有 18 家院校图书馆和 4 家公共图书馆参与，或许是同在北京市，更多的院校图书馆方便获取相关通知和信息，从而表现出了较高的参与度。上海有 2 家院校图书馆和 1 家公共图书馆参与。京外共有 47 所院校图书馆参与，也体现出一定的参与意愿（表 5）。

表 5　全国各地区参与联合评审的图书馆数量

序号	省份	公共图书馆/家	大中专院校图书馆/家	其他图书馆/家	总计/家
1	北京	4	18	4	26
2	江苏	20	4	0	24
3	安徽	13	3	0	16
4	湖北	8	8	0	16
5	广东	13	0	1	14
6	四川	10	3	0	13
7	浙江	9	3	0	12
8	福建	8	2	0	10
9	河北	9	1	0	10
10	广西	7	2	0	9
11	河南	7	1	1	9
12	江西	8	0	0	8
13	辽宁	7	1	0	8
14	山东	6	2	0	8
15	黑龙江	3	4	0	7
16	湖南	5	2	0	7
17	山西	6	0	0	6
18	吉林	3	2	0	5
19	陕西	5	0	0	5
20	云南	3	2	0	5
21	甘肃	2	1	1	4
22	贵州	4	0	0	4
23	天津	2	2	0	4
24	重庆	3	1	0	4
25	内蒙古	3	0	0	3
26	上海	1	2	0	3
27	新疆	3	0	0	3
28	海南	1	1	0	2
29	宁夏	1	0	0	1
30	青海	1	0	0	1
总计		175	65	7	247

依据我国7个地理区域，华东地区的参与馆数量领先，总共有81家图书馆参与过文津图书奖联合评审，并且在最近5年中，参与馆数量保持快速增长。华北地区仅次于华东，有49家参与馆。华中和西南地区最近4届的参与单位数量明显增长。而西北地区历届参与单位的数量比较稳定，变化不大，并且参与联合评审的非公共图书馆仅有西北师范大学、中共甘肃省委党校（甘肃行政学院）图书和文化馆两家单位（图3）。

随着评奖年限增长，持续参与的省份越来越多，而持续参加联合评审的参与馆数量随届数增长而减少（图4）。有146家单位参与次数不超过3次，约占59.1%。但其中包含的82家公共图书馆中大部分自第16届开始参加；57家院校图书馆，大部分自第17届开始参加。这一点也说明最近几届评选活动吸引了更多院校图书馆参与，文津图书奖在公共图书馆的体系之外的影响力也有很大提升。

除上海和青海，有28个省份参加次数达8次以上，超过总次数的一半。其中北京市、广东省、吉林省、江苏省和四川省参加了全部15届的联合评审。安徽省、福建省、黑龙江省、湖北省、湖南省均参加过14次；广西壮族自治区、江西省、辽宁省、陕西省和重庆市参加过13次。

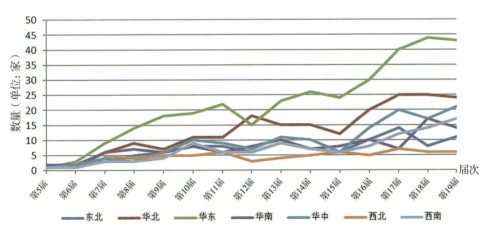

图3　7个地理区域联合评审单位的数量变化趋势

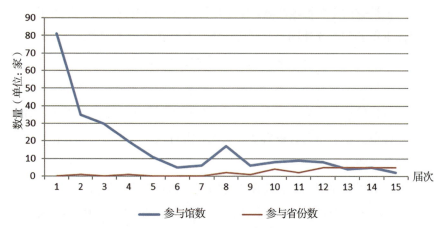

图 4　1—15 届联合评审单位及所在省份参加评审的次数分布情况

　　从参与次数上来看，参与过 10 次以上的共有 36 家，约占 14.6%（表 6）。首都图书馆和四川省图书馆都是参加了全部 15 届联合评审的单位，安徽省图书馆、福建省图书馆、东莞图书馆、广东省立中山图书馆和黑龙江省图书馆参加过 14 次联合评审，另外，宁夏回族自治区图书馆是该地区唯一的参与单位，自第 7 届起，至今已参加过 10 次。在这 36 家单位中北京工业大学耿丹学院图书馆和清华大学图书馆 2 家是院校图书馆，其余均为公共图书馆。这些单位对于文津图书奖已经形成了比较高的认可度，未来持续参与的可能性依然很高。

表 6　参加 10 次以上联合评审的单位

序号	联合评审单位	参与次数	序号	联合评审单位	参与次数
1	首都图书馆	15	7	黑龙江省图书馆	14
2	四川省图书馆	15	8	广西壮族自治区图书馆	13
3	安徽省图书馆	14	9	广西壮族自治区桂林图书馆	13
4	福建省图书馆	14	10	吉林省图书馆	13
5	东莞图书馆	14	11	重庆图书馆	13
6	广东省立中山图书馆	14	12	秦皇岛图书馆	12

序号	联合评审单位	参与次数	序号	联合评审单位	参与次数
13	石家庄市图书馆	12	25	扬州市图书馆	11
14	哈尔滨市图书馆	12	26	萍乡市图书馆	11
15	武汉图书馆	12	27	山东省图书馆	11
16	长沙市图书馆	12	28	新疆维吾尔自治区图书馆	11
17	长春图书馆	12	29	北京工业大学耿丹学院图书馆	10
18	辽宁省图书馆	12	30	清华大学图书馆	10
19	济南市图书馆	12	31	荆州市图书馆	10
20	北京市西城区图书馆（西城区第一图书馆）	11	32	武汉大学图书馆	10
21	厦门市图书馆	11	33	常州市图书馆	10
22	龙岩市上杭县图书馆	11	34	苏州市图书馆（苏州图书馆）	10
23	甘肃省图书馆	11	35	江西省图书馆	10
24	株洲市图书馆	11	36	宁夏回族自治区图书馆	10

总体上，文津图书奖联合评审图书馆覆盖地域广，但是西部地区个别省份参与馆的数量较低，未来可以加强在这些地区开展推广活动。公共图书馆参与的持续力、黏合度比较高，而院校图书馆参与时间较短，最近 3 届加入的院校图书馆快速增长，超过全部参与馆的三分之一。院校图书馆师生人数众多，可以代表很大一部分高学历高专业水平的读者群体，院校图书馆对于文津图书奖的认可和参与，对文津图书的推广将会起到很大的作用。

四、结论和启示

20 年来，文津图书奖秉持初心，不断探索创新，发挥促进作者、出版者和读者互动的桥梁和纽带作用，得到图书馆界、出版界和读者的认可。经过 19 届评选，在社会上收获了良好的声誉，参与荐书的出版社和联合评审图书馆都大幅增长，并且形成了持续的互动，引领着国家图书馆的阅读品牌建设。

自文津图书奖评选初期，出版社的关注度就比较高，持续参与的出版社不在少数。入选竞争虽然更加激烈，但总体上趋于稳定，入选次数、入选图书都比较高的出版社多是出版界的翘楚。表面看，文津图书奖对出版社的影响力似乎难以再有突破，这可能有出版定位的原因，也有评选制度的原因。但创作和出版是图书的源头，为了选出好书，这个问题值得进一步调研和探讨。

联合评审图书馆总体上形成全国联动的态势，广度上覆盖全国 30个省、自治区、直辖市，深度上涵盖了从省级到县区级公共图书馆。其影响力也延伸到公共文化服务领域之外，参与的大中专院校图书馆和其他单位图书馆在近几届明显增加。但公共图书馆的参与程度还存在较大地域差异，尤其是西北和东北地区，虽然有长期参与的省级馆做榜样，但还需继续带动市县馆的参与热情。

文津图书奖是面向公众的奖项，随着阅读需求的变化，文津图书奖一直在探索和改变，不管是扩大专家评审队伍，还是增加联合评审单位，建立审读员制度，甚至是增加了获奖图书数量，其目的都是为了将更多优质图书推荐给读者。全面分析文津图书奖对图书出版、图书馆馆藏建设的影响力，研究奖项的传播力和社会影响力，将为完善文津图书奖评选机制、创新阅读推广品牌建设提供参考。为此，在全国各级公共图书馆组成的基础阅读设施体系上，一方面应利用新技术手段，提高数字化阅读质量和水平，开展形式多样的无障碍推广活动；另一方面，可以利用全国图书馆联动的优势，加快获奖信息整合建库，实现资源共享、数据共享，开展合作研究，建立完善的评价体系，辅助推动引导、服务全民阅读工作。

参考文献

［1］ 文津图书奖简介［EB/OL］.［2024-09-24］.http://wenjin.nlc.cn/wjtsj/jianjie.

［2］ 孙婠，孟化.从"国家图书馆文津图书奖"看图书馆推动大众阅读新方式［J］.图书馆理论与实践，2014(4):47-49.

［3］ 潘常青.文津图书奖的发展及社科类获奖作品初探［J］.新闻

读，2023(10):7-10.

[4] 赵春辉.基于出版视角的国内好书榜书目分析及启示［J］.图书馆理论与实践，2017(4):39-43.

[5] 赵发珍，刘青华.图书馆科普阅读书目推荐：现状、模式与策略［J］.图书馆学研究，2020(2):93-101.

[6] 姚音.基于图书奖评选的公共图书馆采访创新研究［J］.新世纪图书馆，2016(9):36-40.

[7] 庄建，杨虚杰.摈弃小众读物 强调公众视觉［J］.国家图书馆学刊，2006(2): 88-89.

2005—2024 年文津图书奖获奖图书统计分析

张世怡

摘要： 本文通过采集 2005—2024 年共 19 届文津图书奖获奖图书的书目数据，对其进行出版情况、学科分布和读者评价等方面的统计分析。通过实证分析得到文津图书奖获奖图书的作品类型、作者分布、出版机构分布、学科主题范围以及读者评价分数等现实情况，验证历届文津图书奖获奖图书的含金量和评选规则的落实情况，由此引发对图书评选工作和出版工作的一系列思考和启示。

关键词： 文津图书奖；获奖图书；统计分析；书目数据

一、引言

文津图书奖是国家图书馆主办并联合全国图书馆界共同参与的公益性优秀图书推荐活动。作为全民阅读的重要品牌，文津图书奖旨在评选出引导大众阅读的优秀图书、汇聚传递正能量、弘扬优秀传统文化、推动全民阅读[1]。开展图书评选活动则更能有效地筛选图书，选择出经典、精品图书，编制导读书目，以多种形式向读者推荐，引导读者进行深度阅读[2]。自 2005 年公布第 1 届评选以来，文津图书奖已经成功举办 19 届，评选出获奖图书两百余种，提名（推荐）图书八百余种，社会影响力不断扩大[3]。

二、文津图书奖获奖图书统计分析

（一）数据检索

依据文津图书奖官网发布的 2005—2024 年历届获奖的 231 种获奖图书名单为数据检索依据，分别对 19 届文津图书奖获奖图书的题名信息、出版信息和作者信息等数据进行采集。本文通过在国家图书馆联机公共目录中，根据获奖图书的 ISBN 对其主题词和分类情况进行统计，并结合豆瓣网中豆瓣读书模块的读者评分情况开展实证分析。

（二）本土作品与译著统计分析

在 231 种获奖图书中，本土作品数量为共 165 种，译著为 66 种，译著占比约 29%。译著的来源国家主要为美国、英国和日本。其中历届获奖图书本土作品与译著情况如表 1 所示：

表 1　历届文津图书奖获奖图书本土作品与译著情况

届次	本土作品 / 种	译著作品 / 种	本土比例 /%	译著比例 /%
第 1 届	6	3	66.67%	33.33%
第 2 届	6	4	60.00%	40.00%
第 3 届	7	3	70.00%	30.00%
第 4 届	6	4	60.00%	40.00%
第 5 届	7	3	70.00%	30.00%
第 6 届	7	3	70.00%	30.00%
第 7 届	8	2	80.00%	20.00%
第 8 届	6	4	60.00%	40.00%
第 9 届	6	4	60.00%	40.00%
第 10 届	5	5	50.00%	50.00%
第 11 届	8	2	80.00%	20.00%
第 12 届	9	1	90.00%	10.00%
第 13 届	7	2	77.78%	22.22%
第 14 届	7	3	70.00%	30.00%
第 15 届	12	3	80.00%	20.00%
第 16 届	15	5	75.00%	25.00%
第 17 届	14	5	73.68%	26.32%
第 18 届	14	5	73.68%	26.32%
第 19 届	16	4	80.00%	20.00%

文津图书奖为鼓励原创，设定了翻译作品的入选比例[4]。从历届获奖图书情况看，本土作品的比例一直都保持在50%以上，除了第10届以外，译著所占比例均低于50%。65种译著作品共涉及14个国家，其中美国、英国和日本所占比例最高，远高于其他国家，其他原著国分别为：澳大利亚、巴拿马、德国、法国、荷兰、加拿大、挪威、葡萄牙、西班牙、以色列、奥地利。对本土原创作品和译著作品的比较分析可以看出，自然科学领域的译著较受读者的认可和关注。在评选某一主题下的图书时，应了解本土原创作品和译著作品的异同，在此基础上提升本土作品的竞争力。

（三）作者分析

根据本文的数据统计，历届文津图书奖获奖图书的作者中本土作品的作者共有158位，译著作品的原著者均为国外作家。大部分作者或译者仅有一种作品入选。其中有2种以上获奖作品的本土作者有袁行霈、何怀宏、韩昇、李零和科学松鼠会。在译著作品中，原著者均为不同作者且仅有唯一作品荣获奖项。

（四）出版机构分析

文津图书奖对获奖图书的数量有限定[2]。根据本文开展的历届获奖图书的统计结果，排名在前三位的出版机构分别是：北京大学出版社、广西师范大学出版社和生活·读书·新知三联书店。如果按照获奖届数排名，广西师范大学出版社和生活·读书·新知三联书店则超过了北京大学出版社的获奖届数。其他出版机构的获奖情况如表2所示。

表2 历届文津图书奖获奖图书数量排名前十位的出版机构分布

排名	出版社	获奖数量/种	本土作品/种	译著作品/种	获奖届数	单次入选最高数量/种
1	北京大学出版社	12	8	4	8	2
2	广西师范大学出版社	10	8	2	9	2
3	生活·读书·新知三联书店	9	9	0	9	2
4	中华书局	7	7	0	5	2

排名	出版社	获奖数量/种	本土作品/种	译著作品/种	获奖届数	单次入选最高数量/种
5	商务印书馆	7	6	1	7	1
6	三联书店	7	7	0	5	2
7	中信出版社	6	2	4	6	1
8	北京联合出版公司	6	2	4	4	2
9	湖南科学技术出版社	5	2	3	5	1
10	浙江少年儿童出版社	4	4	0	4	1

从统计数据的结果可以看出，获奖图书的出版机构涉及 104 个，大部分的出版机构其获奖图书数量仅为 1 种。出版机构的分布并未呈现出过度集中的现象。也表明了各出版机构的出版实力不同。在单次入选的获奖数量上看，出版社则呈现出一定程度的集中，其中北京大学出版社、广西师范大学出版社、生活·读书·新知三联书店、中华书局和北京联合出版公司的单次获奖作品都在 2 种，其余出版社的单次获奖作品均在 1 种。

（五）学科类别和主题分析

根据在国家图书馆联合目录中获取的历届文津图书奖获奖图书的学科分类和主题类别进行分类统计，可以得到以下结果。

1. 学科分析

2005—2024 年间文津图书奖的获奖图书几乎覆盖了中图分类法中的所有类别，表明了获奖图书的评选范围比较全面，其中按照获奖图书数量进行分类统计，排名较为靠前的学科为：文学、历史、政治、地球科学、自然科学、教育、数理科学、生物科学、医药、卫生和哲学类。具体分布情况如图 1 所示。

2. 主题分析

文津图书奖获奖图书的涉猎主题较为广泛，对历届获奖图书的主题进行统计分析，可以看到排在前十位的主题词分别为：儿童小说、图画故事、自然科学、儿童故事、文化史、随笔、报告文学、自然科

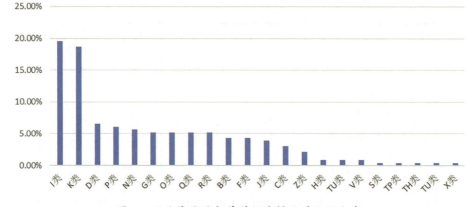

图 1　历届获奖图书学科领域排名前十位分布

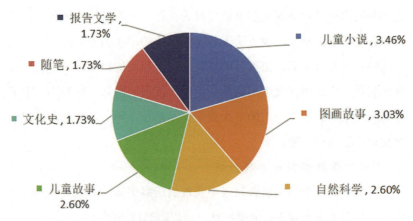

图 2　历届获奖图书排名前十位主题的图书数量分布

学史、宇宙和物理学。排名在前十位主题的获奖图书数量所占比例如图 2 所示。

　　从获奖图书的主题分布情况可以看出，文津图书奖更加重视与儿童题材相关的出版图书。进一步对儿童主题的获奖作品进行挖掘，儿童小说主题词之下的《雄狮少女》《琴声飞过旷野》《树孩》《雪山上的达娃》《小满》《风雷顶》《砂粒与星尘》《我的，我的》几种获奖图书主要集中在第 15 至 19 届之中，且全部为本土原创作品。而在自然科学主题下的《科学是怎样败给迷信的：美国的科学与卫生普及》《去野外》《实验室的秘密》《万物简史》和《游戏中的科学》5 本获奖图书均为译著，仅有《当彩色的声音尝起来是甜的》是本土原创作品，可以看出在自然科学主题下的图书多以翻译国外作品为主。表 3 梳理了各主题词下本土原创作品与译著作品的分布情况及历届获奖届次情况。

表 3　排名前十位主题词分布情况

排序	主题词	本土原创数量/种	译著数量/种	获奖届次
1	儿童小说	8	0	15、16、17、18、19
2	图画故事	5	2	8、12、14、15、16、18
3	自然科学	1	5	1、2、3、5、12、19
4	儿童故事	4	2	9、17、19
5	文化史	4	0	3、5、8、18
6	随笔	4	0	2、4、9
7	报告文学	4	0	1、9、17、18
8	自然科学史	2	1	5、15
9	宇宙	1	1	7、11、18
10	物理学	2	1	10、15、16

（六）读者评分统计

文津图书奖强调公众视角，力推大众精品，其评选也偏向于更有公众阅读意义的作品，非常重视图书的可读性和普及性[4]。通过在豆瓣读书评分中统计历届文津图书奖获奖图书的评分，可以更加客观地得到读者对各种图书的认可度和满意度。通过数据分析，231 种获奖图书的得分在 5.7—9.8 之间。其中有部分获奖图书由于评价人数不足未能获取评价分数，可获取评价分数的图书为 214 种。获奖图书的评价分数均值为 8.3，均值以上的图书共 112 种，占比 52.34%。若按照本土作品与译著作品两种类型进行统计，本土作品 150 种，得分在 8.3 以上的图书 75 种，占比为 50%；译著作品 64 种，其中在 8.3 以上的图书 37 种，占比 57.81%。统计结果表明，文津图书奖获奖图书受到读者的认可度较高。评分体现了读者的主观感受，热度高的书不一定都得高分，得分高的书也不一定受到足够关注。随着评分人数持

315

续增加，得分也在动态变化。本文结合热门学科主题所涉及的代表性获奖图书进行梳理，根据读者评分高低进行排序，得到各学科主题的代表性图书情况列表。

表 4　历届获奖图书代表性图书分布表

图书类别	占比	代表性获奖图书
I 类	19.57%	《我说话像河流》《每个人都重要》《寻路中国，从乡村到工厂的自驾之旅》
K 类	18.70%	《苏轼十讲》《沈从文的后半生：一九四八——一九八八》《写给儿童的中国历史》
D 类	6.52%	《置身事内：中国政府与经济发展》《"中间地带"的革命：国际大背景下看中共成功之道》《批评官员的尺度》《纽约时报诉警察局长沙利文案》
P 类	6.09%	《地球上遗失的风景》《群星的法则：普林斯顿天文学家的宇宙通识课》《星空帝国》
N 类	5.65%	《播火录》《游戏中的科学》《天工开物：给孩子的中国古代科技百科全书》
G 类	5.22%	《是什么带来力量：乡村儿童的教育》《书于竹帛：中国古代的文字记录（六十周年纪念版）》《信息简史》
O 类	5.22%	《计算》《万物运转的秘密：给青少年的物理世界入门书》《上帝掷骰子吗》
Q 类	5.22%	《基因组人种自传 23 章》《我的野生动物朋友》《动物去哪里》
R 类	5.22%	《命悬一线，我不放手：ICU 生死录》《癌症·真相：医生也在读》《消失的微生物》
B 类	4.35%	《爱的历史》《哲学起步》《老子绎读》

三、对图书评选及出版工作的思考与启示

文津图书奖获奖图书的质量较高，从前面章节的数据分析中可以看出，其创作主题较为丰富，所涉及的学科领域也十分全面，读者评分普遍较高。本土原创作品对于儿童文学较为偏爱，该主题之下的获奖图书所占比例较高。另外，历届评委对于译著作品的比例把控也较为精准，其中自然科学领域的译著作品占比较大。由于文津图书奖对于获奖图书的数量有着明确要求，可以空缺，所以获奖作品仅仅是我国出版图书中的一小部分，但是其折射出的对于出版图书的关注倾向

和评选流程是值得借鉴的。通过对文津图书奖获奖图书的分析，笔者对图书评选和图书出版相关工作有了一些思考，并得到了一些启示。

（一）开展参评图书的主题统计

从第7届开始，文津图书奖分社科、科普和少儿三大类进行评选[1]。除中图分类法中的A类（马克思主义、列宁主义、毛泽东思想、邓小平理论）明确不予参评以外，E类（军事）图书没有获得过该奖项。随着越来越多的学科领域的融合，在某一类别下的出版图书也面临着难以划分领域和学科的问题。因此在开展图书评选中，可以先根据出版图书的主题开展统计，再根据其创作形式和内容特点进行该主题下各类图书的评选，进而提高评选工作的效率，也可以避免重复主题之下的图书过度集中的现象。

（二）积极构建读者评价体系

通过浏览文津图书奖官网上发布的各类获奖图书书评，可以了解到每本获奖图书的简要介绍，然而缺少对于该图书的其他反馈功能和读者互动模块。图书关注指标能够反映图书的社会影响力[5]，作为国内最大的阅读分享网站，豆瓣读书拥有较高的用户活跃度与知名度[6]，也有研究表明图书评论可以反馈图书更广泛的影响[7]。因此，可以增加其官网平台上的读者评价功能以及打分功能，使得用户可以实时开展对相关图书的评价和交流，还可以为未来的评选提供参考。其次，对于评价等级的多层指标，可以进行全面画像，应用于各类别图书的评选流程。

（三）对获奖作品进行推广

文津图书奖曾被授予"全民阅读活动优秀项目奖"[8]。对获奖作品应拓宽宣传推广的渠道，除了在官方媒体上进行报道之外，还可以借助阅读推广或公众号等方式进行传播，拓宽读者的信息接收渠道，加大对获奖图书的宣传力度，扩大获奖图书的影响。另外，笔者通过浏览京东、淘宝和当当网等网站发现，获奖图书的相关信息并未在网站中体现，购买者并不能从购书网站中获取该图书的获奖情况，因此，对于获奖图书获奖情况的描述性字段应考虑加入图书目录的对应字段中。

四、小结

王蒙先生在给文津图书奖的寄语中曾写道，“人生还会有许多困惑、许多悖论、许多一时看不清说不明左右为难进退失据之处。……当你面临选择的痛苦的时候，你可以更有把握地去学习，用读书、实践和思想抚慰你的焦虑，缓解你的痛苦，启迪你的智慧，寻找你的答案”。开展图书评选活动则更能有效地筛选图书，选择出经典、精品图书，编制导读书目，以多种形式向读者推荐，引导读者进行深度阅读[9-10]。

文津图书奖已历经19个年头，纵观这19年来的评选之路，文津图书奖的图书评选始终坚持和围绕“为人找书、为书找人”的方针，遴选出一批口碑与市场俱佳的好书，也为将来的图书评选工作带来了很多启示。对于今后的图书评选和图书出版工作，我们需要根据读者个性化的阅读需求，开展更为贴合读者需求的出版工作，并为下一届文津图书奖提供更多的优质图书。

参考文献

[1] 潘常青.文津图书奖的发展及社科类获奖作品初探[J].新阅读，2023(10):7-10.

[2] 孙婠，孟化.从“国家图书馆文津图书奖”看图书馆推动大众阅读新方式[J].图书馆理论与实践，2014(4):47-49.

[3] 徐冰冰，马强.“文津图书奖”科普类图书书目分析及启示[J].科普创作评论，2022,2(2):16-23,52.

[4] 庄建，杨虚杰.摈弃小众读物强调公众视觉[J].国家图书馆学刊，2006(2)：88-89.

[5] 朱世琴，邱悦，陈红英.融入评论指标的中文图书综合评价体系适应性研究[J].图书情报工作，2021,65(9):23-31.

[6] 李明，李江，陈铭，等.中文学术图书引文量与Altmetrics指标探索性分析及其启示[J].情报学报，2019,38(6):557-567.

[7] KOUSHA K，THELWALL M，ABDOLI M. Goodreads reviews to assess the wider impacts of books [J].Journal of the Association for

Information Science & Technology，2017,68(8):2004-2016．

［8］ 刘颖.图书馆阅读推广品牌化运作研究—以国家图书馆"文津图书奖"为例［J］.兰台内外，2020(11):53-54.

［9］ 李劲.论浅阅读时代图书馆对大众阅读的深度引导［J］.图书馆学研究，2008（4）: 79-81.

［10］吕俊平.图书评奖对大众阅读的促进—以奎虚图书奖为例［J］.山东图书馆学刊，2018(3):70-74.

项目管理视角下的文津图书奖

摘要： 项目管理模式有助于图书馆策划、实施和评估阅读推广项目。图书馆采用科学化、规范化的项目管理方法和工具，调节资源分配，明确项目目标，将有效提升阅读推广活动的有效性。文津图书奖作为知名的阅读推广品牌，在评奖机制、团队组织、流程设计和资源分配等方面不断优化，形成了较为成熟的项目管理机制。本文将从项目管理视角探讨文津图书奖的组织管理，并详细描述奖项在组织结构、目标管理和管理规范等方面的相关情况。

关键词： 项目管理；文津图书奖；阅读推广

文津图书奖是国家图书馆主办并联合全国图书馆界共同参与的图书奖项，多年来，通过其公开、公平、公正的评奖机制以及丰富多彩的推广活动，在作者、出版者和读者心中树立了良好的品牌形象。包括图书评选在内，相关的发布仪式、全国巡展、讲座沙龙和其他推广活动共同形成了体系化的品牌矩阵。文津图书奖不仅是公益性图书奖项，更是由图书馆主办的大型阅读推广项目，经过多年探索，奖项逐渐摸索出适合项目自身发展的管理模式。

一、阅读推广采用项目管理的必要性

随着全民阅读政策不断深化，阅读推广成为公共图书馆核心业务之一。越来越多的图书馆将资源、渠道向活动化业务内容上倾斜，各式各样的阅读推广活动层出不穷。然而，目前国内图书馆的阅读推广活动仍面临挑战，如理论指导有分歧，长效机制不健全，活动前后缺乏有效性验证[1]，人力不足且资源分散[2]等，这些问题影响了公共图书馆就阅读推广活动进行合理的资源配置。阅读推广除了在内容与形式上不断创新，在资金支持、人员组织和资源调用上，采用科学的管理方法也同样重要。

（一）项目管理的研究思路

20世纪70年代，R.D. Stueart等学者首次提出图书馆也应使用科学管理方法[3]，之后项目管理模式逐步应用于公共图书馆的各项业务中，如数字图书馆服务、业务重组、资源建设等。信息化时代，图书馆业务方向也在发生变化，如读者数量增长、与社会机构合作、互联网业务诞生等，使图书馆跨区域、跨领域调配资源的需求不断提高，采用结构化方法规划和控制项目，是取得成功的核心[4]。Kinkus指出："技术的进步似乎为图书馆的项目式工作带来了更多机会，由于项目需要多个部门的专业知识，其复杂性导致对现代图书馆员项目管理技能的要求增加"[5]。图书馆业务活动化的趋势，要求其管理者和馆员都应具备项目管理的相关知识。

国外图书馆项目管理研究起步较早，主要集中在理论研究、实施方法以及管理系统开发等方面。由于项目管理的讨论常出现在大型图书馆项目中，Burich等人指出，正式的项目流程对于需要跨机构合作的项目而言很重要，因为正式流程有助于"划定各方责任，制定共同商定的时间表，弥合不同组织之间的文化差距"[6]。对于项目管理实施的方法，Marill和Lesher总结了五个流程：启动、计划、执行、监控和收尾[7]。同时，如果图书馆在项目的计划、预期、范围、时间、成本和质量等要素上采用科学的管理方法，将获得较大收益[8]。Anzalone[9]在此基础上增加了项目管理生命周期的概念，同时论述了常见的项目管理工具和技术，例如时间规划、软件和验收程序等。这些理论的发展给国内的图书馆项目管理带来了很好的启发。

国内图书馆则更关注项目管理的实践应用。例如，佛山市图书馆率先实行项目立馆，将项目管理纳入图书馆管理方式中，在诸多项目中，阅读推广项目占比51%[10]。广州图书馆将项目管理模式引入阅读推广品牌，解决了合作方参与程度不足、制度建设不规范、缺乏监管等问题[11]。吉林大学图书馆通过项目精细化管理，以期对高校阅读推广项目的目标、职责、进度和效果进行细致规划[12]。上海青浦区图书馆创新尝试阅读推广项目化团队管理，通过矩阵管理、绩效评估、多层面激励等策略，培养出适应科学化管理模式的人才队伍[13]。在诸多实践案例中，学者们着重强调了项目管理对阅读推广活动的帮助，包括强化统筹、细化流程、和社会力量建立起项目合作路径等。这些成果不仅指导了公共图书馆和高校图书馆的活动规划，也对管理模式的创新提供了经验与建议。

（二）阅读推广项目管理的理论支持

在《项目管理知识体系指南》①中，项目管理被定义为"将知识、技能、工具与技术应用于项目活动，以满足项目的需求……指导项目工作以交付预期成果"，项目定义为"为创造独特的产品、服务或结果而进行的临时性工作"[14]。这限定了项目的特性，即时间、资源限定内的事件。因此，项目管理视角下的阅读推广活动应区别于其他传统图书馆业务。阅读推广不应是节日化的、仅注重现象的突发活动，也不是长期进行的常规业务，而是有明确的活动目标，固定的起始时间，在有限的资源和范围内、具有可重复性和有效性的活动。

潘俊彤和范并思[15]建议，阅读推广应构建全过程项目管理模式，并执行总项目和子项目两个管理层级。这需要管理层在宏观上对阅读推广进行顶层设计，整体统筹规划进度和资源，使活动由自发管理转变为自觉管理，以增强阅读推广活动的有效性[16]。

在这一基础上，李鹏建立了阅读推广管理理论框架，希望以此为阅读推广的项目管理提供工作指南。框架包括管理要素与管理流程两个部分，具体来说，管理要素包括组织、目标、规范、风险和沟通管理；管理流程包括启动、实施和收尾阶段。他认为："管理要素贯穿于

_____

① Project Management Body of Knowledge（简称 PMBOK），是美国项目管理协会（Project Management Institute）出版的关于项目管理知识体系的简要概述，2021 年出版了第 7 版。

管理流程的每个环节，对实践起理论指导作用；管理流程遵循要素原则进行实践操作，使管理要素在工作过程中具化、实现。"[17]此外，对相关人才的技能培训，以及管理文档的规范化，也是理论实践的重点。

二、文津图书奖评选流程的项目管理实践

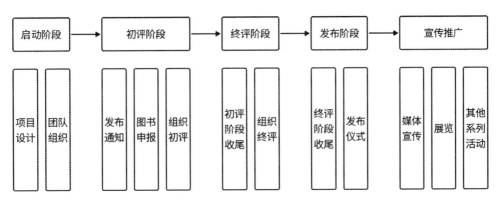

图 1　文津图书奖项目总流程

　　文津图书奖设立于 2004 年，是国家图书馆主办并联合全国图书馆界共同参与的公益性图书奖项。设立之初，奖项即确立了服务全民阅读的宗旨，以促进作者、出版者和读者之间良性互动为自身使命。在这个理念指导下，陆续创立了各类子项目，如"M 地铁·图书馆""文津读书沙龙""文津系列阅读推广活动进校园""文津好书"等，逐渐打造出一个立体、多元的阅读推广品牌，展现了图书馆在公共文化服务体系建设中的示范作用。

　　二十年来，文津图书奖经过实践与探索，形成了较为成熟的项目管理体系。在启动、初评、终评、发布和推广等环节，均有精细化的阶段性策略和对应的资源配置。不同的项目干系人涉及馆内多个部门，与各地图书馆和社会机构也广泛合作。同时，为推进品牌化建设，奖项仍在不断优化组织和推广模式，使其适应时代的发展变化。这些优化具体包括：完善顶层项目设计、组织结构调整、阶段性目标管理、文档规范管理和多方合作机制等等。通过提升管理要素和流程，使文津图书奖评选更加科学化、规范化。流程上分为以

下几个阶段：

（一）启动阶段：全面的顶层设计

文津图书奖每年 11 月启动，在这一阶段，项目经历顶层设计、评估、团队组建等过程。首先，由组委会秘书处召集青年馆员成立工作小组。工作小组成员以头脑风暴的形式，依据当年的读者需求、出版情况，提出下一年度评选的各阶段目标，收集后由项目负责人进行可行性分析。在分析时，负责人会考虑评选所涉及的部门、人力资源、财务预算、宣传渠道等等因素。之后，形成初步的项目设计书，提交馆领导审批。如项目设计被认为符合图书馆整体发展布局时，即可进行相应的资源调配，明确各部门具体的职责和分工。如招募不同专业的学科馆员，联络出版社、图书馆和评委，与第三方公司签订合作协议等。此时，项目各阶段的目标、时间线和监督方式也会相应确立。

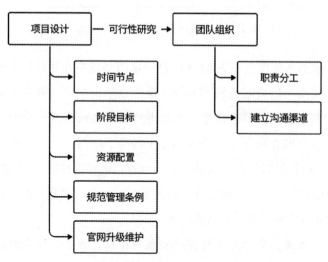

图 2　启动阶段管理流程

（二）初评阶段：高效的沟通管理

初评阶段在每年的 1 月至 2 月进行，评委和工作人员需要处理大量的图书信息，因此对团队的组织和沟通是一个考验。工作人员需组织初评评委前往阅览室阅读参评图书，并保持与对应评委的沟通。不同的评委会在不同时间段开展阅读工作，因此工作小组采用"专人对

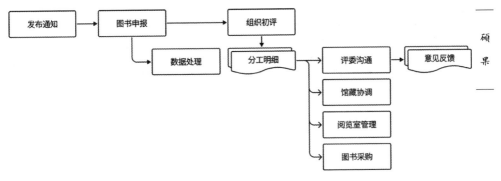

图 3　初评阶段管理流程

应"的方式,保证阅览时间的均衡。

这一阶段的工作成果将影响下一阶段的评选工作,所以保证项目进度是核心。在规划项目时,进行了"任务拆解",任务细化到每个工作人员,并且共享分工明细,管理者通过文档资料的收集情况来监督项目进度。这些规范化管理文档,包括评委阅览日志、评委意见反馈表、初评会会议记录等。对以上文件和表格的处理、阅览室图书和场地管理等工作,也设有专人负责。因为小组成员严格按照分工开展工作,有利于个人关注于工作细节,所以项目的阶段性目标往往可以高效地完成。

(三)终评阶段:规范文档数据

终评阶段在每年2月至3月进行,需要等待初评阶段收尾后启动。此时,工作人员会对上一阶段的规范性表格进行详细检查,确定工作的完成情况。之后,将初评结果告知终评评委,并协调图书阅读的工作。所有的沟通工作需要按照项目设计中对应的联络分工按时展开,和沟通对象确认的内容也被提前写入阶段目标中,如是否在规定时间内完成了阅读,是否提交了反馈意见,是否参加终评会议等。

终评阶段中规范管理、风险管理和沟通管理是重点关注的要素。由于评选接近尾声,所形成的文档、数据、图书信息会经过多次汇总或拆分,工作小组设计了统一的文档格式,有助于确保数据通用性。在涉及不同工作人员处理同一个数据时,常使用共享工作平台或软件,以保障数据处理的持续性、高效性。在风险管理方面,终评嘉宾可能会临时缺席,工作小组会对这类情况进行预估,对投票时所使用

325

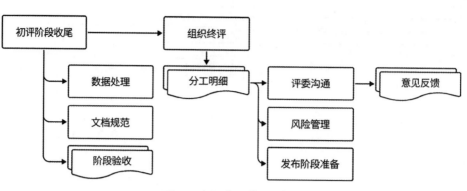

图 4　终评阶段管理流程

的系统、数据统计模型等预设相应的调整方案。

部分发布阶段的工作内容会和终评阶段的工作同时进行，例如评委联络，与第三方公司合作策划发布仪式等。工作小组和项目干系人的信息交流会采取不同的方式，如线上沟通、线下沟通、电话联系等。这些沟通渠道也是"专人对应"，要求所有工作人员收集的信息汇总到统一文档中，以便随时查看。

（四）发布阶段：严格的流程管理

文津图书奖在每年 4 月 23 日世界读书日前后发布评选结果。发布阶段类似于奖项的"子项目"，具有单独的项目生命周期。从全过程项目管理角度出发，发布阶段的管理要素在早期总项目设计中即有所体现。

发布阶段的主要工作集中于发布仪式，在终评阶段工作趋于尾声、子项目启动之前，由项目负责人召集青年馆员成立发布小组。发布小组的组织结构和评选小组有所不同，常为分散式，即相关人员、技术、资源分散在不同部门中，"子项目"周期结束后回归各自的工作岗位。

因此，活动监督的设计和活动流程的管理十分重要。发布小组采取"总监机制"，由馆领导、部门领导、项目负责人等组成，通过部署的形式实施对项目内外的资源调配，协调不同岗位之间的关系，并进行动态监督。同时，在子项目启动阶段，发布小组会明确时间目标（常优先于具体的工作内容安排）和精细化的人力资源安排，确保不同专业能力和业务素养的人和工作岗位匹配。从嘉宾联络、舞台设计、

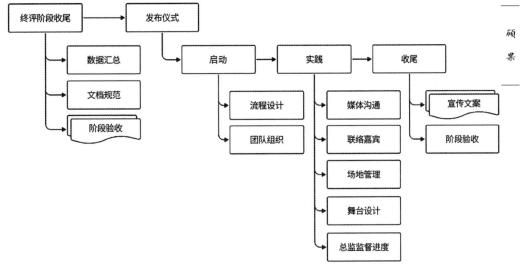

图 5　发布阶段管理流程

场地协调，到与项目干系人如馆内相关部门、社会机构或组织、媒体等沟通，工作人员严格遵循流程设计，逐步构建起一整台"发布仪式"。

（五）宣传推广：子项目嵌入总项目

文津图书奖不仅将项目管理模式应用于评选流程，也应用于相关的"文津读书沙龙""获奖图书巡展"等阅读推广子项目之中。专门的项目管理团队"阅读推广组"负责相关项目的策划、实施、运营和评估。

以"获奖图书专题展览"为例，每年在发布仪式之后，工作小组将文津图书奖评选出的当届优秀图书以展览的形式向公众推广。各地图书馆或文化机构可以通过官网平台，免费下载、转载相关资源，形成"线上线下联合巡展"的推广模式。在项目设计阶段，展览的主题框架、内容收集、图像设计、时间安排和成本经费即以文档的形式确定，经过可行性研究验证，有效避免推广选题不佳、时间分配不均的问题。此外，由于展览项目周期较长，工作小组与中国图书馆学会合作，通过专人与各地图书馆、文化机构保持联系，确保项目周期同步。其中，共享数据的管理平台（文津图书奖官方网站）是跨区域合作的关键，联合推广的图书馆可通过统一路径上传、下载数据，以及接收承办证明。在这些工具的支持下，文津图书奖展览成为总项目下

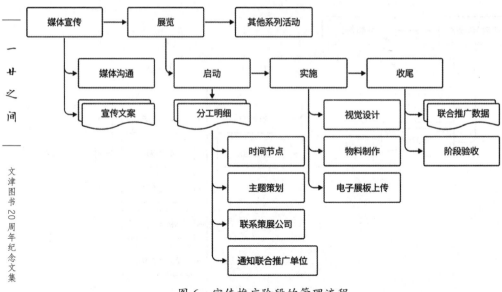

图 6　宣传推广阶段的管理流程

较为成熟的阅读推广子项目，第 19 届巡展活动共有 512 家图书馆参
与，线下参观人数逾百万人次。

　　在媒体融合背景下，文津图书奖积极拥抱新媒介，从线上、线下
多方位进行推广。如依托奖项打造的"文津读书沙龙"，邀请获奖图
书的作者、相关学者开设讲座、录制视频；邀请作者、学科馆员撰写
书评，在微信、微博平台发布"文津好书"栏目；与豆瓣网、QQ 阅
读、微信读书等平台合作，以好书共读为理念，举办各类线上活动；
与高校合作，以游戏化的方式吸引读者关注等等。这些宣传子项目，
有些是与评选、发布工作同步进行的，都依托"阅读推广组"的项目
管理模式，严格遵循管理要素和流程，明确分工，在有限的时间内最
大化资源的效力。

三、文津图书奖项目管理机制特点

（一）纵向—矩阵式组织管理模式

　　文津图书奖章程规定，评审工作由国家图书馆牵头成立的组委会
策划组织，聘请馆内外专家组成评审委员会，获奖及推荐图书通过社
会参与和专家评审相结合的方式产生。近五年来，参评图书数量不断
增加，组委会对评委队伍进行了扩充，包括提高总人数、扩大学科和

专业领域的覆盖范围。文津图书奖需要高效的组织和沟通机制，确保评委以习近平新时代中国特色社会主义思想为指导，从本专业出发，对图书的价值导向、学术质量、阅读普及性、出版质量等方面进行有效评估。

因此，奖项采取了纵向—矩阵相结合的团队组织模式，确保沟通渠道通畅、信息传递迅速。首先，文津图书奖设立了组委会秘书处，召集青年馆员作为工作人员参与各环节工作。同时，在图书馆层级和部门层级建立项目负责人，对评选阶段的完成质量进行把控。矩阵式管理模式则体现在不同的工作分组上：由于奖项分为社科、科普、少儿三个类别，因此工作小组也被划分为三个矩阵式"类别组"，多线并行评选程序。类别组主要负责与不同类别的评委联系，收集和处理相应资料，如申报、初评和终评阶段，评委需要多次反馈意见。是否按照规定提交意见，是否按时提交，是否有其他意见补充等，均需要由类别组的工作人员核实，用于后期评估。此外，在项目设计阶段，详尽制定各阶段的沟通目标、时间节点。在既定的时间范围内，鼓励工作人员按照不同类别组，发挥主观能动性，灵活协调与评委、专家的沟通工作，以适应不同评委的工作节奏。

在参评图书方面，除了出版社寄送的样书外，馆藏文献也是文津图书奖的特色之一。大规模的馆藏文献提取，需要跨部门合作。因此在团队组织和管理上，与其他部门的馆员建立联络机制尤为重要。评选启动阶段，由联络专员与负责对接的馆员协商，分享工作时间表，之后严格按照各自的工作流程执行。交接过程中，确保相应的交接、归还手续都依照统一的文档格式。这些举措使得大规模的图书交接成为可能，并在项目结束时可随时回溯。

这种纵向—矩阵结合的组织模式，明显提升了沟通管理和组织管理的效率。图书评选过程中的数据处理、信息传递，既有明确的程序，又适应项目干系人如评委、工作人员和其他部门专员的人性化需求。相应的模式也被应用于图书申报阶段，收获了来自出版社、各地图书馆的广泛认可。参与评选的出版社和参评图书数量逐年增加，如第19届文津图书奖收到有效参评图书2495种，参评出版社314家，联合评审单位 136 家，较第 15 届分别增长 55%、56% 和 50%。

（二）精细化的目标管理

在目标管理上，文津图书奖始终坚持精细化管理模式。由于项目流程复杂、涉及多方参与，所以有明确的阶段性目标非常重要。首先，项目的整体实施目标要在启动之初即充分讨论、确定，以此作为后续子项目的起点，指导财政资源、人力资源、文献资源的分配比例。

其次，精细化目标管理"将项目中每一个步骤的管理责任明确化，要求对项目过程中的每一个可交付成果进行验收，及时发现存在的问题并予以解决"[18]。由于文津图书奖的评选按阶段进行，每一个阶段的成果将影响下一个阶段的执行，因此各阶段还会进行细致的时间规划，并且将质量目标作为重要的参考标准。不同类型的文档和资料，由不同的工作人员具体负责收集，收尾时可供负责人监督、评估目标完成情况。

最后，文津图书奖对资源目标也进行了精细化管理。工作小组中的青年馆员，具备多元化的专业能力，并经过统一的培训，了解项目的整体目标和管理理念，会使用管理工具如规范文档和系统平台，能够独立控制进度和节奏。此外，对资金的控制也力求精细化。文津图书奖是公益性图书奖项，可调配的资金有限，因此工作小组设有专员对预算的使用严格把控，各阶段按照任务内容分配资金。

（三）规范管理和平台

文津图书奖有多年组织评选的经验，因此十分看重规范化的文档管理。常用的文档涉及项目的组织、目标、沟通等管理要素：组织管理上，明确工作人员的职责及具体任务，有工作职责表、部门工作交接表、工作计划书等；目标管理上，有参评图书信息表、初评和终评书单、宣传推广文案等；沟通管理上，工作小组会共享沟通成果，使用统一格式的评委意见反馈表、沟通日志等。

为提升品牌公信力，适应激增的参评图书数量，奖项搭建了智能平台，也是项目管理和沟通平台。通过系统设定，参评图书信息、合作单位信息会以统一化的格式收集和存储。在"文津图书奖获奖图书巡展"等子项目中，工作人员通过平台发布通知，分享具体的时间规划，社会机构通过注册平台账号进行报名，有利于信息高效传播。

四、结语

文津图书奖创立以来，在评奖机制、团队组织、流程设计和资源分配等方面，经历了诸多变化。如今，作为全国知名的阅读推广项目，其管理模式已经由传统自发式转变为自觉式，项目干系人能够在项目启动、实践和收尾阶段充分发挥自己的主观能动性。通过成熟的项目管理机制，奖项在各个管理要素上均能做到精细化管理，目标完成度极高，这大大提升了阅读推广的品牌效益。

从项目管理视角看文津图书奖是有益的。奖项所建立的规范化、系统化的组织机制，是深化与拓展项目效益的保障，通过梳理文津图书奖的管理流程，识别其管理工具与技术，将有利于项目明确自身优势或不足，不断完善管理模式；也可以将理念应用在类似的阅读推广项目中，促进项目管理模式的创新和优化。

参考文献

[1] 王波.图书馆阅读推广亟待研究的若干问题[J].图书与情报，2011（5）:32-45.

[2] [13]张毅红.阅读推广项目化团队管理的理论应用与实现途径——以上海市青浦区"小青团@清阅朴读"为例[J].图书馆建设，2017（4）: 57-61.

[3] [15]潘俊彤，范并思.公共图书馆阅读推广全过程项目管理模式构建[J].图书馆工作与研究，2023（5）: 52-59.

[4] FERESHTEH AFSHARI,RICHARD JONES. Developing an integrated institutional repository at Imperial College London[J]. Program: electronic library and information systems,2007,41(4): 338-352.

[5] JANE KINKUS. Project management skills: A literature review and content analysis of librarian position announcements[J]. College &

Research Libraries,2007,68 (4): 352-363.

[6] NANCY BURICH,et al. Project management and institutional collaboration in libraries[J]. Technical Services Quarterly,2006, 24(1): 17-36.

[7] JENNIFER MARILL,MARCELLA LESHER. Mile high to ground level: Getting projects organized and completed[J]. The Serials Librarian,2007,52(3-4): 317-322.

[8] BRUCE MASSIS. Project management in the library[J]. New Library World,2010,111(11/12): 526-529.

[9] FILIPPA ANZALONE. Project management: A technique for coping with change[J]. Law Library Journal,2000,92(1): 53–70.

[10] 李欢.社会力量参与公共图书馆服务供给的项目驱动模式——佛山市图书馆项目立馆案例分析［J］.图书馆，2019(7):101-106.

[11] 邹也静.公共图书馆凝聚社会力量推广全民阅读的项目化模式研究———以"广州公益阅读"为例［J］.图书馆研究与工作，2020(6):72-77.

[12][18]杨阳.高校图书馆阅读推广项目精细化管理研究——以吉林大学图书馆"阅读·悦人心"项目为例［J］.图书馆研究与工作，2019(8):42-46.

[14] Project Management Institute. A guide to the project management body of knowledge (PMBOK Guide). 7th ed.[M]. Project Management Institute,2021.

[16] 范并思，王巧丽.阅读推广的管理自觉［J］.图书馆论坛，2015(10): 8-14.

[17] 李鹏.项目管理视角下图书馆阅读推广管理探究［J］.图书馆工作与研究，2021(2):68-75.

以文津图书奖为锚点：寻访中国
优秀出版物的转型轨迹与发展趋向

罗文杰　黄昊漪

摘要：本文以文津图书奖为研究锚点，采用文献分析与案例研究相结合的方法，系统考察2004—2024年间中国优秀出版物的转型轨迹。通过范式转型的理论框架，揭示其在价值叙事、文化互渗、个体表达、未来叙事等维度的演化规律，结合数字技术对出版行业业态的重构，探讨重大主题出版与多模态形态创新的协同发展路径。同时探索中国优秀出版物的数字化转型、形态创新与跨领域协同发展趋势以激发出版业创新活力，有力支撑文化繁荣发展，提升国家文化软实力提升，推动出版业与多产业融合，提升出版物质量与影响力，为文化事业与人类文明进步贡献力量。

关键词：文津图书奖；范式转型；数字出版；文化传播；价值叙事

一、引言

在知识经济兴盛之际，出版物成为知识传播、思想交流与文化传承的关键载体。中国新闻出版研究院发布的第21次全国国民阅读调查结果显示，2023年我国成年国民人均纸质图书阅读量为4.75本，略低于2022年的4.78本，但是人均每天读纸质书23.38分钟，比2022年的23.13分钟增加了0.25分钟，凸显纸质媒介的不可替代性[1]。这种阅读行为的矛盾性，恰巧映射出数字化转型期出版业面临的深层挑战。同时，我国深厚的文化底蕴也意味着优秀出版物对推动文化繁荣、提升国家软实力至关重要。

近年来，在中宣部印发《关于促进全民阅读工作的意见》背景下，文津图书奖作为我国图书领域的权威奖项，不仅反映出版行业的水平与创新能力，还引领着阅读风尚与文化追求。深入研究文津图书奖与优秀出版物的关系，对把握文化脉搏、提升软实力、促进文明进步具有重大意义，同时为多学科研究提供案例依据，有助于完善出版评价体系，推动行业可持续发展。

本文基于文津图书奖历届获奖和提名作品，追溯中国优秀出版物的发展历程，并展望其未来的发展趋势，旨在为出版行业发展提供新思路和实践建议。

二、范式转型：中国优秀出版物的内容传播新视角

随着历史的演进，中国优秀出版物在技术、时代主题、社会变迁等因素的影响下，经历了从载体、内容、思想和出版技术等方面的全方位演变（详见表1）。在当今多元技术、多重学科交流、多元文化碰撞的复杂背景下，范式转型这一系统性变革正逐渐取代传统的单一演变模式。

表1 我国历史上优秀出版物的内容、形式等的发展变化

时期	内容	形式	思想	出版技术
古代	祭祀、农事活动记录、政治制度、社会风俗、丰富的历史与文化、哲学等	甲骨文书、青铜器铭文、玉石文书、竹木简牍、帛书等	以儒家的仁礼德忠、道家的自然辩证、佛教的慈悲因果、法家法治观念为主	造纸术发明，雕版印刷术，卷轴装、经折装等传统装帧技术
近代（1840—1949）	西方思想文化传播、本土历史文化整理、文学创作与社会科学研究	传统线装书为主，出现平装书、杂志、报刊、宣传册、画报等多元形式	民主科学思想启蒙、爱国主义、社会改革与民族救亡	石印技术普及、铅印与活字印刷发展，中西融合的装帧设计

时期	内容	形式	思想	出版技术
现当代（1949—今）	社会现实题材、科技创新知识、传统文化传承、文学艺术创作、前沿思想探索	纸质书籍及其电子版、报刊杂志、音像制品、网络出版、数字媒体等多形态融合	弘扬核心价值观、人文精神关怀、科技创新理念、文化自信与时代创新	数字化排版与电子出版、高清晰印刷技术、数字版权管理与存储、智能辅助编辑系统

范式转型是指在某个领域中，基本的思维模式、理论框架、实践方法等从一种被广泛接受的状态向另一种全新状态进行根本性的转变。在中国出版物的演变历史中，范式转型十分显著。2024 年文津图书奖的获奖和提名书籍所具有的多样化特性，为今后优秀出版物的发展提供了良好的范式角度。

（一）价值模铸：价值观叙事转向

党的二十大首次提出中国式现代化，为文化发展赋予了新使命。纵观我国优秀出版物的发展现状，它们展现出对知识传承与创新的高度重视，这种重视不仅丰富了中国式现代化的文化内涵，更为其精神文明建设与文化发展的有机融合提供了滋养，有力地推动了现代化进程。

文津图书奖作为公益性优秀图书奖项，其评选标准中强调能够传播知识、陶冶情操，提高公众思想道德素质与科学人文素养的普及性图书[2]。这些作品囊括了经济、教育、社会、法律、民生等多个方面，反映了我国出版物在价值观叙事上对社会现实的深刻关注和积极回应。例如，《寻找缭绫：白居易〈缭绫〉诗与唐代丝绸》《四时之外》《从封建到大一统：〈史记〉中的历史中国》等作品，通过深入挖掘历史和文化，以小见大，展现了社会变迁和发展。在中国式现代化的背景下，这些作品不仅关注了社会现实，还通过讲述中国故事，传承中华文化，弘扬了民族精神和时代精神，为推动中国式现代化进程提供了有力的文化支撑。

在中国式现代化进程中，我国的出版物任重道远。它承担着文化传承与传播使命，扎根中华文化的精髓。同时，也肩负知识传播与人才培养的重任，并记录时代变迁，促进社会反思与进步。

（二）文化互渗：跨文化叙事转向

在 2018 年 8 月 21 日召开的全国宣传思想工作会议上，习近平总书记强调了要讲好中国故事、传播好中国声音，向世界展现一个真实、立体、全面的中国形象，进而提升国家的文化软实力和中华文化的影响力。然而，长期以来，我国的传统古籍或地方性特色出版物等多聚焦于我国独特的文化视角和传承框架[3]，较少直接针对跨文化交流。面对全球化趋势，我们需要积极跳出原有的纵深式文化视角，深入挖掘不同文化间的传播叙事模型，通过强调中外文化的共性，促进文化的相互认可与交流，从而更有效地传递中国声音，展现中国文化魅力。

在第 19 届文津图书奖提名书籍中，以《大地中国》为例，其采用中国本土的"我"视角深入探究我国与周边国家和地区的历史与文化交流。作者通过考古发现与历史文献的相互印证，清晰地展现了水稻在不同国家和地区的驯化过程与传播路径，并通过对不同文化背景下水稻种植技术的比较，使读者能够清晰察觉文化间的差异，体会文化的独特性，从而有效消除刻板文化认知，促进不同文化群体之间的相互理解与尊重，为构建共融共生的全球文化生态奠定了基础。

在文化交流与历史认知方面，跨文化叙事转向为重新审视历史进程中的文化互动提供了新的视域。如《潮汐图》凭借"他"视角，作者聚焦大航海时代葡萄牙使者的跨文化旅程，生动展现出东西方文明在特定历史时期的交汇和相互影响，使那些被尘封于历史长河中的文化交流细节得以重现，让人们能够以更加立体交融的方式认识历史，理解不同文化的演变发展，进而丰富全球视域下的文化认知体系。

以《大地中国》为代表的"我"视角跨文化探索文化交流，以及以《潮汐图》为代表的"他"视角跨文化寻访文化弥合，不仅是一次跨文化交融与文化体系的革新，同时也为"讲好中国故事"的语境下我国优秀出版物的跨文化传播与发展提供了参照系[4]。

（三）个体靶向：社会观叙事转向

在我国优秀出版物中，宏大叙事是一种重要的叙事方式，它关注社会、时代、国家、民族等重大主题，弘扬理想主义、集体主义等主流价值。但宏大叙事也存在包括人物塑造的扁平化、情节的模式化、语言的空洞化，以及忽视个体价值与人性挖掘等问题，并且可能导致读者对作品产生反感，缺乏共鸣。只有恰当地运用宏大叙事方式，既关注宏大主题又注重个体情感和人性挖掘，才能创作出具有广泛社会意义的优秀作品。

在文津图书奖提名书籍中，越来越多的作品开始关注个体的命运和情感，深入挖掘人性的光辉和阴暗面，让读者产生共鸣和思考，展现人性的复杂性和多样性。例如，《一个人最后的旅程》从不同角度和人们讨论一个问题：如果说人生是一场旅行，那么临近终点的那段旅程你希望如何度过；《你当像鸟飞往你的山》作者塔拉·韦斯特弗通过讲述自己出身于极端摩门教家庭，却通过教育重塑自我的历程，深刻地呈现了人性中对自由、知识的渴望与原生家庭束缚之间的激烈碰撞，以及在这个过程中人性展现出的坚韧、迷茫、觉醒等多种复杂状态，使读者为其命运揪心，同时也对人性在困境中的抉择和成长有了深入的思考。

因此，我国出版物正以个体叙事作为所要面向读者对象的切入点，以更加贴近草根阶级的层面，触及读者内心，拉近作者与读者间距离，引发对人性本质的思考，挖掘人性深度，使作品具有更深刻的社会意义。

（四）未来透镜：时空观叙事转向

从时间层面而言，过去的出版物在时间叙事上可能更侧重于某个特定的时间段或事件的线性叙述，而现在越来越多的作品开始呈现出"过去—未来"的时间跨度叙事。从空间层面而言，优秀出版物的演变逻辑正从单一的地球空间向多元化的宇宙"未来"空间拓展。

以"过去—未来"的时间观审视，我国目前诸多优秀出版作品朝着更宽泛的时间维度延伸。例如，刘慈欣的《三体》，不仅涉及人类的当下，还触及未来的数百年甚至更远，这种大时间跨度的叙事让读者能够更宏观地思考人类的命运和发展。在文津图书奖提名书籍中，《颠覆：迎接第二次量子革命》在介绍完量子力学的发展历史后，书中阐释了第二次量子革命的内涵和前景，对未来量子信息技术的发展进行了预测和展望，包括量子计算、量子通信等技术在未来可能对人类光谱线的预测、超导现象研究、药物设计等方面的影响，形成了"过去—未来"的时间跨度叙事，使读者对量子力学的发展有更全面、更深刻的认识。

以往的作品多聚焦于地球这一物理地域空间，但如今越来越多出版物将空间叙事拓展到宇宙层面，如《三体》中对宇宙空间的描绘，让读者感受到了人类在浩瀚宇宙中的渺小与伟大。在文津图书奖提名书籍中，《星际信使：宇宙视角下的人类文明》引导读者跳出地球的局限，从宏观的宇宙视角来审视人类文明。让读者意识到地球在宇宙中只是一个微小的天体，人类更是渺小的存在，打破了人们对地球的固有认知，使读者开始思考人类与宇宙的关系。

这种以"未来"作为透镜的时空观叙事转向，打破了读者原有的思维认知局限，深化对时空延伸的认知和对未知领域探索的好奇，并引发对时间、空间、人类存在等哲学命题的深入思考。

三、技术融合：中国优秀出版物的科技赋能

技术作为新时代的强大的驱动力，正推动出版物领域经历深刻的洗刷与变革。从内容层面的深度挖掘到呈现形式的多元创新，技术与内容、形式的融合已成为中国优秀出版物实现高质量转型、彰显时代特色与文化魅力的核心要素之一。

（一）以出版物内容为窗口，审视技术发展的演进逻辑

文津图书奖自 2004 年设立，历经 20 载，共举办 19 届，见证了数字技术从 Web1.0 时代到 Web3.0 时代，终端设备从 PC 端到移动端再到智能端的迭代演进。历年文津图书奖提名或获奖的作品中，与新媒介技术相关题材内容屡见不鲜，科普类著作尤为凸显技术变革（详见表 2）。

表 2　历届文津图书奖技术相关作品汇总

获奖届数	书名	作者	出版社
第 7 届	《微博改变一切》	李开复 著	上海财经大学出版社

获奖届数	书名	作者	出版社
第8届	《大数据》	徐子沛 著	广西师范大学出版社
第9届	《大数据时代：生活、工作与思维的大变革》	（英）维克托·迈尔－舍恩伯格、肯尼斯·库克耶 著，盛杨燕、周涛 译	浙江人民出版社
	《信息简史》	（美）詹姆斯·格雷克 著，高博 译	人民邮电出版社
	《3D打印：从想象到现实》	（美）胡迪·利普森、梅尔芭·库曼 著，赛迪研究院专家组 译	中信出版社
第10届	《颠覆医疗：大数据时代的个人健康革命》	（英）埃里克·托普 著，张南、魏薇、何雨师 译	电子工业出版社
	《数据之巅：大数据革命，历史、现实与未来》	涂子沛 著	中信出版社
第18届	《颠覆：迎接第二次量子革命》	郭光灿 著	科学出版社
	《AI未来进行式》	李开复、陈楸帆 著	浙江人民出版社
第19届	《计算》	吴翰清 著	电子工业出版社
	《人工智能极简史》	张军平 著	湖南科学技术出版社

第10届文津图书奖涂子沛所著的《数据之巅：大数据革命，历史、现实与未来》，深入探讨了大数据技术从起源到其在不同历史阶段对社会、经济、政治等方面产生的深刻影响，不仅展现了大数据技术的发展脉络，还揭示了其背后蕴含的社会变革力量，充分体现了出版物能够敏锐捕捉信息技术领域的前沿进展。第19届获奖图书《人工智能极简史》，也顺应了当下人工智能技术的火爆趋势，梳理了人工智能整个发展历程。

与此同时，技术不仅渗透到获奖图书的内容中，还影响着整个出版行业，从传统出版到数字出版，新技术成为出版业快速转型和发展的新引擎。据《2022—2023年中国数字出版产业年度报告》，2023年我国数字出版产业发展态势强劲，整体规模达16179.68亿元，较上年增长19.08%[5]。

（二）以出版物形式为抓手，透视多模态融合的呈现机制

随着信息技术的不断发展迭代，出版物的形态正处于由传统单一纸质模态向多模态深度融合的转型之中。这类出版物通过文字、图像、音频、视频等多模态协同运作，构建起更为立体化的阅读情境，为读者带来沉浸式的阅读感受与多维度的知识学习体验[6]。

在传统纸质出版物范畴内，尽管其物质载体保持相对稳定，但形式上的创新却借助了多种现代技术手段。以《国家地理》杂志为例，其在插图绘制方面展现出了卓越的多模态融合特色，从过去简单摄影配图的方式逐渐转变为综合运用卫星遥感影像处理、3D 建模与渲染等多种技术，介绍世界各地的自然景观或文化遗迹，为卫星遥感影像提供了宏观且精准的地理信息，3D 建模与渲染后的建筑或地貌模型更是让读者仿若身临其境。同时，部分《国家地理》杂志页面还添加了二维码或 AR 标识，读者通过手机扫描，即可观看相关的视频介绍或聆听专业的语音讲解，实现了纸质媒介与数字媒体的巧妙衔接，极大地丰富了阅读体验。

数字出版物领域更是多模态融合的前沿阵地。在一些文化类数字出版物中，例如介绍古代建筑的电子书，运用了 VR 技术，读者可以身临其境地漫步在古代建筑群落中，感受其独特的建筑风格与文化氛围。多模态融合举措，不仅提升了读者的阅读体验，也推动了中国优秀出版物在形式创新方面不断迈向新的高度。

四、时代主题：中国优秀出版物的价值内核

在全球化进程加速与社会持续变革的浪潮中，出版物始终与时代的脉搏紧密相连，成为反映时代风貌、传承文化精髓以及传播先进思想的重要载体。中国优秀出版物在不同的历史时期都肩负着特殊的使命与担当，而时代主题则构成了其价值体系的核心与灵魂。在时代主题的宏观框架下，出版物一方面通过聚焦重大主题开展丰富多样的出版实践，将时代的重大议题、历史进程以及社会关切融入其中[7]；另一方面，凭借思想性、知识性和普及性的有机结合，发挥着价值引领的关键作用，塑造着社会的精神风貌与文化品格。

（一）以"重大主题＋视听形式"为导向的出版实践

近年来，围绕党和国家的重大事件或活动等主题，出版机构推出了一系列极具影响力的优秀主题出版物，以鲜明的主题和相册、美术作品等视听呈现形式，全方位展现了我国的发展成就以及民族精神风貌，为读者提供了强大的精神动力和思想支持。

回溯文津图书奖设立至今，颁奖、提名了多家出版机构反映党的光辉历程、伟大成就的主题出版物，例如，第14届文津图书奖获奖书目《国家相册：改革开放四十年的家国记忆（典藏版）》，聚焦改革开放四十年这一具有重大历史意义的时期，通过"国家相册"的独特视角，以影像资料为核心，生动地记录和展现了这四十年间国家在政治、经济、文化、社会等各个领域的沧桑巨变。以相册的形式呈现，相较于纯文字的书籍，具有更强的视觉冲击力和感染力，能够跨越语言和文化的部分障碍，让不同年龄段和知识层次的读者都能轻松地进入改革开放的历史情境之中，引发读者的情感共鸣，提高传播到达率。

表3　历届文津图书奖重大主题相关作品汇总

获奖届数	书名	作者	出版社
第7届	《中国共产党历史·第二卷》（1949—1978）	中共中央党史研究室	中共党史出版社
第14届	《国家相册：改革开放四十年的家国记忆（典藏版）》	新华社《国家相册》栏目组	商务印书馆
	《大国重器：图说当代中国重大科技成果》	江苏省科普作家协会编，贾德 主编	江苏凤凰美术出版社
第15届	《这里是中国》	星球研究所、中国青藏高原研究会	中信出版社
第17届	《月背征途：中国探月国家队记录人类首次登陆月球背面全过程》	北京航天飞行控制中心	北京科学技术出版社

（二）以"思想、知识、普及"为核心的出版价值引领

优秀出版物往往具有较为深刻的思想内涵，引导读者对社会、人生、历史、文化等诸多方面进行深入思考。例如，第16届文津图书奖推荐书目《和狗狗的十二次哲学漫步》，作者安东尼·麦高恩借用

古希腊"漫步学派"的方式，以生活化的表述呈现哲学内容，以"轻松易读"的框架切入哲学，启发了读者的思辨精神，引导读者在阅读过程中不断反思自我与社会的关系。

从知识出版价值向度出发，无论是学术专著、科普读物还是各类教材等，都承载着丰富的知识内容。学术专著为相关领域的研究者提供了丰硕的知识成果，推动学术的科研进步；科普读物则将复杂的科学知识与专业术语转化为大众化的语言，向广大群众普及科学常识，如第 19 届文津图书奖获奖科普类图书《计算》，横跨人类文明三千年的数学史和计算机科学史，用通俗易懂、图文并茂的方式深入浅出地从数字的起源一直讲到了当下的人工智能技术。

从普及层面而言，强调出版物要能够广泛传播，让不同层次、不同背景的读者都能受益。优秀出版物会在语言表达上力求简洁明了、轻松活泼，避免使用过于晦涩难懂的专业术语或复杂句式。例如，第 4 届文津图书奖获奖图书《牛奶可乐经济学》就以生活中的常见现象为切入点，运用经济学的基本原理进行分析，如剖析餐厅都为饮料提供免费续杯的原因等，让读者在轻松有趣的阅读中学习经济学，避免了过分的受众群体阶层跳跃。

五、中国优秀出版物的发展趋势

（一）技术驱动下的数字化与智能化演进趋势

在当今数字化出版环境中，人工智能技术借由大数据、机器学习等手段，深度融入出版全流程。从创作时思路拓展，到编辑中精准校对，再到发行营销里的靶向推送，智能出版趋势显著，正重塑出版业态，并驱动各方探索适配策略与模式[8]。

在文学创作领域，部分创作者利用生成式人工智能进行小说创作的前期构思与框架搭建。以网络小说创作为例，创作者借助人工智能可以快速生成多个故事背景设定、人物形象及情节走向的方案，从而拓宽创作思路，构建出更具吸引力的创作框架。

与此同时，编辑凭借自然语言处理技术对文本进行校对，精准找出诸如语病等表层问题，在一定程度上减轻了程式化工作负担，提升了工作的效率。

在发行与营销方面，依托数据挖掘技术收集读者的阅读兴趣、反馈及销售数据等信息。借助大数据洞察读者喜好，向读者精准推送契合需求的书籍。出版社据此灵活调整市场营销与出版策略，促成内容和需求的"精准＋分众"式契合，提升出版物的市场竞争力与适应性。

（二）多模态元素的形态创新发展趋势

未来，中国的优秀出版物将迈向高阶多模态融合之路，巧妙整合各类媒体元素与形式，促使传统纸质出版物进行形态变革，实现真实与虚拟衔接、线上与线下贯通，联动多种感官达成出版物创新。例如，历史文化类出版物可以通过运用增强现实（AR）以及虚拟现实（VR）等前沿技术手段，使读者仿若置身于历史场景之中，真切感受人文肌理、触摸文物古迹，并且通过与虚拟环境互动，加深对历史文化的领悟与认知，极大丰富出版物的表现力与感染力。

（三）双向优势互补的跨领域协同发展前景

在跨领域协同发展层面，出版业与科技企业、文化产业其他领域之间的合作呈现出广泛且深入的发展态势[9]。

以企业为主体，凭借其在人工智能、大数据等领域的先进技术研发能力与创新资源，与出版业的丰厚内容资源和深厚文化底蕴形成优势互补。双方共同开展项目合作，开发创新性的出版产品与服务链。例如，合作开发智能阅读辅助工具，利用人工智能技术实现智能推荐系统、智能有声读物制作工具等功能，提升出版物的传播效率与阅读体验。

以文化产业为主体，出版业能够成为文化产业的 IP，实现跨媒介叙事。众多热门影视、动漫、游戏作品多改编自知名的图书作品，例如《盗墓笔记》《哈利·波特》等。同时，这些领域的成功作品也会带动相关出版物的销售与传播，形成良性的双向互动关系。

六、结语

在知识经济蓬勃发展的当代语境下，中国优秀出版物的范式转型、技术融合与时代化主题导向，不仅展现了出版业的创新与活力，也为文化繁荣和国家软实力提升的框架下出版物的发展方向提供了借鉴。面对技术飞速发展，中国优秀出版物在数字化与智能化方面展现出强劲的演进趋势，为出版业带来了新的发展机遇，也为读者提供了更加"赛博化"的阅读体验。这种技术赋能与价值引领的双向互动，正在重塑出版业的"双重属性"——即作为文化传承的守门人，又担当着技术创新的试验场。未来，中国优秀出版物应继续以其独特的视角和深刻的内涵，紧随时代变革要求，启迪思想、传递知识、丰富文化，为推动人类社会的文明进步作出贡献。

参考文献

［1］ 中国新闻出版研究院.第二十一次全国国民阅读调查成果［EB/OL］.(2024-04-24)［2024-11-07］.https://www-wenming-cn.vpn.muc.edu.cn:8118/wmzthc/20240424/ec73211b8f2047d8af0e5b6be7b1671e/c.html.

［2］ 国家图书馆揭晓第十八届文津图书奖［N］.新华书目报·图书馆报，2023-04-28(1).

［3］ 2003 中国电子与网络出版行业大事检索［J］.中国电子与网络出版，2004(1):16-18.

［4］ 高铁军.主流媒体宣传党的二十大精神的实践创新［J］.现代视听，2023(2):19-22.

［5］ 中国数字出版产业年度报告课题组，崔海教，王飚，等.2022—2023 中国数字出版产业年度报告（摘要）［J］.出版发行研究，2023(9):7-13.

［6］ 蒋茂凝，刘志江.聚焦主题出版服务全民阅读［J］.中国数字出版，2024,2(6):1-6.

［7］ 杨晨静，琚颖.国家出版基金资助主题出版项目的特点与发展方向［J］.出版广角，2021,(21):10-13.

［8］ 周华清，王赛男.国内外数字出版研究现状、热点与发展趋势对比分析［J］.中国数字出版,2024,2(6):128-137.

［9］ 刘晓婧，黄帆.文化创意与跨界协同：博物馆出版的融合创新策略［J］.编辑学刊，2023(3):116-120.

文津图书奖馆社长效合作机制探讨

曹丽萍

摘要：本文以文津图书奖为中心，分析图书馆主办的图书评选推介活动在馆社阅读推广长效合作机制方面的优势、存在问题及制约因素，探讨图书馆奖项评选推广中加强馆社合作，建立图书馆主导的馆社长效合作机制的策略路径。

关键词：文津图书奖；馆社合作；阅读推广；长效合作机制

一、引言

一直以来，出版社和图书馆分属阅读生态链上下游，前者主要承担文献信息的生产供给，后者主要承担文献信息的收藏与服务，关系密不可分。在全民阅读推广服务体系中，出版行业核心聚焦优质出版物的出版和推广，图书馆重点发挥其知识服务中心和交流中心的社会职能，以优质出版物为中心进行创造转化和服务，共同成为全民阅读服务体系的主要力量。《"十四五"公共文化服务体系建设规划》指出，图书馆应"加强与出版社、品牌书店、上网服务场所和互联网平台等合作，联合开展阅读推广活动"[1]。2003 年，李军英提出"馆社合作"的概念，提到图书馆应加强与出版社合作，实现读者需求与出版社供给的对接，互赢互利[2]。此后馆社合作研究论文渐多，但一般集中在馆配图书、营销学术出版等，少量聚焦馆社阅读推广合作的论文也多为少儿阅读推广等个案分析，缺少深入探讨馆社阅读推广长效合作机制的研究成果。

图书馆界和出版界阅读推广领域开展合作多年，但多为松散随机性的短期合作，较少制度化、规范化的深度长效合作。近年来，部分图书馆进行了不少有意的探索创新，如2024年国家图书馆联合出版界推出"文津阅新"，以"阅见新书 悦享新知"为宗旨，联合多家出版社围绕优质新书开展活动；上海图书馆在联合中信出版集团打造的"全民阅读基地共建"项目中合作打造"中信周末"，每月第三个星期六合作组织图书推荐类活动。但目前这些项目在馆社合作广度、制度化、品牌影响力等方面都不及文津图书奖等图书评选类活动，因为后者大多有专项经费支持，评选推广工作制度相对固定，品牌影响力大，在馆社长效合作机制建立方面有着独特优势。

文津图书奖是由国家图书馆联合全国图书馆界共同主办，出版界以及专家、读者、媒体等共同参与的公益性图书评选推荐品牌，每年举办一次，参评图书分为社科类、科普类和少儿类，评选产生获奖图书20种（可空缺），提名图书60种（可空缺），通过媒体在每年世界读书日前后予以公布。活动迄今已成功举办19届，共评出231种获奖图书和827种提名图书，已经成为国内公信力和美誉度极高的全民阅读活动品牌。项目坚持选好书、推好书，引领公众阅读风尚，以开放、包容、共享的理念，引导社会力量共同参与推动全民阅读，搭建作者、出版者、读者、学者之间阅读交流互动的平台，因此也成为研究馆社阅读推广长效合作机制的最典型案例。

本文以文津图书奖为中心，分析图书馆主办的图书评选推介活动在构建馆社阅读推广长效合作机制方面的优势、制约因素，探讨图书馆奖项评选推广中加强馆社合作，建立图书馆主导的馆社长效合作机制的策略和路径。

二、文津图书奖构建馆社阅读推广长效合作机制的优势

（一）明确定位，鼓励优质出版

近年来，我国出版行业高速发展，图书出版量居世界首位，每

年新出版图书十余万种，但质量良莠不齐，适应国民阅读新需求、新趋势的原创高品质图书比例不够理想，尤其是面向青少年的高质量读物存在缺口。图书评选活动可以帮助读者从浩瀚书海中筛选出更有阅读价值的新书，助推优质阅读生态链的构建。在各类图书评选中，秦艳华等通过对用户行为的调研分析发现，作为获奖图书利益主体的书店、出版社推荐评选方式网民认可度较低，而"图书馆推荐在25岁及以下网民中作用显著。该年龄段网民仍以在校学生为主，对图书的文化品位要求较高。图书馆享有较高的学术声誉，且又是25岁及以下网民阅读图书的重要场景，因此颇受信赖"[3]。我国图书馆图书评选都为公益性图书活动，不含商业色彩和利益输送，多由图书馆专项经费支持，一般持公益、公正、公开、公平立场，以最大努力保证评选主体的中立性，保证评选过程的独立性与公正性，保证评选结果的公信力。

我国图书馆界推出的图书评选品牌众多，如文津图书奖、陶风图书奖、白云图书奖、奎虚图书奖、中原童书榜、四季童读等。基于图书馆公益性阅读服务的社会职能，这些项目以向读者推荐优质图书为宗旨，既引领了优质阅读内容，也对出版界生产更多优质出版物起到了较好的引导作用，还在馆社阅读推广合作方面进行了很多创新性的实践探索。其中，文津图书奖最有代表性。

通过文津图书奖，国家图书馆有意识地以树立标杆的方式鼓励引导出版社进行优质阅读内容的供给，利用国家图书馆地位和影响力来引领全社会的阅读，推动全民阅读。早在项目创设之初，文津图书奖就明确表达了这个初衷。创始人任继愈先生在阐述项目宗旨时指出："出版物多了，有时同样内容的书可以同时出现很多种，好书、坏书鱼龙混杂，内容重复、抄袭，盗版及毒害社会的出版物与日俱增，有时会出现坏书畅行挤占好书的园地。"[4]国家图书馆原馆长詹福瑞2015年接受访谈时也表示："国家图书馆设立文津图书奖，就是要通过读者、向作者和出版者传达一个信号，鼓励作者和出版人树立精品意识，出好书，创造当代的经典之作。"[5]

（二）评选推广全流程馆社合作

文津图书奖一般每年11月或12月启动评选，4月23日世界读书日发布仪式后进入全年推广期。在项目发展过程中，国家图书馆和出版社已积累了评选推广全流程合作的丰富实践。

评选过程中，国家图书馆专门向所有出版社通过发函、媒体宣传等多种方式邀请其推荐优质图书，调动出版社积极性，推动出版界主动参与文津图书奖评选。通过多年发展，出版社参与文津图书奖评选情况呈上涨态势，近三届出版社报送参评图书占总参评图书比例统计如下：

届数	参与出版社数量 / 家	出版社报送参评图书数量 / 种	参评图书总数 / 种	出版社参评图书占参评图书总数比率 /%
第 17 届	252	1039	2212	46.97%
第 18 届	223	935	1990	46.98%
第 19 届	314	1323	2495	53.03%

每年推广阶段，基于评选出的 20 种获奖图书与数十种提名图书，国家图书馆与数十家出版社开展合作，通过展览、书评、图书推荐短视频、讲座沙龙等方式在全国推广。除这些常规合作外，国家图书馆还联合出版界策划了文津听书、文津图书漂流等多个馆社深度合作的创新性活动。2014 年，国家图书馆联合出版界、播音主持界、中国盲文出版社等推出"文津听书"公益活动，经由 10 位获奖图书作者捐赠版权、多位播音名家演绎，制作《文津听书》系列有声读物，捐赠给中国盲文图书馆，并线上向社会提供服务。2017 年国家图书馆联合出版界、新世相等策划"文津图书漂流活动"，以书为媒，阅读接力，通过长期广泛的图书接力，创新阅读推广形式。活动由出版界支持 1000 册文津图书奖历届获奖及推荐图书，制作"文津图书漂流"APP，12 家地方图书馆馆长、120 名馆员担任发起人，数千名读者参与，不限时间、地区、读者，开放式图书接力，漂流行动的图书轨迹及历届获奖图书信息会在"文津图书漂流"APP 展示。

（三）馆社合作机制已初步构建

基于文津图书奖的定位和评选推广工作需要，国家图书馆主动探索构建馆社合作协商机制，建立专门面向出版界的工作群、网站平台等，推进双方保持密切沟通联系，推动出版界主动参与文津图书奖评选推广过程。

　　此外，为提升图书奖项评选品质和传播效能，国家图书馆积极组织出版界座谈会、专题调研等，有针对性地关注倾听出版界关于文津图书奖评选推广工作的意见与合作意向。多年以来，组委会秘书处定期召开出版社座谈会，并对多家代表性出版社进行专题调研，为建立馆社长效合作机制奠定了较好的基础。如2022年，国家图书馆曾组织生活・读书・新知三联书店、中信出版社、人民文学出版社、广西师范大学出版社等近30家机构代表参加文津图书奖提升工作交流会，就文津图书奖评选推广工作中的难点亮点、出版社年度重点出版物情况、图书报送程序、版权征集、联合推广等话题开展交流。

三、文津图书奖构建馆社阅读推广长效合作机制的制约因素

（一）馆社价值诉求冲突

　　文津图书奖等图书评选活动既具有馆社长效合作机制构建的独特优势，也存在制约因素，首要就是图书馆和出版社在阅读推广活动合作中存在价值诉求冲突，影响合作动力。

　　图书馆是公益性社会文化机构，追求为公众提供最大限度的社会效益，体现其人类文化传承者与创造者的人文精神，商业利益激励积极性不强。"文津图书奖虽然与思想教育类的奖项不同，但我们也一再强调，文津图书奖一定要体现我们的价值观，文津图书奖的评选标准可以参考社会公众的反映，但绝不应该是畅销书的排行榜。"[6]出版社有企业社会责任和企业公共形象打造需求，但市场机制中商业机构定位决定其最重要的价值诉求仍为商业利益，常以图书销量和销售额作为核心指标。这种价值诉求冲突在文津图书奖馆社合作中体现在多方面，如图书馆希望出版社推荐最优质的参评图书，部分出版社有时因营销原因推荐与图书馆预期不符的图书；图书馆希望出版社让渡部分获奖图书电子版权方便公众阅读，出版社因影响商业利益很少同意；出版社希望图书馆界围绕获奖图书传播推广时允许挂线上销售链接或线下现场签售，图书馆因其公益机构定位存在顾虑等。

此外，与其他活动不同，文津图书奖这类图书评选推介活动在馆社关系上具有特殊性。双方既是合作伙伴，又有裁判员与运动员的特殊关系，颇为微妙。为保证项目公平公正和评选高水准，图书馆对活动商业色彩、与商业机构合作等持较为谨慎的态度。这是文津图书奖一以贯之的原则："而保证高水准，就必须是公正的、干干净净的。因此，这个奖欢迎社会各界包括读者、作者、出版社和专家向我们推荐图书，但是我们不接受跟此奖项有关的利益方的赞助。"[6]出版社作为利益最紧密关联方，图书馆一方面积极鼓励其参与评选推广，另一方面又不得不保持适度距离，避免因关系过分密切存在利益交换输送可能而影响评选的公正性，进而影响品牌价值和图书馆的社会形象。

（二）馆社合作较为单一表层

如前所述，围绕文津图书奖，国家图书馆与出版界已经开展了多种形式的探索，但客观而言，现有馆社合作较为单一表层，合作模式、合作范围、合作内容等存在可拓展空间。

合作模式上，现有合作主要集中在获奖图书书评、短视频推荐、个别获奖作品线下活动等，模式较为单一，活动计划性、整体性不强，出版社处于被动配合状态，积极性没有充分调动起来，集群效应不突出。融合深度上，馆社联动仅为浅层联动，缺乏基于服务机制、品牌建设、活动内容的多维深层联动。合作范围上，多为双方小范围合作，缺乏更多社会力量参与多方联动的大规格活动。合作内容上，虽有《文津听书》系列，但馆社合作中基于阅读内容的深度合作不够，没有很好地整合双方优势，在大数据挖掘、新内容生产、文创衍生品开发等方面进行创新尝试。

（三）馆社合作机制不够健全

不够健全的馆社合作机制也在一定程度上制约了文津图书奖馆社长效合作机制的构建。依托文津图书奖，国家图书馆已与出版界初步形成长效沟通机制，但目前馆社合作仍处随机松散状态，双方对接人员流动性强，沟通成本高，长效合作动力不足；制度化建设有待加强，关系馆社长效合作机制的核心问题如合作原则、责权利约定、风险管理、保障机制、协调机制等方面有待反复磋商后形成可复制的范本，方能推动图书馆与出版社高效地开展可持续深度合作。

四、依托文津图书奖构建馆社长效合作机制的策略和路径

（一）寻找馆社价值诉求最大公约数

针对馆社价值诉求冲突，要想推进文津图书奖馆社跨部门合作的高质量发展，必须努力寻找价值诉求最大公约数，坚持公共价值的首要性和必要性，厘清直接利益、间接利益和社会效益，共同围绕全民阅读服务这个总体目标，折中图书馆、出版社之间的价值诉求，激发双方合作动力。

在文津图书奖评选推广中，图书馆和出版社都应理性客观地审视理解、欣赏尊重彼此的定位特色、共同价值和合作意义。合作中双方围绕满足公众对美好精神需求的目标，共同推动优质内容的供给传播和阅读生态链的构建，实现优质阅读内容的文化认同和新经典打造。出版社在参与文津图书奖活动时，不要以图书营销为单一导向，而更应注重企业公益形象打造和品牌价值理念传达。而作为文津图书奖评选推广工作组织方的国家图书馆也应更加理解包容出版社的合理立场，允许企业在坚持公共价值第一性的基础上适度追求商业利益诉求。如文津图书奖传播推广中的电子版权问题，因获奖图书都是优质图书，商业价值较高，出版社不愿意全部让渡利益，比较理想的解决方案是国家图书馆通过引入社会资金支付部分费用，允许公众限定时间、限定平台使用，实现公共利益和商业利益的兼顾与平衡。

事实上，馆社价值诉求虽有冲突，但如果运作得当，双方价值诉求有融合统一的一面。作为文化产业链的中间环节，图书馆对精品图书的评选推荐除了对下游即用户的直接影响外，还可以通过其社会化互动和影响力扩大优质图书的社会影响力和市场销售，从而间接促进推动文化产业链上游的作者和出版机构，帮助出版机构生产兼具较高商业价值和文化价值的图书，构建优质阅读内容生产、销售、服务良性发展的产业链。如因为文津图书奖的影响力，国内出版社和作者对图书参评和获奖后宣传推广都非常重视，以获得本奖项为傲，不少图

书获奖后市场反响热烈一版再版，不少图书再版时会在扉页或腰封上特别标明"第 XX 届文津图书奖获奖（推荐）图书"，有些还会在新书出版时特别注明作者"文津图书奖获奖作者"的身份，商业利益和公共利益在一定程度上实现了统一。

（二）拓展合作内容，激发合作新动力

"用户需求呈个性化、多元化、层次化的特点，单一的知识服务主体仅靠自身有限的资源难以满足用户需求。在知识服务供给体系内，如何有效融合供给主体的优势资源，通过交互协同，加速供需双方的动态连接，构建合作共赢的知识服务生态圈，是图书情报界和出版界寻找共同价值创新点不容忽视的关键问题。"[7]针对现有文津图书奖合作内容较为单一的问题，馆社双方应拓展合作内容，聚焦知识服务价值共创，根据资源整合和优势互补的原则，充分发挥各自资源和平台特色，创新合作模式。

馆社阅读推广合作主要包括活动合作、数据合作和内容合作等。现有文津图书奖馆社阅读基本限于活动类合作，且多是图书馆为主、出版社配合的单场活动合作。未来可进一步拓展合作空间，在数据合作和内容合作等方面挖掘潜力。图书馆界和出版界占有不同的内容资源，触达用户不同圈层，存在不同的数据优势和共同的数据合作开发诉求。近年来国家图书馆在大力向智慧图书馆转型，在大数据获取利用、整合开发等方面做了很多探索，但很多项目需要通过与行业外力量合作才能实现出圈的效果。出版界在由出版大国向出版强国的转型中，如何运用大数据、云计算、物联网等新技术，与图书馆等外部力量合作，实现数据资源的共享共建、共同开发，成为具有挑战性的问题。通过文津图书奖 20 年以来的扎实工作，国家图书馆已经积累了丰富的用户数据和阅读数据，有着全国图书馆界的支持，对每年图书市场和用户喜好有着较为精准的把握分析。未来可与出版界深化合作内容，在数据共享、数据挖掘、数据整合和数据开发上联手。此外，现有文津图书奖阅读推广基础主要是书单，对图书内容的挖掘和再生产不够，未来应立足阅读指导专业化建设思路，加强对获奖图书的内容揭示和新内容的生产能力，构建以书单为基础的内容生产体系，打造文津阅读内容体系。文津图书奖馆社合作中，双方可以基于读者阅读需求，充分发挥各自优势，共同参与内容生产，致力于生产从读者阅读兴趣出发和阅读风尚引导的优质出版物，共同推进更为精准的知识服务。

（三）打造图书馆主导、馆社合作为基础的阅读推广多方合作模式

在全民阅读体系构建中，以阅读为核心的多方协同机制是核心环节。文津图书奖是一个图书馆界主导，出版界、学界、媒体界、读者等各方参与的公共性文化活动。通过馆社合作，出版、传播全民阅读上下游生态链的融合得到加强，但只有协调更多社会资源共同参与，才能实现传播效能最大化。近年来，文津图书奖拓展合作伙伴，在馆社合作基础上探索以图书馆为主导的阅读推广多方合作模式，取得一定成效。如国家图书馆联合北京市海淀区教育委员会、东城区教育委员会和北京高校等，推出文津系列阅读进校园，通过组织文津图书展览、文津主题书单推荐、集章打卡、阅读挑战、短视频征集等活动，激发大中小学生的阅读兴趣；以"公园＋阅读＋传统文化"的新模式，与北京市公园管理中心开展合作，让阅读走近游客身边；联合北京京港地铁有限公司，将文津图书引入"M地铁·图书馆"项目，将阅读文化引入乘客的出行日常。未来，文津图书奖应该进一步拓展合作领域，建立由图书馆主导，馆社合作为基础，联合学校、社区、企事业单位、媒体等各方社会力量，打造图书馆主导的阅读推广多方合作模式。

（四）健全馆社长效合作机制

健全的合作机制是馆社合作长远发展的关键。未来文津图书奖工作中，图书馆应从馆社合作的顶层设计和长远规划出发，梳理现有合作类活动的成功经验、存在问题及发展思路，加强与出版社的深度沟通研讨，推进馆社合作长效机制的制度化建设。期间，图书馆与出版界应经过反复沟通磋商，就合作核心问题如合作原则、责权利约定、风险管理、保障机制、协调机制等达成共识，形成较为规范明确的制度和规范性文件。项目实施中，图书馆要充分发挥主导作用，对合作

过程加以规范管理，优化工作流程，整合主体间的人力、物力、财力等资源，提升合作效率，确保馆社合作可持续地顺畅发展。

参考文献

［1］"十四五"公共文化服务体系建设规划［EB/OL］.［2024-10-15］.https://www.gov.cn/zhengce/zhengceku/2021-06/23/5620456/files/d8b05fe78e7442b8b5ee94133417b984.pdf.

［2］李军英.馆社合作 共创双赢——中文图书采购新模式初探［J］.图书馆学刊，2003(3):19-20.

［3］秦艳华，张洪忠，唐贾军.图书用户行为研究［M］.北京：研究出版社，2019：102.

［4］国家图书馆.又见文津——历届"文津图书奖"获奖图书书评集萃［G］.北京：国家图书馆出版社，2015：1.

［5］"文心依旧 天雨留芳——文津图书奖15周年特别活动"节目播出［EB/OL］.（2020-04-27）［2024-07-22］.https://mp.weixin.qq.com/s/GsSPDX_9SXLh3bLx_BwsKQ.

［6］刘磊.文津图书奖背后的那些故事——专访国家图书馆副馆长陈力［J］.文化月刊，2014（5）:31.

［7］卓建霞.馆社知识服务价值共创要素探讨［J］盐城工学院学报，2023，36（4）:70.

文津图书奖对公共图书馆经典阅读推广的品牌化启示

郝　敏

摘要：笔者从分析国家图书馆文津图书奖的经验出发，针对性地概述了我国公共图书馆经典阅读推广上的部分困境，并从文津图书奖及其系列活动的启示中，探索提升经典阅读推广品牌效应的普适性路径。

关键词：文津图书奖；公共图书馆；经典阅读推广

古往今来，中华民族始终把阅读经典当作汲古慧今、鉴往知来的重要途径，也正是因为这些经典图书的代代传承积淀，形成我国源远流长、博大精深的中华文化。习近平总书记多次指出，"读优秀传统文化书籍，是一种以一当十、含金量高的文化阅读"，适逢数智时代，图书馆经典阅读推广不仅是一种趋势，更是一种必然，经典阅读推广亦日益成为公共图书馆核心价值的有力体现。时值国家图书馆文津图书奖创立 20 周年，笔者拟借文津图书奖的典型经验，探讨我国公共图书馆经典阅读推广的普适性路径。

一、从"推广"与"传播"的角度观文津图书奖经验

综观我国公共图书馆阅读推广、经典阅读推广，大多数活动主要在"推广"上着力。笔者认为，文津图书奖在 20 年中，之所以取得了越来越好的社会效益，一个关键点则在于它在"推广"的同时，抓住了"传播"特性，发挥了"推广＋传播"的双重效应。

（一）"推广"与"传播"的区别

美国学者 H. 拉斯维尔于 1948 年提出了构成传播过程的五个基本要素，即：Who（谁），Says What（说了什么），In Which Channel（通过什么渠道），To Whom（向谁说），With What Effect（有什么效果）。五 W 模式表明传播过程是一个目的性行为过程，具有企图影响受众的目的，其传播过程也是一个说服过程，其间的五个环节正是传播活动得以发生的精髓[1]。

实际上，"推广"与"传播"有很大程度的相似性，除词性相同之外，义素也有一定程度的重叠，不同的是"传播"的对象远远大于"推广"[2]。同时，笔者通过 AI.KIMI 进一步检索了"品牌推广"与"品牌传播"的区别，发现两者之间在目的、手段、效果和体验上有所不同：品牌推广更多的是一种主动出击的行为，通过各种营销手段吸引消费者的注意力，往往追求的是短期效应，更侧重于销售和市场占有；而品牌传播更注重与消费者之间的沟通和互动，强调双向沟通，通过传递品牌信息来影响消费者的认知和态度，更侧重于品牌形象和消费者关系的建立，追求的是长期的品牌忠诚度和品牌资产的积累。

（二）文津图书奖中的"推广 + 传播"特色

文津图书奖于 2004 年 12 月 22 日启动，是国家图书馆主办的公益性文化活动。从 2005 年公布第 1 届评选结果至今，已成功举办了19 届。从品牌建设的角度来看，文津图书奖评选及其系列活动富涵品牌要素，兼具"推广 + 传播"双重效应。

1. 名称与标识

一个品牌是与一个名称、标志相联系的一系列关联，或是与一个产品或服务相联系的一个符号。名称和品牌之间并不产生关联，只有当人们将它与其他事物相联系时，名称才能变成品牌，从这一点来说，品牌更像是一种声望[3]。文津图书奖采用《簸扬图》为标识，有"读书如稼穑，勤耕致丰饶"之意。该奖项命名"文津"，不仅缘起于国家图书馆"四大专藏"之一的文津阁《四库全书》，也寓意"文化津梁"，彰显了图书馆作为传承文化的桥梁，为促进读者、出版者和读者之间的良性互动发挥积极作用的使命。

《簸扬图》的画面是"农人高扬起手中的簸箕，沉甸甸的粮食缓缓落地，杂质随风而散"，文津图书奖以此图为标识，寓意着"在每年出版的数十万种新书中，评选出适合大众阅读的好书"，诠释和强化了图书馆"节省读者时间""为人找书，为书找人"的核心价值。而"文津"的寓意，也充分凸显了国家图书馆在我国图书馆发展与建设中的旗帜作用，为学术津梁，是国家图书馆应尽的责任；做文化使者，是国家图书馆神圣的使命。

从名称和标识来看文津图书奖的品牌形象，它是一种理念，证明图书馆绝不只是阅读的场所，而且要进行阅读指导。同时，文津图书奖也是一种态度，它虽为奖项却远离功利，倡导通过阅读关注灵魂，关注社会现实，关注人类进步[4]。可以说，文津图书奖的标识和名称为建立长期的品牌印象和信任关系，形成了强烈的品牌记忆效果。

2.定位与内容

准确的品牌定位可以充分体现品牌的独特个性、差异化优势，从而与用户建立长期的、稳固的关系[5]。同时，定位很大程度上决定了这项活动能得到多少支持、集聚多少资源、获得怎样的效果。

文津图书奖坚守"大众阅读"定位，摒弃小众读物，力推大众精品，是一项对优秀图书的表彰活动，同时也是一个以人为主角的社会活动[6]。

文津图书奖参评图书为前一年度公开出版发行的汉文版图书，涵盖社会科学、科普知识和少儿读物三大类别，特别强调那些能够普及知识、涵养情操、增强公众人文与科学素养的非虚构类图书（少儿类图书除外）[7]。文津图书奖强调公众视角，非常重视图书的可读性和普及性。经过20年的发展，文津图书奖已发展为以主体活动为核心、多种形式为补充的阅读推广活动，包括每年4月23日世界读书日的颁奖仪式、国家图书馆文津图书奖专架、文津图书奖展览、全国巡展、文津读书沙龙、M地铁·图书馆项目以及国图公开课·读书推荐栏目等。

3. 特色与营销

品牌营销是通过市场营销使客户形成对企业品牌和产品的认知过程，品牌所有的传播都是创作者来进行符号编码，而接收者来进行符号解码的过程[8]。文津图书奖及其系列活动的运维在传播过程中，展现了一个个极富特色的营销元素。

一是在示范引领上，为全国各级各类图书提供了科学高效的样板。国家图书馆设立了文津图书奖的组织运营机构，包括组委会、评委会和秘书处，负责制定章程、决策重大事务、组织评选和推广活动。其制定的《文津图书奖章程》作为规范，有严谨的评选程序和评审原则。古人云，目录明，方可读书。面对当下浩如烟海的纸质＋数字资源，文津图书奖及其系列活动的启动运维，就是为全国公共图书馆树立了一个标杆，引领图书馆在指导大众阅读上充分发挥"为人找书，为书找人"的最大公约数，让经典阅读在新时期新时代有了新的外延。在文津图书奖及其系列活动的榜样引领下，2010年南京图书馆启动了陶风图书奖评选，2014年北京市公共图书馆推出了"请读书目"市民读书计划，2016年湖北省图书馆、山东省图书馆也相继启动了十佳荆楚图书、奎虚图书奖评选暨系列推广活动。

二是在传播手段上，充分利用广告、公关、内容营销和社交媒体等方式。如从广告传播上来说，每年在世界读书日举办文津图书奖颁奖仪式，在国家图书馆和百余家联合评审单位特设"国家图书馆文津图书奖专架"，举办文津图书奖主题展览、讲座、书评征文等活动，让文津图书奖这个符号不断在电视、网络、户外等平台广泛传播。

从公关和内容营销上来说，任继愈、王蒙、詹福瑞、梁晓声、周国平等50余位学术权威和行业翘楚组成的专家评委会，100余位审读员，200多家出版社，以及紧随出版市场和公众阅读需求的变化，不断创新，吸纳专家、读者、媒体、出版机构、图书馆和其他关注阅读的社会机构共同参与奖项的评选和推广中来，坚持打造"最纯粹、干净"的图书奖项[9]。同时，名人的影响力和公信力，庞大的利益相关群体和个人的口碑宣传效应，都在文津图书奖这个符号下，进一步强化了图书馆文化传播和社会教育职能在大众心目中的地位。同时，一系列特色活动中，从人与人的线下交流碰撞，到社交媒体的线上互动，无不体现着文津图书奖贴近读者、服务大众的勃勃生机。从名家到读者，以文津图书奖为纽带，发挥着各自的专业优势和领域影响力，带动全国更多读者参与阅读、学会阅读、爱上阅读。文津图书奖依托公共图书馆服务体系，线上线下齐力并行，走出了属于自己的"图书馆推广＋传播"特色路线。

二、我国公共图书馆经典阅读推广面临的部分困境

经典阅读推广，是通过一定的渠道和方式向特定的人群宣传与推广古今中外某专业或领域具有典范性和权威性、具有丰富内涵的作品[10]。在信息过载的当代，经典著作能够帮助图书馆、读者快速筛选有价值的信息，非常适合图书馆从事长期阅读推广。因此，经典阅读也得到了图书馆界的普遍重视，经典阅读推广成为图书馆阅读推广工作的重心之一[11]。

我国公共图书馆在推广经典阅读方面已经采取多种方式，如南京图书馆邀请各领域著名专家学者，每年举办"和名著对话，与大师同行"的阅读节[12]，上海图书馆持续推出"名家解读名著"系列讲座，湖北省图书馆"长江讲坛""楚天数字书院"周周向大众传播经典文化[13]，深圳图书馆启动"南书房家庭经典阅读书目"推荐推广十年计划[14]，等等。可以说，在图书馆人踔厉奋发、勇毅前行之下，经典阅读推广工作蓬勃发展，如建立阅读推广机构、建设经典阅览室、构建多样化的推广渠道、创新推广内容，以及跨界合作，等等。然而，我们也清醒地看到，当前公共图书馆在经典阅读推广方面存在明显的不足。

（一）经典阅读推广的广度和深度不足

经典阅读对个人的知识水平和阅读能力有更高的要求。这不仅是针对读者，更是针对图书馆员及相关的阅读推广人。诸多原典如《论语》《道德经》《易经》等成书年代久远，文本艰深晦涩，大部分内容对普通人而言，不借助注释、各种版本的导读，是很难读懂的，更别说全面、深入地领会其中深厚的思想精髓[15]。这就导致大部分公共

图书馆在进行经典阅读推广中，活动的质量和持续性得不到保证，往往停留在计划或初级层次，读者只能"读经典"而不能"读懂经典"，从而出现马克·吐温所说的"经典是人人都希望读过，但人人又都不愿去读的东西"的尴尬境地，这也就造成公共图书馆经典阅读推广出现"广度有余，深度不足"的情况[16]。

（二）经典阅读推广的体系、机制不健全

我国的经典著作卷帙浩繁，中外名著更是浩如烟海，而公共图书馆经典阅读推广的主要内容之一就是中外经典书目，但大部分图书馆缺乏持续的选书、荐书体系建设，深耕5年以上的经典阅读推广品牌项目屈指可数。这就导致了公共图书馆在进行经典阅读推广时常常陷入选择过剩、主题泛化、内容分散等诸多困境。同时，充分利用互联网、新媒体等新兴技术，创新经典阅读活动开展方式，健全常态化的体系机制等理论研究与实践案例不多，导致大多数的公共图书馆推广方式缺乏创新，形式单一，经典阅读推广的主体、内容、渠道、受众、效果不成体系，很难形成品牌效应。

（三）经典阅读推广人才培育及队伍建设亟待提升

虽然自2013年以来，中国图书馆学会阅读推广委员会年年开展阅读推广人培训，2014年又制定了《培育阅读推广人行动计划》，但是经典阅读推广人和普通的阅读推广人还是有较大的区别。2021年，国家图书馆联合中国图书馆学会围绕《中华传统文化百部经典》专题，开展"阅读推广人"培育行动。培训以从事传统文化经典阅读推广工作的各级各类图书馆从业人员，科研、教学、生产等企事业单位人员以及有志参与传统文化经典阅读推广事业的其他社会人员为对象，开展针对性的课程培训，以期提升传统文化经典阅读推广人的综合能力和素质，全国图书馆界有近400人参加培训并顺利结业。然而数百上千人对于整个经典阅读推广事业可谓细涓入海，杯水车薪。目前，我国经典阅读推广人的队伍建设还很薄弱，经典阅读推广人应具备的能力与素养、知识体系，经典阅读推广人培养的方法与途径、职业资格认证等都是亟须解决的问题。

这些困境涉及图书馆的资源配置、人员素质、政策支持、技术

应用等多个方面，需要图书馆和相关机构共同努力，采取有效措施来解决。

三、文津图书奖对公共图书馆经典阅读推广的启示

2004 年以来，国家图书馆以文津图书奖及其系列活动率先垂范。如文津图书奖发布和颁奖仪式年年被主流新闻媒体高度关注并广泛宣传；"文津经典诵读"通过微博话题＃每日经典诵读＃阅读量已超过 3 亿[17]；"熔古铸今，阅享经典"《中华传统文化百部经典》系列阅读推广活动，覆盖全国 31 个省（市、区）公共图书馆、高校图书馆、科研院所图书馆、中央国家机关图书馆、医学图书馆、党校图书馆等各个系统图书馆，取得了良好效果[18]。受文津图书奖及其系列活动启发，针对我国公共图书馆经典阅读推广中的主要困境，笔者认为我国公共图书馆经典阅读推广可以从如下几个方面进行优化。

（一）延展经典阅读推广的内涵与外延

2014 年 3 月 27 日，习近平总书记在联合国教科文组织总部演讲时就指出："每一种文明都延续着一个国家和民族的精神血脉，既需要薪火相传、代代守护，更需要与时俱进、勇于创新。"[19]在新的历史起点上，笔者认为，我们传承经典，不仅要立足中华文明的"连续性"，加强优秀传统文化典籍的保护传承，更要立足中华文明的"创新性"，立足当代社会需求，融入国家发展大局，从传世经典中深入挖掘时代价值，打破时间、空间的限制，向外延展"经典"内涵，赋予其当代价值与理念。

回望 2018 年 4 月 23 日，在第 13 届文津图书奖颁奖典礼上，《中华传统文化百部经典》（1—10 部）荣获第 13 届文津图书奖，同时上榜的还有另外 8 种图书，它们分别是：社科类《哲学起步》《良训传家：中国文化的根基与传承》《学以为己：传统中国的教育》；科普类《中国三十大发明》《我们人类的基因：全人类的历史与未来》《地球之美：一部看得见的地球简史》；少儿类《太空日记：景海鹏、陈冬太空全纪实》《给孩子讲量子力学》。如果说《中华传统文化百部经典》上榜，是对经典的保护与传承，彰显中华文明的"连续性"，那么其他 8

种获奖图书的获奖，更是一次对"经典"内涵的向外延展，是立足当下的"经典"，彰显中华文明与时俱进的"创新性"。国家图书馆创办的文津图书奖，力推大众精品，而不仅限于传统经典，笔者认为这无疑是创新"经典"阅读推广的不二典范。

（二）以当前社会问题为抓手，选荐经典阅读资源

2010年，原国家图书馆馆长、文津图书奖专家评审委员会副主任詹福瑞在第6届颁奖仪式上说，通过推荐好书，可以让那些在现实问题面前感到困扰的人们更加全面、客观、理性地认识问题，进一步在公众意识方面，形成有利于改革社会现实问题的条件[20]。笔者查阅了历届文津图书奖报道，其中都提到文津图书奖每年侧重于不同的社会问题，给予特别关注。专家评委王蒙在给文津图书奖的寄语中写道："人生还会有许多困惑、许多悖论、许多一时看不清说不明左右为难进退失据之处。……当你面临选择的痛苦的时候，你可以更有把握地去学习，用读书、实践和思想抚慰你的焦虑，缓解你的痛苦，启迪你的智慧，寻找你的答案。"

笔者也看到国内外一些权威学者专家建议，为摆脱道德崩溃的囹圄之陷，阅读经典无疑是丰富情感、形成健全人格的最佳途径。如2024年，国际学术期刊《柳叶刀·精神病学》发布的一篇研究报告显示，面对一系列"前所未有"的挑战，全球范围内出现年轻人心理健康状况恶化的趋势。在10至24岁人群中，心理疾病至少占到总体疾病的45%，但全球卫生预算中只有2%用于心理健康照护。专家们说"这是我们迄今遇到的最严重的公共卫生问题"。相比其他重大疾病，心理疾病尚未引起足够重视[21]。如果公共图书馆经年持久地推荐系列经典书目和当代优秀主题图书，开展系统化、常态化的经典导读、精读和体验互动式活动，应该会大大提升读者应对复杂环境的能力。

（三）优化传播渠道，强化社会合作

品牌营销是通过市场营销使客户形成对企业品牌和产品的认知过程，最高级的营销不是建立庞大的营销网络，而是利用品牌符号，把无形的营销网络铺建到社会公众心里。同时，品牌所有的传播都是创作者来进行符号编码，而接收者来进行符号解码的过程[22]。

通过名家学者、作者编辑、读者、社群等一系列利益相关群体和个人，让文津图书奖这个符号成为大家向往的品牌。当越来越多的人与其产生感情、联系，那这件事就是大家要做的事，而不仅仅是国家图书馆要推广的品牌了。北京大学出版社副总编辑张凤珠说，"作为一名出版人，我们的工作其实在很多时候都是一种寂寞中的前行，正是因为有了文津图书奖这样的鼓励与喝彩，我们才更加清楚我们前进的方向"。获奖图书作者代表马丽华在其获奖感言中说，"当今世界热闹非凡，相关边疆史地的写作阅读略显偏僻冷落，本届文津图书奖关注到这一领域，并以如此之高的规格推介到公众面前，令人欣慰感动"。无论是出版社的编辑，还是写书的作者，读书的读者，做推广的馆员、名家学者，这些与文津图书奖共事的经历，一定也有一个个有温度的故事。这些故事才是大众能口口相传的，也是经典阅读品牌需要着力深耕的。

同时，重复是传播的本质，接受新事物、新品牌、新产品时，用户心中有一个接触次数的"阈值"。即使品牌再有创意，如果次数不够，用户就很难在心中给你留下位置。影响用户这件事，不是一见如故，而是日久生情[23]。文津图书奖已经走过了 20 年的旅程，能一年一年地办下去，就一定会越办越好，这也是公共图书馆经典阅读推广需要清晰认识的传播传承本质。

总之，最好的宣传不是我说给顾客听，而是顾客主动为你传播美名。文津图书奖及其系列活动通过规划引领、资金扶持、评奖激励等方式，引导全国公共图书馆合力共进，一是将阅读推广主体的重心从图书馆转向更多利益相关者，针对性地引导不同群体阅读和分享阅读认知，转变图书馆的主体责任，以提供保障和服务为主，实现阅读推广主体间的互补和资源调配；二是通过国家图书馆引领省级图书馆，通过省级图书馆指导带领基层图书馆，整合线上线下资源，打造多元化、立体化的传播网络。可以说，文津图书奖的这面大旗，正在通过强化社会合作，不断提升图书馆经典阅读推广活动的专业度和吸引力，并通过统一的平台、规范、标准和服务，增强图书馆品牌的社会认同感。通过多维度的合作模式，有效地整合社会资源，从而扩大经典阅读推广的社会影响力。

概而言之，通过借鉴文津图书奖的成功经验，相信我国公共图书馆经典阅读推广的品牌会越来越多，推广活动的核心价值和特色在公众心中的认知度和影响力会越来越强，推广内容会紧跟时代发展和读者需求的变化越来越丰富多元。

参考文献

［1］王华，张剑平."推广"与"传播"的语义分析与对比［J］.大众文艺，2019(12):178-179.

［2］泰伯特，卡尔金斯.凯洛格品牌论［M］.北京:人民邮电出版社.2006.

［3］张玫.国家图书馆文化服务惠及大众［N］.中国旅游报，2023-07-10.

［4］曹丽萍.第十届文津图书奖展望［J］.文化月刊，2014(6):2.

［5］徐冰冰，马强."文津图书奖"科普类图书书目分析及启示［J］.科普创作评论，2022(2):16-23,52.

［6］华杉，华楠.超级符号原理［M］.上海:文汇出版社.2019.

［7］国家图书馆揭晓第十八届文津图书奖［N］.新华书目报·图书馆报，2023-04-28(1).

［8］李晓旭.安徽省内公共图书馆经典阅读推广发展策略研究［D］.合肥:安徽大学，2024.

［9］于慧萍，熊静.近十年来国内图书馆经典阅读推广研究综述［J］.山东图书馆学刊，2022(1):11-17.

［10］张岩.从经典阅读到返本开新的文化建设以深圳图书馆"南书房"经典阅读空间为例［J］.图书馆论坛，2016,36(1):6.

［11］林青.基于新媒体时代下公共图书馆经典阅读推广创新探索［J］.中国民族博览，2023(23):244-246.

［12］王海宁.《中华传统文化百部经典》专题研讨会在银川召开［J］.图书馆理论与实践，2022(5):202.

从图书馆构建优质书单的实践说开去

虞　乐

摘要：图书馆通过构建优质书单提升自己的社会认可度和学术价值，从而引导读者的阅读审美和文化消费。文章分析了图书馆通过深挖读者需求，科学设置图书采选方针、原则，引入行业权威强化评选，针对不同群体有效地筛选图书，专业地规划、选择、收集文献资源，建设高质量且兼有地域性特色的馆藏体系，探讨了图书馆构建优质书单向广大读者推荐的意义及对提升图书馆服务效能的影响。

关键词：阅读推广；优质书单；图书采选；应用策略

一、引言

2023年10月7日至8日，全国宣传思想文化工作会议在北京召开，会议最重要的成果就是首次提出了习近平文化思想。习近平文化思想既有文化理论观点上的创新和突破，又有文化工作布局上的部署要求，明确了新时代文化建设的路线图和任务书，内涵丰富，视野宏大，论述深刻。可以看出在政策上，国家层面对全民阅读的重视程度不断提升，对公共文化服务第一阵地的公益一类单位图书馆而言，有效地筛选图书，专业地规划、选择、收集文献资源，建设高质量且兼有地域性特色的馆藏体系尤为重要。

为了更好地揭示馆藏、推荐图书、指导阅读，图书馆界一直很重视书目文献服务。如 20 世纪 80 时代，江西省图书馆各业务部门根据各自的优势积极从事书目文献服务工作。如：1. 采编部编印《新书通报》120 期，及时向全省生产科研单位、高等院校通报新书，促进书刊流通。2. 科技部编印《馆藏中文科技期刊目录（1925—1987 年）》（农业部分），结合本省工农业生产的特点和科学研究的需要，收录新中国成立后出版的中文农业图书 3200 余种；《馆藏外文原版期刊目录》收录西文科技期刊 1121 种；《红土壤专题资料索引》（西文部分），收录国内外刊资料中有关红壤改良的专题资料 473 条。1929 年刘华锦女士将华德先生（Gilbert O.Ward）所著图书中 *Sources of Information about Books Buying* 章节翻译为《选书须知》，目的是"以为选书之助"。该文认为通过书评选购书籍较为可靠，因为"其评言甚属可贵"，并且"书评之用途其广，非但可辅佐购求者而已，及阅者于选读时，获益亦非浅鲜"[2]。1930 年于式玉翻译了日本田村盛的《通俗图书馆图书选择法》。以上两篇译文是学界较早介绍国外图书选购办法的文章，对图书采选、书单推荐提供了一定的方法论与思辨性的指导。

二、文献采选方针与原则

文献资源建设是图书馆的基础业务，也是图书馆开展各项服务、履行法定职能的重要基石。图书馆的文献资源建设，并不是各种文献类型的数量叠加，而是一套适用针对性、系统性、协调性与经济性的科学藏书体系[3]。图书馆的文献采选需结合社会文化背景和读者需求。图书评奖活动通过评选优秀作品，引领公众阅读，提高公众科学素养，同时也为图书馆的图书采选和馆藏建设提供参考。因此，图书馆需要关注具体的阅读推广策略和方法。这包括如何利用新媒体平台进行阅读推广，如何通过图书奖项来激发读者的阅读兴趣，以及如何通过数据分析来优化推广效果。例如，微信、数字资源 APP 客户端和第三方新媒体应用平台已成为阅读推广的重要工具。通过对线上活动数据的分析，图书馆可以更好地理解读者行为，提升阅读推广的精准性和有效性。

新时代社会信息环境的变化、独立书店的快速发展、出版行业的万象更新都给公共图书馆带来了新的机遇与挑战。当前和今后一个阶段的文献采选方针在坚持专业性的同时，在兼顾功能定位、用户服务、资源建设、技术应用等方面的基础上，建立符合新时代阅读需求且科学合理的馆藏体系。

（一）质量与实用并重

在前端工作过程中要选择正规、大型出版机构进行相关信息采集，要采购优秀图书、获奖图书等，要通过正规渠道采购文献。在满足馆藏发展政策的前提下，有针对性地探索服务对象的实际需求，采选符合各层次读者需求的图书。

（二）系统和前瞻并举

采选文献时要保持馆藏资源的结构合理，重点和特色馆藏系统要完整，并根据读者需求的变化趋势，及时了解和掌握相关学科、专业的最新动态和发展趋势，有预见性地收藏适用的新学科、新专题图书。

（三）连续同完整并行

对某些重点藏书和特色馆藏，要保持其内在的历史延续性和完整性；对丛书、多卷集文献、连续性出版物及重要工具书等要保持其完整和连续性，长期进行跟踪订购。

（四）动态协特色并兼

要综合考虑文献的使用目的、使用频率、内容时效性、读者群以及经费情况、馆藏点设置等因素确定复本数量。在满足读者需求的前提下，合理控制复本量；同时，根据实际情况动态性采用滚动式荐购。

三、利用各大奖项"背书"进行分类

图书奖项的设立能够显著提升图书作品的社会认可度和学术价值，为作者和出版机构带来荣誉的同时，也激励着更多的创作者投身于高质量的图书创作中。例如，国家图书馆文津图书奖是国家图书馆主办并联合全国图书馆界共同参与的公益性图书奖项，自2004年创办以来，已经成功举办了19届。奖项连续多届举办多平台同步直播的发布仪式；邀请获奖作者、相关学者录制线上巡讲节目；与全国各级图书馆合作举办获奖图书巡展；走入学校、社区、书店等开展推广活动等等。江西省图书馆历年同步参与该奖项的书单推荐活动，并通过江西省公共图书馆讲座与展览联盟的形式，省市县近 90 家公共图书馆三级联动推出文津图书奖优质书单推荐巡展活动。2020 年，江西省图书馆新馆开馆之际，选择了历届文津图书奖和中国最美的书获奖图书作为新馆图书推荐的首展。文津图书奖在不断创新宣传推广方式的同时，切实发挥了行业示范引领作用，持续提升了图书馆界服务全民阅读的价值与意义。新加坡国家图书馆管理局的"Quest 项目"通过冒险故事书和相关活动，成功提升了青少年尤其是男孩的阅读兴趣，借阅量同比增长 30%。这一案例展示了图书奖项在促进特定群体阅读方面的巨大潜力。图书奖项不仅是对优秀图书作品的表彰，更是对知识传播和文化创新的推动；不仅提升了图书馆的社会影响力，更是对读者阅读习惯的有效引导。同时，图书奖项不仅是文化传承的体现，更是对未来智慧的期待。

四、优质书单推荐的实施路径

（一）馆校合作

馆校合作是指高校图书馆与公共图书馆，按照彼此认定并签署的资源建设和共享条例，达到互惠互利的目的。高校图书馆具有学科服务与情报科学的专业性特点，公共图书馆采访馆员可以与高校学科专家进行合作、组建文献资源建设委员会等方式保证采选图书的质量。将馆员初选的学科图书订单定期发送给各学科专家进行审核，则可以弥补采购馆员学科专业局限等方面的不足，杜绝一些低水平的、同质化的图书进入到馆藏体系，从而对学科图书的选订起到把控作用。随着社会数智化转型的迅猛发展，高校馆与公共馆能够利用这一契机，突破传统的发展模式，形成彼此相互补充、相互促进的资源共建体系，推动图书馆资源整合，提升图书馆服务效能并实现高质量发展。

（二）"培养书商"增值服务

"培养书商"就是文献采选要选取学科专业、服务优质、信誉优良的书商，与其建立长期的采购关系，在长期采购中根据需要让书商提供个性化的专业服务，如数据的提供、直接上架服务和绝版书服务等增值服务。书商不仅需要提供新出版书目、畅销书目、库存书目，还要了解图书馆读者阅读偏好，从而提供个性化书目。公共图书馆与书商组织采选业务交流群体，打造配合公共图书馆馆藏建设方向的书目资源平台，通过数据共享为书商展现公共图书馆的文献需求，提供采选决策参考，增进实际业务对接。"培养书商"和开拓书商增值服务，可以加强书商和图书馆之间的合作，既为书商赢得市场，也让图书馆获得需要的特色服务。

（三）专题采选

现今图书出版数量大，各大机构的推荐书目种类繁多，质量参差不齐，图书馆采访人员往往很难甄别。为了更好地吸引读者参与阅读，提高读者在图书馆的阅读体验，图书馆可以以专题采选的方式来为读者提供服务。专题采选是图书采访人员根据当前社会热点、国内国际政治形势、读者普遍关注的问题、重大的突发事件等主题将相关图书全部集中采选，供读者使用。它是集合某类图书的多方面特征的一种特色书单，采访人员结合实时热点，地方特色和馆藏实际等因素，尝试以获奖主题、作家主题、相关大咖推荐、互联网热门排行等主题集中构建优质书单。相关榜单如下：

类型	名称	更新频次	详情
国内奖项	文津图书奖	一年一次	国家图书馆主办并联合全国图书馆界共同参与的公益性图书奖项，侧重于能够传播知识、陶冶情操，提高公众人文与科学素养的非虚构类普及性图书。
	茅盾文学奖	四年一次	由中国作家协会主办，是中国长篇小说的最高奖项之一，旨在鼓励优秀长篇小说创作，推动中国特色社会主义文学繁荣，参评作品需为字数13万字以上的长篇小说。

类型	名称	更新频次	详情
国内奖项	鲁迅文学奖	两年一次单项奖 四年一次大奖	中国作家协会主办的中国文坛最高荣誉之一，设有中篇小说、短篇小说、报告文学、诗歌等七项奖项，每项可评 5 部作品。
	"五个一工程"图书奖	一年一次	中共中央宣传部主办，评选范围为一部好的戏剧作品，一部好的电视剧（片）作品，一部好的电影作品，一部好的图书（限社会科学方面），一篇好的理论文章（限社会科学方面），一首好歌，一部好的广播剧。
	中国国家图书奖 / 中国出版政府奖	两年一次	中国国家图书奖是中国出版政府奖（2005 年设立）的前身，是以往全国图书评奖中的最高奖励，也是中国出版行业公认的权威奖项。自 1993 年首次评选以来，截至 2003 年 10 年间成功举办了六届，共评选出 800 多种获奖图书。
	全国优秀儿童文学奖	三年一次	全国优秀儿童文学奖是为鼓励优秀儿童文学创作而设立的奖项，是中国具有最高荣誉的文学大奖之一。由中国作家协会主办，分小说、幼儿文学、诗歌、散文、纪实文学五类。
	曹禺戏剧文学奖	一年一次	中国戏剧文学领域一项具有重要影响力的艺术评奖活动。2005 年成为中国戏剧奖的子奖项，包括中国戏剧奖曹禺剧本奖（常设）、中国戏剧奖优秀剧目奖（非常设）、中国戏剧奖小戏小品奖（非常设）、中国戏剧奖理论评论奖（非常设）。
	老舍文学奖	两至三年一次	北京市文联和老舍文艺基金会于 1999 年创立的文学奖，主要奖励北京作者的创作和在京出版和发表的优秀作品。老舍文学奖的奖项有：长篇小说、中篇小说、戏剧剧本、电影、电视剧和广播剧。第三届新增了新人佳作奖。
	庄重文文学奖		"庄重文文学奖"由香港庄士集团创办人、爱国华人企业家庄重文先生倡议出资设立，旨在奖励在文学创作和文学评论中成绩优异的青年作家。

类型	名称	更新频次	详情
国内奖项	红楼梦奖	两年一次	又名世界华文长篇小说奖，由香港浸会大学文学院于 2005 年创立，设 30 万港元奖金，以奖励优秀华文作家和出版社。"红楼梦奖"的宗旨是奖励世界各地出版成书的杰出华文长篇小说作品，借以提升华文长篇小说创作水平。
	施耐庵文学奖	两年一次	是以《水浒传》作者施耐庵先生的名字设立的文学奖。该奖旨在鼓励当代汉语长篇叙事艺术的深度探索与发展，推动汉语长篇叙事的创新与繁荣，进一步提升汉语长篇叙事作品的世界地位。
国内榜单	"中国好书"年度榜单	一年一次	2014 年 3 月开始由中宣部领导和支持，中国图书评论学会主办，主旨是通过好书推介传递正能量，推动和引导全民阅读，每月推出的榜单已成为全国较权威、专业的图书榜单。
	豆瓣图书 top250	定期更新，一般每周会有变动	作为读书领域含金量较高的榜单之一，其权威性在于沉淀了万千读者历年的评分，且会根据读者的新评价定期更新入选书籍和排名，涵盖哲学、历史学、经济学、社会学、文学等诸多领域，能为读者提供权威的阅读指南。
	华文好书榜	一年一次	2014 年起由腾讯网联合《中国出版传媒商报》发起，评选邀请国内顶尖专家、文化媒体人、独立书店、读书人等多方参与，经过严格的多轮投票决选而出，具有社会化、个性化和专业化"三位一体"的特点，致力于为读者寻找、发现和推荐值得阅读的好书，记录时代变迁。
	起点中文网畅销书排行榜	实时更新	起点中文网作为国内较大的原创文学网站，其畅销书排行榜在网络文学领域具有较高的权威性，能够反映出当前网络文学的流行趋势和读者喜好。

类型	名称	更新频次	详情
国内榜单	开卷畅销书排行榜	每月更新	由开卷信息技术有限公司发布，数据来源于全国各大书店及线上图书销售平台，通过对图书销售数据的统计和分析，为读者提供较为客观、准确的图书销售情况，对于了解市场上的畅销书具有重要的参考价值。
独立书店	南京先锋书店	先锋盲选	先锋盲选从人文、社科、艺术等领域精心挑选书籍，书籍品质较高，即使是盲选也能让读者有较大概率获得符合心意的优质图书。
	单向街书店	单向街书店文学奖	单向街书店文学奖创设于2016年，由单向空间发起的全国首个书店行业的文学奖，评选出优秀的文学作品，像2020年单向街书店文学奖年度作品《夜晚的潜水艇》，这些获奖作品构成了一种特殊的推荐书单。
	西西弗书店		会根据新书出版情况、读者反馈以及市场热点等因素定期更新店内的图书推荐榜单，书籍种类覆盖文学、社科、经管、少儿等多个领域。
	钟书阁		会推出具有地域特色和特定主题的图书榜单，比如曾发布过城市书单，也会根据不同时间节点、文化活动等更新推荐榜单。
名家推荐	知识付费网红		罗振宇、董宇辉、樊登、李笑来、刘润、薛兆丰等。
	文学大家		季羡林、莫言、余华、曹文轩等。
	互联网博主		都靓读书、书房连着厨房、冰姐扒书、老瑞和小隐等。
国外奖项	诺贝尔文学奖	一年一次	诺贝尔文学奖被普遍认为是在文学领域能够取得的最高荣誉。
	美国国家图书奖	一年一次	由美国出版商协会、美国书商协会和图书制造商协会于1950年3月16日联合设立，只颁给美国公民。评奖主要分为小说、非小说、诗歌、青年文学四类作品。

类型	名称	更新频次	详情
国外奖项	科幻成就奖（雨果奖）	一年一次	是科幻文学界最负盛名的奖项之一，与星云奖齐名，被誉为"科幻文学界的诺贝尔奖"。它由世界科幻协会（World Science Fiction Society，简称WSFS）颁发，涵盖最佳长篇小说、最佳长中篇小说、最佳短中篇小说、最佳短篇小说等多个奖项。
	星云奖	一年一次	是美国科幻和奇幻作家协会所设立的奖项，首创于1965年。星云奖虽然评选范围仅限于在美国出版或发表的科幻及奇幻作品，但仍是幻想小说界最重要的奖项之一。
	国际安徒生奖	两年一次	是儿童文学的最高荣誉，被誉为"儿童文学的诺贝尔奖"。主要奖项包括文学奖和插画奖，奖励世界范围内优秀的儿童图书作家和插图画家。
	普利策奖	一年一次	又称普利策新闻奖。是根据美国报业巨头约瑟夫·普利策（Joseph Pulitzer）的遗愿于1917年设立的奖项，后发展成为美国新闻界的最高荣誉奖。评选制度经过不断的完善后，普利策奖成为新闻领域的国际最高奖项，被誉为"新闻界的诺贝尔奖"。
	龚古尔文学奖	一年一次	是法国文学奖，设立于1903年，面向当年在法国出版的法语小说，是法国久负盛名的文学大奖。
	布克奖	一年一次	英国最具声望的文学奖项之一，授予当年在英国或爱尔兰出版的最佳长篇小说，以推动当代英语小说的发展和创新为宗旨，对参选作品的语言、结构、主题等方面都有较高要求。
	芥川奖	一年两次	为纪念日本大正时代的文豪芥川龙之介（1892—1927）所设立的文学奖，由主办单位文艺春秋颁发给纯文学新人作家。
	直木奖	一年两次	直木奖以其大众性著称，它欣赏故事性强的作品，从不将名家作为评选对象，而更关注新人和不知名的作家，且获奖者一般只会得一次奖。

续表

类型	名称	更新频次	详情
国外奖项	耶路撒冷文学奖	两年一次	以耶路撒冷命名，以犹太精神为依归的以色列最重要的奖项。意在表彰其作品涉及人类自由、人与社会和政治间关系的作家。
	书业和平奖	一年一次	德国书商协会、德国出版业的大奖，用以表彰对促进不同国家和人民之间互相了解有突出贡献的文化人士。旨在奖励全世界在文学、科学和艺术领域做出杰出贡献并致力于和平的人士。
	毕希纳文学奖	一年一次	是德语文学奖项，以德国剧作家格奥尔格·毕希纳命名。发给那些"用德语写作的，其全部作品对当代德国文化生活的形成有着杰出贡献的作家"。
	凯特格林威大奖	一年一次	由英国图书馆协会于1955年创立，是英国儿童绘本的最高荣誉，插图本身及图文结合都是评审的重要元素。虽为英国奖项，但得奖者不限于英国国籍插画家。
国外榜单	纽约时报畅销书榜	每周更新	美国最具影响力的畅销书排行榜之一，涵盖各类图书，根据全美各大书店、网络书店等的销售数据进行排名，上榜图书往往具有广泛的读者群体和较高的市场关注度。
	亚马逊畅销书榜	实时更新	依据亚马逊平台的销售数据生成，覆盖全球多个国家和地区，能反映出不同地区读者的阅读喜好和市场趋势，对图书的销售和推广有重要影响。

五、存在的问题及改进方向

新时代图书馆员不仅要协调好人与人之间的关系、读者与资源之间的关系，还有读者与空间之间的关系，更要处理好资源与资源、空间与空间以及三者之间交互的关系。随着新时代的到来，我们必须要把图书馆当作一个有着专业性且灵活非专业性的"舞台"。

对读者群体的研究，包括他们的阅读习惯、偏好、需求以及反馈还不够深入。通过需求分析，图书馆能够识别出不同读者群体的特点和需求，这一过程通常包括数据收集、数据分析和用户画像构建三个步骤。数据收集通过问卷调查、访谈、在线反馈等形式收集读者的基本信息和阅读偏好。数据分析利用统计学方法和数据分析工具对收集到的数据进行分析，识别出读者的阅读趋势和偏好。用户画像构建则根据数据分析的结果，构建不同读者群体的用户画像，有助于图书馆更精准地定位读者群体。这种策略不仅能够提升图书馆的社会影响力，还能够增强读者的参与感和满意度，从而推动图书馆阅读推广工作的深入开展。数据分析调研读者阅读行为，提供高推荐的图书清单。

（一）利用数字技术，提高采选效率

通过分析读者的借阅记录、在线阅读行为和反馈信息，可以更准确地评估图书的影响力和受欢迎程度。通过在线投票和实时监控系统，数字化的记录和存储系统可以长期保存采选数据素材，为未来的评选活动提供参考和监督。还通过数据分析工具对读者的阅读行为进行分析，从而更准确地评估图书的受欢迎程度。此外，建立在线投票系统，让读者直接参与到图书采选过程。从读者的入馆习惯、阅读行为进行分析，对读者进行分类，同步推出调查问卷，包含读者的年龄、性别、职业、阅读兴趣、阅读频率、偏好的书籍类型等信息。利用图书馆系统数据记录读者阅读习惯，分析了解哪些书籍更受欢迎，哪些类型的书籍借阅率较高。大数据分析读者借阅记录，通过分析读者在图书馆网站或检索系统上的搜索记录，了解读者的潜在阅读兴趣和需求。根据用户需求的特点，有针对性地采购与之相关的书籍，提高图书文献的采访质量。此外，还可以通过建立读者反馈机制，及时收集和处理读者的意见和建议，不断改进和优化采选工作。

（二）建设文献采访专业队伍

文献采选是一项专业性很强的工作，不仅要依据一定的原则，采用专业的方法，而且要通过积累的经验保证采选的质量，从而满足图书馆服务对象的需求。建设专业的采访馆员队伍需要做到以下两点：一方面，采访馆员要有学习的主观能动性，公共图书馆在人员考核和奖励方面要对学习主动性强的员工适当倾斜，让馆员主动自觉地进行个人知识结构的更新。另一方面，在外出培训和学习交流方面要向一线业务人员倾斜，给予他们足够的培训和学习交流机会，了解图书采访最新动态，吸取同行的先进经验。

（三）以宣传推广的思路晒"热"书榜、晾"冷"书单

建立读者"热书推荐榜"，通过宣传矩阵及互联网上搜寻"新书推荐、全网热卖"，按照图书分类搜寻各类书籍最新出版的图书进行书单定制化，为读者整理推荐借阅率不高的书籍开架"冷书单"；努力做好"学科馆员""图书管家"的角色。同时，参考独立书店的陈列方式，在窗口部门设置优质书单陈列桌，梯形陈列方便读者一目了然。

六、结语

本文通过对图书采选工作中的应用策略的深入分析，揭示了通过科技体化的文献采选工作，提升图书馆文献资源建设水平，通过优质书单的推荐，具象化体现图书馆采编工作的目的与意义。以习近平文化思想为指引，坚定文化自信，秉持开放包容，坚持守正创新，切实增强做好新时代新征程公共文化事业发展的责任感、使命感，推动图书馆文献资源建设工作提质增效。

参考文献

[1] 周建文，程春焱.江西省图书馆馆史（1920—2010）[K].南昌：江西人民出版社.2010：125-126.

[2] 刘华锦.选书须知[J].文华图书科季刊，1929，1（4）:429-434.

[3] 汪东波，赵晓虹.完善文献采选政策，建设国家总书库——《国家图书馆文献采选条例》修订概述[J].国家图书馆学刊，2004（1）:7-11.

少儿图书推荐工作浅析
——以文津图书奖少儿类获奖图书为例

潘常青

摘要：在全民阅读的大背景下，少儿图书市场持续增长，但增速已放缓，竞争日益激烈。文津图书奖少儿类获奖图书在数量上逐年增多，主题多样且以文学类作品居多，原创作品逐年增加，创新性增强，凸显主题出版。在推荐策略上，文津图书奖注重严谨性与权威性、全面性和丰富性、功能性与美誉度，重视适龄性问题。同时，文津图书奖还积极开展阅读推广活动，共享推广资源，调动多方参与，走进教学一线，推动馆校合作。由此来看，持续做好优质少儿图书推荐工作需要做好需求调研和活动定位、组建专业团队、重视图书评价，并开展多样态阅读推广活动、加强读者互动。

关键词：文津图书奖；少儿图书；推荐策略；少儿图书评价

一、引言

近年来，党和国家以各种方式深入推进全民阅读，并把建设"书香中国"列为文化强国建设的重要任务。少年儿童是全民阅读的基础与中坚，也是全民阅读的希望和未来。越来越多人意识到，阅读是孩子成长过程中不可或缺的一部分，而少儿图书经过20多年的发展，成为整个图书市场中规模最大的新增版块。各项数据显示，自2020年起，少儿图书便进入一个低速增长期，可即便如此，少儿图书仍占到整个出版市场的三分之一，达到了31亿元左右的码洋[1]。除了政策的扶持与倾斜，社会发展带来教育认知理念的变化，也使得少儿类图书出版成为我国纸质出版市场中最活跃、最具发展前景、竞争也最为激烈的板块之一。文津图书奖作为国内较有影响力的公益性图书类奖项，其评选结果也在很大程度上反映了我国少儿类图书出版市场的发展与变化，围绕获奖图书开展的各类型阅读推广活动，也为各类型公共图书馆做好优质少儿图书推荐工作提供了重要参考和依据。

二、少儿类获奖图书分析

文津图书奖设立于2004年，是国家图书馆主办并联合全国图书馆界共同参与的公益性图书奖项。至2024年已经举办了19届，共评选出获奖图书231种，提名图书827种。从第7届开始分为社科、少儿、科普三大类进行评选。第1至6届的获奖书单中不乏适合少儿阅读的图书，但由于组委会秘书处未就其进行明确划分，本文所分析的样本均来自第7至19届对外公布的少儿类图书评选数据。

（一）获奖图书数量逐年增多

第7届至第19届评选结果中，共有获奖图书181种，少儿类图书42种，占总比例的23%。每一届的获奖图书中，少儿类图书约占比20%—30%，这一比例也是按照每年参与评选文津图书奖的图书数量进行动态调整的结果。第1到14届的评选结果中，少儿类获奖书固定在1—2种，从第15届评选开始，获奖图书数量从原来的10种提升到20种，少儿类获奖图书的数量也随之提高至4—6种。如图1所示，从第16届文津图书奖开始，少儿类参评图书出现了量级增长，这是因为2000年后，在民营书业中诞生了一批儿童图书品牌，如蒲公英童书馆、启发文化、爱心树童书、信谊图书等。经过20多年的经营，这些初创品牌逐渐成熟，不仅在消费者中建立了广泛的品牌认知度，还在各自擅长的细分市场建立起资源壁垒，稳固了自身的市场地位[2]。2019年，图书新版品种增长100.98%，重印品种增长2.55%[3]，图书出版行业迎来了量级增长，童书市场也出现井喷，文津图书奖跟随出版市场的变化，及时调整了获奖图书的数量，因此少儿类获奖图书也呈逐年增多趋势，这也为各级各类图书馆开展与少儿类图书相关的推荐工作提供了更多资源存量。

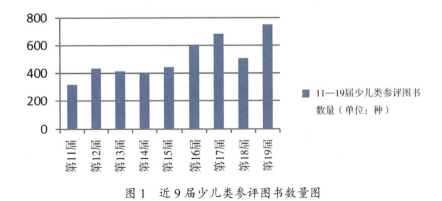

图1　近9届少儿类参评图书数量图

（二）主题多样，文学类作品居多

在少儿类图书零售市场中，有号称码洋率贡献最大的"三驾马车"，分别是少儿科普百科、少儿文学与少儿绘本[4]。文津图书奖少儿类的获奖图书基本也围绕这三个类型展开，从图书主题上来看，涵盖文学、历史、科普、艺术、成长、励志等，可满足不同年龄段和兴趣偏好的少儿读者需求。总体而言，文学类作品居多，占所有少儿类获奖图书的60%，非虚构类与虚构类图书的比例约为3∶5。这些充

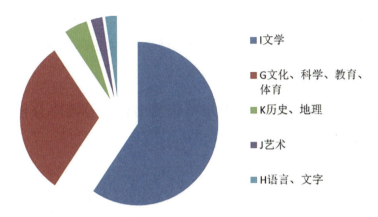

图2　7—19届少儿类获奖图书主题分类

满想象力文学作品，通过儿歌、童话、小说、散文、寓言、绘本等多种体裁呈现，更易被少儿读者接纳和喜爱，同时也为阅读推广活动形式的多样态带来了更多的可能。

（三）原创作品逐年增加，创新性增强

随着社会经济的发展，在党和国家政策的引领下，越来越多的本土创作者投入弘扬优秀传统文化、关注人文价值、表达时代新风的队伍中来。在第 7 至 19 届的 42 种少儿类获奖图书中，本土原创作品达到 32 种，占 76%，原创图书的出版质量逐年提升，市场表现力强劲。同时很多图书有了更加创新性的表达，比如《太阳和蜉蝣》《两个天才》都是通过天马行空的想象和充满童趣的语言，展示儿童的纯真，传递生活的哲理；《我的，我的》《脚印》则关注到特殊少儿群体，鼓励小读者坦然面对身体的病痛和亲人的别离；《别让太阳掉下来》《捉》则在艺术性上做出大胆创新，以浓烈的色彩或者是大量的留白，引导读者进行共情和想象。

（四）主题出版引领文化价值

近年来少儿类图书的关注度居高不下，主题出版物也逐年增加。文津图书奖中的少儿类获奖作品中，也有很多优秀的主题出版图书，比如《雪山上的达娃》《风雷顶》《树孩》《琴声飞过旷野》等等，这些图书既保留了少儿阅读的趣味性，又平衡了主题选择的严肃性，传递正面价值观的同时，助力主流文化的传播和青少年的成长教育。这些作品通过生动鲜活的故事、引人入胜的表达，讲述中国悠久的历史和优秀的传统文化，将五千年思想文化精髓与当代少年儿童的阅读兴趣有机融合，鼓励少年儿童通过主题阅读，建立正确的价值观，在书香中不忘历史、树立梦想、成长成才。

三、文津图书奖少儿类获奖书目推荐策略分析

（一）严谨性与权威性

文津图书奖的评选过程公平、公正、公开，从第 1 届评选开始，制定《文津图书奖评选工作办法》，后演变为《文津图书奖章程》，对评选的组织机构、评选范围、评选数量和评审程序等都做了详细的

规定。近两年又制定了《文津图书奖评委工作办法》和《文津图书奖评审细则》，对评委的聘任及评选流程做了详细规定，并细化了评选工作纪律和评选标准。相关文件的日益完善，使评委决策有了科学依据，不再流于感性认知与空谈。少儿类图书的评选团队，除联合评审单位外，还有初评和终评评委。评委专家来各大高校科研院所、企事业单位、教育机构和媒体机构，评委专业背景多样，涵盖少儿阅读、少儿教育、儿童心理与行为、儿童读物研究、儿童读物传播等方面。除此以外还设置了少儿图书审读员，这些审读员都有着一线少儿阅读服务和指导的经验，接受过专业的审读培训，有强制阅读时长要求，审读后会提交专业的审读报告供评委会参考。丰富的参选渠道、严谨的评选流程和专业的评审队伍，保证了获奖书单的公正性和权威性。

（二）全面性和丰富性

图书主题上，文津图书奖少儿类获奖图书主题涵盖面广，涉及哲学、文化、科学、教育、历史、文学、艺术、地理等多个方面，评委会在各个领域选择最为优秀的作品列入获奖书单，保证了主题的丰富多样，没有出现推荐某单一学科领域图书的情况；图书形式上，涵盖文字书、桥梁书、图画书、互动书、无字书、盲文书等，还有一些图书融合了新媒体阅读的形式，能够在促进亲子共读的同时，采用现代化的设备手段让少儿读者更为接受；图书的创作手法上，平衡文学性、教育性和趣味性，以确保推荐阅读的图书既具有教育价值又能够吸引少儿读者；在获奖图书出版社中，也没有出现一家或几家独大的情况，共有28家出版社获得殊荣，浙江少年儿童出版社以四次获奖荣登榜首。

（三）功能性与美誉度

整体来看，少儿类获奖图书在少儿教育启蒙、认知拓展、智力开发、情感培养等方面，有着很强的功能性。这些图书对于帮助少年儿童解决问题、强化知识、培养美育、提升能力等方面有着很大价值。在获奖图书的选择上，文津图书奖作为主要依托图书馆界进行评选的奖项，充分听取来自全国各级各类图书馆联合评审单位的意见，与各馆借阅数据相结合，因此获奖图书普遍市场反应良好，读者评价高。以豆瓣网读者评价为例，作为一个分享型的社交网站，它每天吸引了

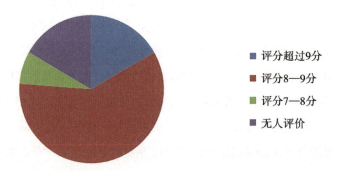

图 3　7—19 届少儿类获奖图书豆瓣评分占比

几十万用户在线发表书评或者查询图书信息。豆瓣网也非常重视与图书馆的数据联机和平台共建，目前已经有多家图书馆与豆瓣网开展合作，在豆瓣网建立交流区，并可以直接通过豆瓣网的搜索，显示有馆藏的图书馆链接。通过查询第 7 至 19 届文津图书奖少儿类获奖图书的相关评分情况（截至 2024 年 11 月底），可以看出：这 42 种获奖图书整体评价较好，有 7 种图书评分超过 9，有 25 种图书评分在 8—9 之间，约占整体少儿类获奖图书的六成。从图书零售价格来看，少儿类获奖图书中没有超过 150 元的零售价格，整体还是以向普通工薪家庭推荐为主，能够平衡知识、教育性支出在家庭总支出中的占比，易被大众所接受。同时组委会还特别重视获奖图书的流通性，对于难以采买、获得的图书，不会进行推荐，使得公众能够非常便捷地获取，这些评审细节也为少儿类获奖书单赢得了更多的美誉和认可。

（四）重视适龄性问题

分级阅读是当今世界性的阅读趋势，已经成为现下少儿阅读的热门话题。但目前并没有世界性的分级阅读尺度与标准，各民族、各国之间的分级阅读标准可以互相借鉴、交流，但很难相互照搬。尤其是汉语与表音文字的巨大差异，决定了国际分级阅读标准在中国难以适用。由于我国目前没有权威的专业分级阅读标准，文津图书奖少儿类获奖图书在对外公布时没有进行分龄推荐。但是评委会会根据图书上架建议，并联合评审单位、评委、审读员的意见对相关图书进行分龄评选，获奖图书的内容基本能够覆盖全学段。在评审过程中，也特别注意适龄性问题：如要求图书内容与受众读者年龄段必备的基础背景知识相匹配，不出现"低龄高配"的提前学习或"高龄低配"的幼稚化表达；在翻译和本土化的过程中，必须做到汉语的精准表述，符合国内通行的知识体系，文字流畅自然，没有生硬的翻译痕迹；对于一些少儿读物中出现的成人行为，涉及不良生活习惯、两性关系、宗教信仰等敏感话题的，都会经过反复讨论，建议以少儿视角进行正面表述，不做诱导性的主观表达；甄选传递正能量的图书，培养少儿读者积极向上的价值观、乐观的生活态度以及良好的道德品质，在激发少儿读者想象力和创造力的同时，给予他们面对困难、挫折与挑战的勇气，培养面对问题、解决问题的能力。

四、文津图书奖少儿类相关阅读推广活动分析

（一）共享推广资源，合力图书馆界的宣传力量

作为全国图书馆界共同参与的评选奖项，文津图书奖从第1届开始就有多家图书馆参与联合评审，提供读者借阅数据作为参考；从第5届评选开始，组委会正式对外公布联合评审单位的数量；从第8届起又公布联合推广单位的数量。截至第19届，联合评审单位从最初的7家增长为137家，联合推广单位从24家增长为566家，实现了跨级飞跃。组委会充分依托文津图书奖的品牌力量和号召力，通过巡展和巡讲的方式，免费共享相关资源，在全国各级各类图书馆设立少儿类获奖图书专架，并配套开展形态多样的阅读推广活动，不仅丰富了各当地馆的线下活动，助力当地书香社会的建设，更是实现了多领域合作，放大了文津图书奖品牌的宣传效果。文津图书奖不再是北京地区的阅读品牌，而成为全国各地图书馆都参与其中的共建项目。

（二）调动多方参与，提升宣传能动性

充分利用评委和获奖作者资源，在全国各地开展讲座、沙龙、见

面会等活动，通过这些互动式的阅读活动，增强获奖图书的宣传，激发少年儿童的阅读兴趣，促进公众对获奖图书的价值认可；面向获奖出版社，征集获奖少儿图书的版权，实现国家图书馆门户网站的限时免费电子阅读，提高了阅读效率，增加了图书的可及性，提升便捷度；充分调动审读员的积极性，参与书评撰写、读书推荐录制等活动。为审读员搭建展示自我才能和创意的广阔舞台，不仅激发审读员的内在潜能，还能增强团队凝聚力与归属感。审读员自发地通过撰写书评、与作者文字通信、视频采访作者等方式，将个人的阅读感悟与专业知识相结合，引领读者深入理解获奖书籍的精髓。这些活动不仅丰富了审读员的职业体验，也提升了各方的宣传能动性，助力少儿类获奖图书的推广。

（三）走进教学一线，推动馆校合作

少儿类获奖图书的受众群体是未成年人，组委会深刻认识到未成年人这一受众群体的特殊性及其在阅读习惯形成期的关键性，积极探索并实践了多种馆校合作模式，将各大、中小学学校打造成相关阅读推广活动的基地。比如与北京市海淀区紫竹院学区开展合作，依托文津图书奖的少儿类获奖图书评选结果，为辖区内的 13 所中小学进行寒暑假和亲子书单书目的推荐；与中央民族大学、中国传媒大学、北京市东城区教育科学研究院等开展合作，以展览、讲座进校园的方式，推广获奖图书；与北京工业大学耿丹学院合作开展文津图书奖获奖图书书评征集大赛活动。这一系列馆校合作的举措，不仅丰富了校园文化的内涵，也为学生们搭建了一个接触优秀图书、拓宽知识视野的广阔平台，与学校建立长效合作机制的同时，也为文津图书奖建立受众反馈调研打下了基础。

五、优质少儿图书推荐工作建议

（一）做好需求调研和活动定位

需求调研是图书推荐工作的基础和起点。分析推荐对象的年龄段、知识储备、需求和阅读偏好，才能为活动提供精准定位。采取调查问卷、专家咨询、座谈会、头脑风暴等多样化手段，精准捕捉受众的阅读需求以及在阅读过程中遇到的困难与挑战，如阅读难度、理解深度等。关照特殊群体的要求，充分考虑社会背景、当地资源、阅读风气等影响因素，基于这些调研结果，更有针对性地筛选和推荐图书，确保推荐活动与当地教育资源、社会文化氛围及社会个体实际情况相契合，从而提升活动的参与度和影响力。

（二）组建专业团队

建立由儿童阅读领域专家、教育工作者、图书馆员、书评人和媒体人代表等组成的推荐团队，制定统一的推荐标准，确保推荐的图书质量。邀请少儿读者代表参与到前期推荐工作中来，对图书进行预读和反馈，根据读者意见调整推荐书单。细化书目分类，利用大数据和人工智能技术，为特殊读者提供个性化的图书推荐服务，以满足不同类型读者的多样化、个性化需求；组建专业的执行和推广团队。加强团队建设，做好图书推荐工作的流程化管理，从活动调研、书目评选、细化执行、宣传推广等多方面进行细分落实；建立协调反馈机制，根据市场变化和读者需求调整推荐策略，定期更新推荐书单，确保推荐的图书始终符合时代潮流和读者期待。

（三）重视图书评价

图书评价是根据一定的标准，采用一定的方法，对图书文献的内在质量、使用规律、发展特点等各方面进行分析、评价，目的是揭示图书文献整体或某一具有特征部分的内在客观规律，以更好地实现其科学价值和社会功用[5]。在优质少儿图书推荐工作中，图书书目是一切工作的基础和来源，图书评价不仅是对书籍内容、艺术价值及适宜性的评判，更是引导儿童阅读选择、保障阅读质量的重要环节。通过有效的图书评价，可以筛选出既符合儿童心理发展特点，又蕴含丰富教育意义的图书，为青少年提供一个健康、丰富的阅读环境。目前，图书评价主要以定性和定量相结合的方式进行。其中，定性分析主要采用专家评审的方式进行。定量方法主要利用被引次数、借阅量等指标评价图书[6]。不论是组建专业的评审团队，还是借助阅览数据、网络评价，优质少儿图书推荐工作离不开科学、全面的图书评价体系。通过构建多维度、多层次的评价标准，结合现代科技手段，可以有效提升图书推荐的精准度和影响力。

（四）开展阅读推广活动

近几年来，各大图书馆围绕自身馆藏资源和专业的阅读指导能力开展了各类型的阅读推广活动，不仅提高了图书馆资源的利用率，增强了图书馆的社会影响力，更是促进了图书馆创新服务与发展。2018年实施的《中华人民共和国公共图书馆法》中第 3 条明确提出，图书馆"应当将推动、引导、服务全民阅读作为重要任务"，这是一种法律规定，图书馆要依法做好阅读推广工作。由此标志着图书馆阅读推广走向了综合性与普及性并重、理性和实践共同促进、阅读推广工作和法律法规保障相互协调的深化阶段[7]。在优质少儿图书推荐工作中，阅读推广活动是推动儿童阅读文化、培养终身读者的重要抓手。将优质书单从纸面文字转换成实际的阅读行动，通过创新、多元的活动设计，结合科学的评估机制，可以有效激发儿童的阅读兴趣，培养其成为热爱阅读、善于思考、富有创造力的新一代，同时提升图书馆的创新服务效能。

（五）加强读者互动

根据少儿读者生长发育的特点，开展以少儿读者为中心的多种强交互活动，为其搭建学习、分享、展示、交流的平台；建立读者反馈机制，鼓励读者对推荐的图书进行评价和分享，以便及时调整推荐策略，提高推荐工作的满意度；定期举办读者活动，如讲座、沙龙、亲子共读会、线下见面会、读者分享会、读者书社等，以加强少儿读者与图书馆、作者之间的互动交流，提升活动参与度；建立多元互动平台，开展个性化阅读评估，提供多种沟通交流渠道，满足不同人群需求；建立阅读社群，鼓励读者在社群中分享阅读心得、交流阅读体验，利用社群扩大传播力，提升用户黏性。强化读者互动在优质少儿图书推荐工作中扮演着至关重要的角色，以此有效构建以少儿为中心、家长参与的阅读生态系统，调节亲子关系，助力家庭教育理念的健康发展，推动少儿阅读。

参考文献

［1］ 张岚.高速成长期后，少儿图书的发展路径［J］.采写编，2024 (09):133-135.

［2］ 程瑛瑛，代冬梅.少儿出版品牌建设的实践与思考［J］.出版广角，2024(7)：34-38.

［3］ 国家新闻出版署.《2019年全国新闻出版业基本情况》［EB/OL］.https://www.nppa.gov.cn/xxgk/fdzdgknr/tjxx/202305/P020230530663740561081.pdf.

［4］ 史妍.2023—2024年中国少儿出版发展报告及趋势展望［J］.出版参考，2024(8):32-39.

［5］ 何峻.我国图书评价现状分析［J］.大学图书馆学报，2012(3):106-110.

［6］ 章成志，童甜甜，周清清.整合不同评论平台的图书综合影响力评价研究［J］.情报学报，2018(9):861-873.

［7］ 李东来.图书馆发展黄金20年与再发展战略思考［J］.图书馆建设，2024-10-30网络首发.

文津读书沙龙

——文津图书奖"姊妹花"全民阅读先行者

黄　静

摘要：文津图书奖和文津读书沙龙是国家图书馆于 2004 年同期推出的阅读推广品牌，前者专注大众图书的评选和推广，后者则通过举办阅读分享活动，创建作者、出版者与读者面对面交流的平台，以丰富和深化阅读内容；二者作为图书馆界推动全民阅读的先行者、耕耘者和示范者，为推动我国阅读推广事业发展起到了重要作用。在纪念文津图书奖设立 20 周年之际，本文着重回溯文津读书沙龙 20 年的创办历程，围绕创设背景与初心使命、组织特点、品牌影响力、发展局限与提升建议等方面展开论述。

关键词：文津读书沙龙；全民阅读；阅读推广；公共图书馆

2004 年 4 月 23 日，国家图书馆首次与中国图书馆学会联合开展了"倡导全民读书 共建阅读社会——4·23 世界读书日"主题活动，时任国家图书馆党委书记、副馆长詹福瑞宣读了"倡导全民阅读 共建书香中国——4·23 世界读书日倡议书"，号召社会各界力量一起加入全民读书活动，"全民阅读"这一概念正式出现在全国图书馆界。这一年年末，国家图书馆推出两项"姊妹花"阅读品牌——文津图书奖和文津读书沙龙，前者因坚守纯粹、干净的品格，20 年来践行"为人找书、为书找人"的宗旨而享誉读书界、出版界；后者则用一场场落地活动"将书翻开品读"，20 年中为写书人、出书人、读书人搭设了数百座面对面沟通的平台，持续丰富着图书馆阅读服务的内涵与边界。也因此，"国家图书馆文津图书奖及其文津读书沙龙"这一"初代"阅读推广品牌，在 2009 年荣膺中宣部、中央文明办、新闻出版总署联合颁发的"全民阅读活动优秀项目"称号。

如今，"全民阅读"已连续 11 年写入《政府工作报告》，深化开展全民阅读活动业已成为社会共识，文津图书奖和文津读书沙龙作为图书馆界推动全民阅读的先行者、耕耘者和示范者，发挥了重要作用。在纪念文津图书奖设立 20 周年之际，本文着重回溯其"姊妹花"品牌——文津读书沙龙 20 年创办历程。

一、文津读书沙龙创设背景与初心使命

2004 年 12 月 26 日，正值文津图书奖筹备时期，受邀担任终评评委的作家梁晓声先生做客国家图书馆，向在场读者发表了"读书与人生"主题演讲，阐明读书之于个人成长和社会发展的重要意义，文津读书沙龙的服务之旅由此开启。可以说，文津读书沙龙从设立之初就与文津图书奖有着分不开的共生关系，二者均是国家图书馆专为发挥"文化津梁"、引领阅读风尚这一职能而打造的创新服务项目，文津读书沙龙专注打造公益性的读书俱乐部，同时作为阵地和抓手，肩负推广文津图书奖、深化全民阅读的厚望和使命。

国家图书馆为何会在这一年创建两项品牌活动？笔者找到 2005 年初时任副馆长陈力的一段采访发言："国家图书馆最大的职能就是为公众服务，公众对国家图书馆寄予了很大的期望……国家图书馆把服务项目、服务内容、服务能力都集中在到馆读者中是不够的、有限的，如果不考虑为更多的人服务的话，国家图书馆的职能是不完善的，也是不成功的。基于这个原因，国家图书馆在引导全民读书方面、指导全民读书方面要做出自己的努力。"在谈到文津图书奖和文津读书沙龙的服务追求时，陈力指出"要反映国家图书馆的价值取向和水平""要有自己的性格"。

从上述发言中，我们可以看到图书馆人对于现代图书馆职能的自觉、理想与担当，这在阅读推广理念尚未普及的 2004 年是超前的。彼时公共图书馆读者服务主要围绕借阅开展，其基本逻辑是图书馆提

供尽可能完备的文献储备和便捷的编目、检索、递送系统，以便公众走入图书馆获取所需文献信息——这是一个"以书为本"的传统服务模式，图书馆与公众之间主要是"藏"与"用"的关系，服务的前提是公众有较为明确的阅读需求和主动使用图书馆的习惯，图书馆处于相对静止和被动的状态。随着 20 世纪 90 年代，计算机技术在图书馆领域的普及和大规模应用，数字阅读逐步兴起，对图书馆围绕纸质文献开展服务的传统格局发起挑战；同时，我国经济建设领域的突出成就为公共文化事业发展提供了保障，与日趋完备的场馆硬件设施相对应的是对更大范围的用户服务、更高品质服务能力的追求，公共图书馆作为公共文化服务空间，其社会职能、公众期待和职业精神也在此时被广泛讨论。适应新形势下的阅读需求，主动开展"以人为本"的高频次、高品质阅读服务，使图书馆成为兼具多重功能的公共学习空间逐渐成为业界共识。文津图书奖和文津读书沙龙在此背景下应运而生，是公共图书馆顺应事业发展和服务格局变革大趋势下的主动探索，也是国家图书馆引领业界合力共建学习型社会的有效示范。

文津图书奖致力于为社会公众评选推荐优秀图书，文津读书沙龙则以书为媒，从读者需求出发，借助"沙龙"这种曾深度影响文化界的形式，营造能够畅通交流的"俱乐部"氛围，让图书的创造者们从书页背后走到人群中来，让一本书和书中的思想、书后的故事最大限度地抵达读者，同时也让作译者和出版人从中接收来自读者的直接反馈，产生深刻的思想链接和多维度的学习效应，以培养全社会的阅读习惯。2009 年 4 月 23 日，时任国务院总理温家宝亲临文津读书沙龙活动现场并与读者交流，肯定通过读书和举办讲座等形式开展活动，对于推动全民族养成读书的良好习惯，倡导读好书、好读书、读好书将起到促进作用。

二、文津读书沙龙 20 年：阅读与时代同行

2004 年至今，国家图书馆累计举办了 400 余场文津读书沙龙活动，其主题内容主要包括三种：一是围绕每届文津图书奖评选结果，开展讲座或对谈活动；二是与出版机构携手，举办新书推荐会或作者

见面会；三是与社会机构、文化名人合作，举办形式多样的阅读活动。20 年中，文津读书沙龙践行初心使命，围绕优秀图书，紧扣社会热点，广邀作者、译者、出版人、专家学者到馆与读者开展互动交流，积极发挥图书馆作为全民阅读阵地的作用，其活动品质彰显了国家图书馆在公共文化服务上的优势，其组织方式则体现了时代风尚和特征。归纳起来，主要有以下四点：

（一）联动文津图书奖，聚合"文津"系列品牌影响力

文津读书沙龙创立初衷之一是宣传推广文津图书奖。每届文津图书奖评选结果都不只是一份献给全社会的书单，而是国家图书馆联合图书馆界精心组织评选的成果，满载图书馆人的使命追求和良苦用心。为扩大文津图书奖的社会影响力，国家图书馆多年来积极开展多种形式的宣传推广活动，文津读书沙龙正是举措之一。作为活动阵地，文津读书沙龙负责在第一时间对文津图书奖评选结果进行推介，通过邀请图书作者、译者、出版者、文津图书奖专家评委到馆讲述或展示，站在读者视角将这些书籍翻开品读，回答读者关心的各种与书相关的问题，体现国家图书馆在推进全民阅读中的立场与关怀。

在文津读书沙龙 400 余场活动中，与文津图书奖获奖和推荐图书有关的活动占比 40%。在这些活动中，图书不再是作者藏在文字背后的独白，他们从书页背后走到人群之中，以一个具体的"人"的身份谈论他们因何写下这些文字，以及背后深刻的思考和对时代的关怀，在与读者的面对面交流中促进思想的进一步传播。此外，文津图书奖评委也经常做客文津读书沙龙，如终评评委、作家周国平先生就曾多次以"阅读与人生"为题，向文津读书沙龙的读者们阐释"读好书、好读书、读好书"的意义，宣传推广文津图书奖。文津读书沙龙与文津图书奖长期密切联动，不仅互相补充、各自借力，也凝聚提升了国家图书馆"文津"系列品牌活动的综合影响力。

（二）开放合作，携手出版社等多类型主体共建书香社会

建设书香中国、构建学习型社会，仰赖全社会的共同努力。图书馆不仅要依靠自身力量做好文化服务的本职工作，同时也要关注自身的地方属性，注重与地方社会中的其他主体保持开放合作，充分利用

自身在场馆空间、文献信息、专家学者、读者人群等多方面的资源优势，吸引多方力量参与全民阅读，发挥图书馆在地方社会共同体中的"会客厅"功能，构建富有地方特色和影响力的阅读圈。文津读书沙龙在活动组织中，密切联络出版社、新闻媒体、科研院校等机构，借力开展优质主题活动。据笔者粗略统计，在文津读书沙龙 400 余场活动中，与出版机构合作举办的活动占比近 50%，二者作为知识生产、保存与传播的不同环节而有着天然亲缘，具备建立良好的合作关系的基础；此类合作的模式一般为图书馆开放场地和服务，出版社输送优质图书和作者。此外，文津读书沙龙还多次与新闻媒体机构合作举办新书发布会，借助媒体传播扩大活动的社会影响力。与多主体合作共建"阅读圈"，不仅能丰富文津图书沙龙活动的主题和内容，促进资源流动共享，也能有效黏合地方社会各单元，促进地方社会共同体的和谐构建。

（三）关注现实，回应社会关切，发挥图书馆价值引导作用

文津读书沙龙的活动定位是围绕优秀图书为大众推荐阅读，为读书人与写书人交流互动提供契机；对于活动策划而言，图书遴选和主题设定至关重要。在图书遴选中，文津读书沙龙有着与文津图书奖相似的追求，即摒弃功利与实用主义，注重推荐书籍的思想性、普及性和可读性，这些书籍既有各届文津图书奖获奖和提名书目，亦有出版社推荐的优质新书，还有不少属于经典著作；在话题设定中体现问题导向，选择与读者视角相吻合的社会热议话题，并给予现实关切和人文关怀，引导读者更深入地思考。例如 2012 年举办"梁庄与中国"活动，邀请当年备受关注的获奖图书《中国在梁庄》作者梁鸿，讲述一个普通的农村在城市化发展中的变迁与思考。2015 年举办"为生活重塑教育"系列活动，邀请文津图书奖获奖作者杨东平等就教育与文化、教育与生活等社会痛点问题展开对谈；同年还举办了"京津冀一体化与近百年城市结构之争""青蒿素与诺贝尔奖——和屠呦呦一起走向斯德哥尔摩"等活动，以回应政治、科学领域的热门话题。2016年举办"梦想照进现实——当代科幻名家对话"论坛活动，刘兴诗、吴岩、萧星寒等从不同角度讲述科幻文学的历史与魅力，以回应文化

领域流行的"科幻热"现象。2023 年举办"那不勒斯四部曲——庶民与女性的史诗"专题活动，邀请中文版译者陈英讲述《我的天才女友》系列何以成为现象级的世界女性文学作品等。借助文本和阅读，触碰现实话题、谈及热点现象，是文津读书沙龙特有的风格，也是公共图书馆发挥价值引导作用的有效途径。

（四）与时俱进，不断适应阅读需求，开展创新服务

文津读书沙龙 20 年，是中国社会快速发展、文化产业繁荣兴盛的 20 年。时代发展、文化需求的流转，也在文津读书沙龙服务形式上留下了鲜明的烙印。例如，2010 年文津读书沙龙首推"阅读之旅"，邀请文津图书奖获奖作者朱祖希担任嘉宾，带领读者跟着《营国匠意——古都北京的规划建设及其文化渊源》重走北京中轴线，创下图书馆界举办"研学游"活动的先河；2015 年，文津读书沙龙首次亮相天津书展，连续举办多场阅读活动；2020 年，首次举办直播活动"重新发现中国之美——对话《这里是中国》"，当日线上阅读量近 70 万；同年录制"馆员访谈录"系列视频课程九场，由馆员担任阅读推广人，精心策划制作活动视频和文案，通过中国图书馆学会以及微信、微博等新媒体平台的传播，累计线上观看量突破 1200 万人次；2023 年，第 18 届文津图书奖图书作者和译者，首次以短视频的形式，通过新媒体平台与读者分享获奖感言。20 年中，文津读书沙龙的举办方式实现了馆内到馆外、线下到线上、长视频到短视频等多种切换。

三、全民阅读 百花齐放：从"国图公开课"到"文津阅新"

2014 年，"倡导全民阅读"首次写入《政府工作报告》，2017 年表述为"大力推动全民阅读"，2022 年表述为"深入推进全民阅读"，2024 年提出"深化全民阅读活动"。连续 11 年写入《政府工作报告》的"全民阅读"，已成为一项国家文化战略，肩负传承中华文脉、聆听时代声音、回应现实关切、促进文明交流互鉴等重大使命。各级各类图书馆作为全民阅读实践主体，20 年间积极开展类型丰富的阅读推广活动，以切实有为的行动推动建设学习型社会，先后涌现出一批具

有示范性、创新性的阅读品牌，全民阅读迈入"百花齐放"时代。仅2014—2024 年十年间，国家图书馆就在文津图书奖和文津读书沙龙服务模式的基础上，相继推出了"国图公开课""M 地铁·图书馆""文津好书""文津阅新"等多个阅读品牌活动，持续丰富阅读推广的形式与内容。

"国图公开课"是国家图书馆借鉴"慕课"模式于 2015 年推出的创新阅读服务，秉承大规模、开放、在线理念，依托国家图书馆宏富馆藏资源，设立了"专题课程""读书推荐""特别活动"等栏目，通过线上线下相结合的形式，制作多种形态的学习资源，打造面向社会大众的通识教育平台。其中，"读书推荐"栏目主要结合文津图书奖历届获奖或提名图书，邀请作者、译者、学者等录制 5 分钟左右的视频节目，通过"国图公开课"平台发布；截至 2024 年年底，"读书推荐"栏目已发布 122 期活动，平台观看总次数约 60 万人次。

"M 地铁·图书馆"是国家图书馆联合京港地铁，于 2015 年共同创意发起的阅读推广公益项目。该项目旨在利用地铁这一公众出行空间，投放国家图书馆优质馆藏资源和文化创意服务，为乘客利用通勤碎片时间开展阅读提供便利。十年中"M 地铁·图书馆"累计推出29 期阅读推广主题活动。2024 年 6 月，推出"这一站，唐朝——感受大唐风韵"主题活动，围绕第 19 届文津图书奖获奖图书《寻找缭绫：白居易〈缭绫〉诗与唐代丝绸》开展了多种方式的推介。

"文津好书"是国家图书馆于 2022 年推出的文津图书奖线上推广项目，主要依托官方微信号等新媒体平台，以 # 文津好书·社科类、# 文津好书·科普类、# 文津好书·少儿类的"合辑"形式陆续发布文津图书奖评委、图书馆员、读者撰写的读后感和书评，以及作者、译者、编辑的创作心得和感想，多维度介绍文津图书奖获奖与提名图书。至 2024 年底，累计发布专题文章 88 篇，多篇文章被公共图书馆官微转载，形成了传播合力。

"文津阅新"是国家图书馆于 2024 年启动的阅读服务品牌，以"阅见新书，悦享新知"为目标，着力整合国内优质出版机构、图书策划公司、图书馆界和媒体界的多方资源，围绕优质新书，举办一系列线上线下相结合的阅读推广活动，致力于把出版界的优质新书第一时间推向社会大众，并提供持续深度内容服务。2024年，"文津阅新"先后举办了"计算·AI·未来""《满世界寻找敦煌》新书首发式""重读林徽因""我与唐宋诗词——《莫砺锋演讲录》新书发布会"等8期主题活动，形式多样，引起各界关注。

上述阅读推广品牌的建立，从不同维度体现了图书馆人适应新形势开拓创新的努力，而多品牌分工协作对于提升公共图书馆整体服务能力、丰富读者活动体验、深化全民阅读，有着实际且良好的助益。从"国图公开课"到"文津阅新"，图书馆为读者推荐好书、搭建作者与读者沟通平台的初心使命，与文津读书沙龙是一脉相承的，而新创立的活动品牌，也从不同角度承担或升华了文津读书沙龙的部分职能。

客观来讲，对于依靠国家财政拨款的公共图书馆而言，人、财、物力相对有限，"厚此"难免"薄彼"，因此文津读书沙龙在有限资源下难以有更进一步的提升。笔者在梳理文津读书沙龙20年工作成绩的同时，也看到其在发展过程中存在的一些瓶颈和局限，诸如品牌标识不清，近年来活动形式趋于单一，有些活动泯然于一般讲座而难以区分；相较品牌创建初衷而言，读者互动性较弱，读者群体的声音未能充分表达，对话性不足；作为以书为媒的阅读活动，单场活动对于特定书籍和文本的揭示度有限；活动多以线下为主，传播力和影响力受限等。

文津读书沙龙作为初代阅读推广品牌，饱含一代图书馆人的心血和努力。20年中用400余场形式多样的活动持续向读者推荐图书，不仅发挥了图书馆学习中心的作用，同时为图书馆界开展阅读推广活动提供了范例和思路，对孵化阅读推广品牌、持续推动全民阅读事业做出了贡献，坚守与提升是下一步工作重点。就发展现状而言，今日的文津读书沙龙犹如一棵老树，待修枝剪叶、松土施肥后仍能茁壮常青。关于品牌提升思路，笔者有以下五点建议：

一是坚持图书馆阵地，营造参与感足、互动性强的"面对面"活动氛围，提升品牌标识度，以区别于"国图公开课·读书推荐""文津好书"等线上服务栏目——通过各类活动吸引到馆人数、提高读者满意度、提升馆内文化服务水平，始终是数字阅读时代公共图书馆需要努力的目标。二是坚持读者面向，通过举办读书会、建立用户社群、选拔志愿者等方式，增强用户黏性，提升互动性和积极性。三是面向图书馆员、社会读者、图书作者、青少年学生等开展阅读推广人培养计划——每一场文津读书沙龙活动都是有主题、有内容、有组织、有宣传的综合活动，需要专业且对文化工作有热情的人士共同参与，这样既能提升各界人士参与全民阅读的积极性，也能解决目前公共图书馆人力短缺问题。四是广泛开展合作，既包括与本馆、图书馆业界有影响力的品牌开展联动协作，也包括与本地文化机构的合作，如积极参加"北京书展（BIBF）""书香中国·北京阅读季"等文化活动。五是定期举办纪念性活动、主题类活动，并借助直播、短视频等新媒体传播方式，扩大品牌的社会影响力。

四、结语

公共图书馆是实现教育公平、促进公民终身学习的重要场所，也是不同人群集聚交流、发生思想碰撞、增进人际情感的理想空间。文津读书沙龙致力于为读书人、写书人、出书人搭建面对面交流的平台，围绕一本书的阅读，让彼此的声音能够表达和听见，让读者从中获取知识、表达观点、收获心灵的满足，体现了图书馆发挥"文化津梁"的追求。期待未来文津读书沙龙能够继续遵循初心和使命，不断完善工作机制，在全民阅读事业中发挥更大的作用。

参考文献

[1] 国家图书馆宣传科.国家图书馆 2004 年 8—12 月大事记［J］.国家图书馆学刊，2005(1):95.

[2] 王美玉.文津沙龙——读书人的幸福时光［N］.中华新闻报，2005-03-23(2).

[3] 翟群.国图获四项公共文化服务最高奖［N］.中国文化报，2005-11-20(2).

［4］ 傅卫平.图书馆读书沙龙的实践探索与思考［J］.图书情报工作，2014(8):105-109.

［5］ 吴建中.从藏用结合到以人为本——从价值观的变化看《公共图书馆宣言》对我国图书馆事业发展的影响[J/OL].图书馆建设，2019(3):4-7.

［6］ 范并思.图书馆精神的历史缺失.新世纪图书馆［J］.新世纪图书，2004(6):1-6.

从评选到推广：文津图书奖在公共图书馆图书推荐工作中的价值借鉴

李凌霄

摘要： 公共图书馆作为推动全民阅读的重要阵地，阅读推广日益成为工作重点。本文通过探讨优质书单引导公众阅读的意义和价值，指出公共图书馆应加大编制优质书单的工作力度，并通过分析国家图书馆文津图书奖，展示图书馆针对优质书单进行品牌运维以凸显本体价值的作用。

关键词： 阅读推广；图书推荐；品牌运维

《中华人民共和国公共图书馆法》规定，"公共图书馆是社会主义公共文化服务体系的重要组成部分，应当将推动、引导、服务全民阅读作为重要任务"。丰富且优质的图书资源是持续推进全民阅读的物质基础和重要保障。公共图书馆作为收集、整理、保存文献信息的公共文化设施，在图书资源建设中会综合考虑公众需求和图书出版品质，可以兼顾内容供给和社会需求两个维度，打造出兼具"大众阅读"和"品质阅读"的优质书单。

一、图书馆优质书单的价值

近年来，媒体和各类出版机构常会推出各类书单，尤其是新书书单，成为公众购书或阅读的风向标。这类榜单多以文学图书、通俗历史图书、少儿图书为主，且荐书愿景多是促进图书销售。相较媒体和出版发行机构推书荐书的如火如荼，公共图书馆推荐书单的社会影响力确实有待加强。但图书馆本身不应因关注度不足而缺位，应充分认识到编制各类优质书单的重要性。

（一）优质书单为公众阅读提供选书依据

据《中华人民共和国 2023 年国民经济和社会发展统计公报》，2023 年我国出版图书约 20 万种。文化和旅游部的统计公报显示，截至 2023 年末，全国公共图书馆总藏量 14.4 亿册。海量图书使得"选书"成为难题，"书单"应运而生。首都图书馆 2023 年针对"终身阅读"开展的读者调查报告显示，有 49.1% 的受访者选择图书榜单获取书籍信息，是最常见的渠道。

（二）优质书单是图书馆推动全民阅读的重要载体

阅读尤其是深度阅读可以帮助公众提升知识素养、思维素养、文化素养、科学素养、审美素养等，阅读塑造人也成就人，公众综合素养的提升是国家进步的基石。所以，阅读不仅是公民的基本权利，也是社会文化传承的手段。优质图书是公众获取知识、提升素养、陶冶情操的文本之源。在获取系统、深入的知识方面，图书依然是最具保障性的渠道，其权威性和可靠性是不可替代的。

深入推动全民阅读，优质的内容供给是基础保障，也就是"读好书"。在选择好书时，公共图书馆是最公正的机构，可以摒弃商业价值和短期效益，完全站在书籍内容的准确性、专业性、原创性等客观立场作出判断。图书馆还拥有庞大的读者群，能够获取读者阅读的各类数据，可以从读者需求角度研判书籍的适用性和相关性。图书馆的书单是客观公正且兼具民意的，是从时间和受众两个维度筛选"经典图书"的最佳渠道。

从书单切入挖掘内容，能够转化为不同形式的阅读活动，如讲座、展览、读书会、故事会、行读等等，衍生出不同场景的知识体验，如沉浸式阅读、AR/VR 体验、专题小程序等等。基于内容的创新转化能更好地满足公众多元需求，也是图书馆阅读活动保持独特性和生命力的源泉。

（三）优质书单是图书馆馆员队伍建设的重要抓手

一切事业的发展都离不开人，馆员队伍才是图书馆事业持续高质量发展的基石。馆员需要自我发展，不断提升自身的专业化水平，选书力和荐书力是馆员专业性的必备条件，无论什么岗位的图书馆员都应该自主践行终身阅读，具备甄别好书的基本素养。在图书馆内持续开展书单推荐工作，可以磨炼馆员的选书力，也有助于馆员更深入、更灵活地掌握公众需求，提升自身的选题策划及文献挖掘能力。

二、图书馆如何打造优质书单

（一）经典书单

图书馆作为公共文化服务机构，受众覆盖全年龄层，推出的书单应突出经典性和大众性。经典书单已相当普及，尤其是普遍重视通识教育的当下，各种数量、各种学科分类、各种年龄分级的经典书单屡见不鲜。"大众性"是图书馆书单的首要特性。公众基于自身教育背景和职业素养进行的某类专业化阅读，对图书馆尤其是公共图书馆的阅读辅导需求较少。激发阅读意愿、传播阅读方法、拓展阅读范围是图书馆专注的领域，也就是让公众习得一定的阅读方法，能够读懂不同类型的图书，并让公众对自己不熟悉的领域产生阅读兴趣，是图书馆做图书推荐工作时时刻关注的重点。

经典书单是图书馆开展荐书工作的基本配置，以"大众阅读"为首要目标，综合文学、人文社科、自然科普、少儿阅读等类别，考虑地域主题，联合阅读推广活动，开展经典书单的评选和传播工作。

经典书单应该具备一定的数量级和综合性，数量过少或主题过于集中都不易实现人群的广泛覆盖。在经典书单的基础上，可以结合时间、社会热点、本馆宣推重点挖掘专题书单，做延伸推荐和活动策划。经典书单结合阅读推广开展导读、领读、共读等活动，才能具有生命力。

（二）新书书单

新书书单是读者最需要的，因为新书还没有经过时间和大量读者的阅读积累反馈，对于普通读者选书是最有难度的。图书馆在做新书书单时，首先应该坚持正确的导向，严选能传播正能量、更具积极向上价值的图书；其次应该审核图书内容的专业性，过于娱乐化或有专业硬伤的图书不应推荐，可以通过组织专家审读的方式，保障图书的内容专业性审核；最后应该突出"趣味性"和"新知性"，读者对新书的阅读兴趣常常和实用性有关，能够反映社会热点和时代进展的图书更能引起读者的共鸣。

三、国家图书馆文津图书奖的借鉴价值

目前图书馆做新书书单最具影响力的当属创设于 2004 年的国家图书馆文津图书奖，这项由国图联合全国图书馆界共同参与的公益性图书奖项，连续开展 20 年，已获得业界和社会大众的广泛认可，成为读者阅读或购书的风向标，对图书创作和出版、图书传播和评价等多个层面起到显著推动作用。文津图书奖广泛联合出版界、读者、学界、图书馆界为大众推荐好书，既是一项图书评选活动，也自足精准定位，重视传播推广，打造为集图书评选、图书分享的综合性阅读推广品牌，其运维理念和传播实践给广大图书馆提供了借鉴价值。

（一）品牌化运维

活动是短期的，品牌是长期的。文津奖进行活动品牌化运维，从品牌理念和定位出发，规范评选目标、评选标准、评选过程、发布颁奖等全流程环节，延伸开展宣传推广，策划阅读活动，设计品牌标识，形成了完整且标准化的全流程管理，并在宣推和活动策划上面着力创新，使得文津奖成为国内图书馆界最具品牌价值的选书荐书活动。

（二）本体价值

图书奖项具备何种价值？剖析这一问题，可以指导研究图书馆优质书单工作的意义。

图书奖项具有激励价值，是激励图书创作发展繁荣的有效途径。文津奖的广泛影响力对图书作者和出版机构有肯定和鼓励的作用，一定程度上促进出版产出，并给予出版选题一定的指导价值，从而推动图书创作的良性发展。获得文津奖的诸多图书，如《中国古代物质文化》《中国人的音乐》《棉花帝国》《史前的现代化》《医学的温度》等均在获奖后取得销售和口碑双丰收，强化了传统文化、原创科普图书创作在公众视野的关注度。

图书奖项也具有纪念价值，成为一种社会集体记忆，引发公众的持续关注。文津奖在每年"4·23 世界读书日"的颁奖成为新闻媒体和社会大众翘首以盼的事件，这份荣誉既是获奖者独特的个人记忆，也是社会对获奖者的群体价值认证。创作者得到专业和社会的双重肯定，能激发其创作潜能的持续发挥，也成为出版源头的动力源泉。

四、结语

作为全民阅读的关键一环，优质书单的评选和推广在助推书香社会建设中发挥着重要作用。图书馆围绕优质图书开展汇聚专家和社会大众意见的专业严谨的图书评选工作，并推过书单举办阅读指导、读书交流、演讲诵读、图书互换共享等活动，将更好地推动全民阅读，尤其是深度阅读。文津奖的品牌化运维经验对图书馆具有重要的借鉴价值，有利于发挥图书馆在助力全民阅读中的支撑作用，推动在全社会营造"爱读书，读好书，善读书"的良好氛围。

参考文献

［1］ 刘颖.图书馆阅读推广品牌化运作研究——以家图书馆"文津图书奖"为例［J］.兰台内外，2020(11)：53-54.

［2］ 孙嫄，孟化.从"国家图书馆文津图书奖"看图书馆推动大众阅读新方式［J］.图书馆理论与实践，2014(4)：47-49.

［3］ 秦艳华，李一凡，秦雪莹.从"国家图书馆文津图书奖"看图书馆推动大众阅读新方式［J］.图书馆理论与实践，2014(4)：47-49.

［4］ 陈玲.价值、特征、镜鉴：英美科普图书奖项刍议［J］.科普创作评论，2023(4)：88-96.

［5］ 聂凌睿.基于"年度好书榜单"的公共图书馆书目推荐路径及社会效应研究——以省级、副省级城市为例［J］.新阅读，2024(6)：25-28.

［6］ 周燕妮.基于"分类阅读"理念的大众阅读推广［J］.图书馆杂

志，2019(4).

［7］ 汪何鑫.公共图书馆微博推荐图书的调查与分析——以副省级城
市公共图书馆为例［J］.河北科技图苑，2024(5)：63-68.

［8］ 秦艳华，张洪忠，王畅颖.何为好书：好书的评价标准研究［J］.
中国出版，2018(10)：22-27.

［9］ 黄巧莉.传播视域中的图书排行榜［J］.编辑之友，2019(6):33-36.

后 记

霍瑞娟

岁月悠悠，白驹过隙；一廿光阴，忽然而已。

2004 年的世界读书日，国家图书馆与中国图书馆学会在文津广场首次开展了"倡导全民读书，共建阅读社会"主题活动，把"全民阅读"理念传遍中华大地。也正是在这一年，文津图书奖诞生了。

作为国家图书馆主办并联合全国图书馆界共同参与的一项公益性优秀图书推荐活动，文津图书一直走在助力全民阅读的道路上。从最初的摸索前行到如今的步履坚定，在二十载的风雨兼程中，文津图书秉承国家图书馆"文化津梁"之志，肩负引领阅读风尚的重任，始终以开放、包容、共享的理念，向读者推荐优质阅读资源，在人与书之间架起桥梁，引导社会力量共同参与，推动全民阅读事业的蓬勃发展。

图书馆是书籍的殿堂，而书籍是人类终身学习、汲取知识的不竭宝藏。二十年来，文津图书坚持评选能够传播知识、陶冶情操，提高公众思想道德素质与科学人文素养的普及性图书。这些优秀图书，或深刻探讨社会热点，或深入挖掘历史文化，或引领科技创新，或启迪人生智慧，共同构成了这个时代的文化瑰宝，不仅丰富了读者的精神世界，更在潜移默化中塑造了民族的文化品格。无数优秀图书作品的不断涌现，标志着我国图书出版事业的繁荣发展，而文津图书正是这一盛况的重要见证者。同时，文津图书也是一种阅读精神的传递者。

这种精神鼓励着出版人不断创新，追求更高质量的出版物；激励着作者深入生活，创作出更多贴近人民、反映时代的佳作；引导着读者，让他们在阅读中感受文化的魅力，提升自我修养。

文津图书不仅关注书籍的内容与质量本身，更致力于推动阅读文化的普及与传播，始终坚持开放合作的理念，与图书馆界、出版界等社会各方紧密合作、互动交流、携手共进，共同推动我国阅读事业的发展。二十年来，文津图书不断探索创新阅读推广方式、激发读者阅读热情、在全社会营造浓厚的阅读氛围，从线下读书沙龙到线上公开课，从新书面对面到文津进校园，力求让阅读成为全民共享的文化盛宴。

而在二十年后的今天，文津图书也面临着新的挑战。随着信息技术的飞速发展，阅读方式发生了翻天覆地的变化。数字化阅读、移动阅读等新兴阅读方式正逐渐改变着人们的阅读习惯。这既为文津图书提供了新的传播渠道和展示平台，也对我们的推荐机制和推广方式提出了新的要求。在数字化时代，如何保持文津图书的权威性和影响力，是我们必须面对的问题。文津图书必须紧跟时代步伐，不断创新机制、拓宽视野、提升质量，确保遴选出能够真正代表时代精神和文化底蕴的优秀作品；我们需要拓宽推广渠道，利用新媒体、社交平台等多元化手段，让更多的人了解文津图书，参与到阅读中来；我们还需要利用文津系列阅读推广活动开展传播，加强与读者的互动，倾听他们的声音，满足他们的阅读需求。

同时，我们也看到了文津图书在新时代下的无限机遇。随着国家对文化事业的重视程度不断提高和全民阅读事业的深入开展，以及人们对精神文化生活需求的日益增长，文津图书这一文化符号，将在未来发挥更加重要的作用。我们有信心，也有决心，将文津图书打造成为更具影响力、更具创新力的文化品牌。同时，我们也希望广大读者能够继续支持和关注文津图书，积极参与阅读推广活动，共同营造浓厚的书香氛围。只有当我们每一个人都成为阅读的践行者和传播者时，文津图书才能真正发挥其应有的作用和价值。"路漫漫其修远兮，吾将上下而求索。"站在新的历史起点上，展望未来，我们深知文津图书仍然任重而道远。

　　在编纂此书的过程中，我们得到了众多评委专家、作家学者及广大读者的热情支持，收到了来自各方的宝贵建议。他们不仅提供了丰富的文献资料与珍贵的回忆片段，更在字里行间流露出对文津图书的深厚情感与美好期许。我谨代表国家图书馆感谢参与本书编撰的作者，感谢他们为文津图书，为全民阅读付出的心血和努力，愿这本纪念文集能够成为连接过去与未来的桥梁，让我们回望来时路，看清脚下路，坚定前行路。

2025 年 4 月